AF648880

Björn Gottstein

Der Klang der Gegenwart

björn
gottstein

der klang der gegen-wart

eine kurze geschichte
der neuen musik

RECLAM

2024 Philipp Reclam jun. Verlag GmbH,
Siemensstraße 32, 71254 Ditzingen

Der Verlag Philipp Reclam jun. dankt für die Nachdruck- und Reproduktionsgenehmigungen der verwendeten Bilder den Rechteinhabern, die durch den Quellennachweis und einen folgenden Genehmigungs- oder Copyrightvermerk bezeichnet sind. In einigen Fällen waren die Inhaber der Rechte nicht festzustellen; hier ist der Verlag bereit, nach Anforderung rechtmäßige Ansprüche abzugelten.

Druck und buchbinderische Verarbeitung:
Friedrich Pustet GmbH & Co. KG,
Gutenbergstraße 8, 93051 Regensburg
Printed in Germany 2024
Reclam ist eine eingetragene Marke
der Philipp Reclam jun. GmbH & Co. KG, Stuttgart
ISBN 978-3-15-011320-2

Auch als E-Book erhältlich

www.reclam.de

FSC www.fsc.org MIX Papier | Fördert gute Waldnutzung FSC® C014889

Für Emine

Inhalt

Lose Enden – ein Vorwort

Es war schon mal leichter, ein Buch über Neue Musik zu schreiben. Früher war alles übersichtlicher. Man konnte die wichtigsten Komponierenden, Strömungen, Werke, Orte und Musikschaffenden an einer Hand abzählen.

Das hat sich in den vergangenen Jahrzehnten grundlegend geändert, denn die Neue Musik hat sich zusehends diversifiziert. Heute existieren ganz unterschiedliche Formen Neuer Musik nebeneinander – vom radikalen Experiment bis zum Genre des Classical Contemporary, von Musik, die die Grenzen des Hörens erkundet, bis zu seichteren Werken, die im Konzertsaal vom philharmonischen Publikum goutiert werden. Diese Bereiche existieren deshalb so friedlich nebeneinander, weil sie einander nicht in den Weg geraten, oft nicht einmal etwas voneinander wissen. Sie haben häufig kaum etwas miteinander zu tun. Und trotzdem tragen diese Formen etwas zur Neuen Musik bei bzw. werden unter dieses Schlagwort gefasst, sei es, weil sie dem Ethos der Neuen Musik, Grenzen fortwährend zu überschreiten, verpflichtet sind, sei es, weil sie in der Traditionslinie stehen, die vor über 100 Jahren mit den ersten atonalen Kompositionen begann. Verbindliche Prinzipien sind ihr jedenfalls längst abhandengekommen; verbissene, dogmatische Auseinandersetzungen, die in der Neuen Musik lange die Regel waren, sind passé.

Noch etwas hat sich geändert in der Neuen Musik: Lange Zeit waren ihr bestimmte Praktiken vorbehalten. Neue Musik erkannte man daran, dass die traditionellen Referenzsysteme wie Tonalität, Metrum oder Klangschönheit aufgehoben waren. (Neben der Neuen Musik erlebte man das früher eigentlich nur im Free Jazz.) Heute gibt es viele musikalische Genres, in denen keine Tonalität, kein klares Metrum und keine Klangschönheit im herkömmlichen Sinne existieren. Akteure im Bereich der elektronischen Musik und der freien Improvisation gehen bisweilen mit einer Haltung zu Werke, die die Neue Musik an Experimentierlust und Radikalität noch übertrifft. Die Neue Musik wurde gewissermaßen von anderen Genres, die dem Jazz und der Popkultur näherstehen als der klassischen Tradition, geentert und auf fruchtbare Weise erweitert.

Es stellt sich also die Frage, ob es die Neue Musik mit großem »N« überhaupt noch gibt. Ist er als Sammelbegriff überhaupt noch sinnvoll? Schließlich lehnen viele Musiker und Musikerinnen, die in diesem Buch vorkommen, nicht nur das große »N«, sondern manchmal sogar das große »M« – also einen emphatischen Musikbegriff – rundweg ab. Im Folgenden wird trotzdem an dem Begriff festgehalten, weil er trotz allem vieles, um das es hier geht, zusammenfasst.

Dieses Buch versucht, diese Öffnung und auch die damit einhergehenden Widersprüche möglichst genau zu beschreiben. Es will dabei nicht unterscheiden zwischen dem Werk einer Komponistin, die an einer Hochschule studiert hat und die raffiniertesten Partituren schreibt, und einem Laptopmusiker, der Autodidakt ist und keine Noten lesen kann. Wesentlich ist, was ihre Musik beiträgt zu den Möglichkeiten, heute Musik zu machen. Was ihre Musik beiträgt zu den unterschiedlichen Erzählungen und Perspektiven, die in diesem Buch geschildert bzw. eingenommen werden.

Viele der Werke, die im Folgenden angeführt werden, sind Referenzwerke. Früher hätte man sie »kanonische Werke« genannt oder von »Kanon« gesprochen. Man kann kein Buch über Neue Musik schreiben, ohne »4'33''«von John Cage oder *Prometeo. Tragedia dell'ascolto* von Luigi Nono wenigstens zu erwähnen (zumindest ist mir das nicht gelungen).

Doch rücken ebenso auch immer Beispiele aus der jüngeren Vergangenheit oder sogar aus den Werkstätten und Hinterzimmern der Musikgeschichte in den Blick, sofern sie hörenswert sind und etwas Signifikantes zu den jeweiligen Themen beizutragen haben. Das bedeutet im Umkehrschluss, dass andere Werke, die dem Kanon zugerechnet werden, in diesem Buch nicht vorkommen. Dass zum Beispiel Benjamin Britten, Emmanuel Nunes und Kaija Saariaho nicht darin vorkommen, ist ein fast nicht zu verzeihender Makel.

Wer ein Buch über Neue Musik schreibt, der schreibt zwangsläufig auch immer über sein eigenes Hören. Über Erfahrungen, die er selbst im Konzertsaal gemacht hat. Über Augenblicke, die das eigene Leben verändert haben. Denn nur über das, was man selbst gehört und erfahren hat, kann man wirklich angemessen und glaubwürdig schreiben. Man merkt diesem Buch also vielleicht an, dass der Verfasser in 1990er Jahren Musikwissenschaft studiert hat und mit den strengen Anforderungen an Neue Musik, wie sie etwa von Theodor W. Adorno formuliert wurden, großgeworden ist. Es wird aber hoffentlich auch deutlich, dass diese strengen Anforderungen im Laufe der Jahre infolge von vielen Hörerfahrungen relativiert und umformuliert wurden.

Man merkt dem Buch sicherlich ebenso an, dass bestimmte Erwartungen und bestimmte Urteilskategorien an die Musik geknüpft werden. Werke aus dem Bereich Classical Contemporary kommen auf den folgenden Seiten selten vor, während eine innovative Industrialband wie Throbbing Gristle mit einer gewissen Zwangsläufigkeit Erwähnung findet.

Man merkt dem Buch schließlich auch an, dass der Verfasser oft die Wittener Tage für neue Kammermusik und die Donaueschinger Musiktage besucht hat. Dass er beim Eclat Festival in Stuttgart, bei den Darmstädter Ferienkursen, bei Ultraschall und der MaerzMusik in Berlin, gelegentlich beim Warschauer Herbst und beim Ultima Festival in Oslo zu Gast war: Viele der im Folgenden hier beschriebenen Werke wurden dort uraufgeführt.

Hinzu kommt, dass der Verfasser die Festivals in Stuttgart und Donaueschingen einige Jahre lang geleitet hat, so dass er an der Entstehung einiger der beschriebenen Werke sogar direkt beteiligt war. Er hat also in manchen Fällen auch hinter die Kulissen schauen können, ist deshalb aber eben auch nicht immer vollkommen unbefangen.

Die einzelnen Kapitel dieses Buchs versuchen, bestimmte Themenkomplexe zusammenzufassen. Manchmal geht es dabei um künstlerische Strategien, also um die Methoden, die Komponierende wählen, um ein bestimmtes Ziel zu erreichen. Manchmal geht es um bestimmte Sujets oder außergewöhnliche Erscheinungsformen von Musik.

Das bedeutet auch, dass hier keine Geschichte der Neuen Musik im strengen Sinne erzählt wird, nicht der Reihe nach aufgeführt wird, was bisher geschah. Im Gegenteil: Der Sprung zwischen Epochen und Genres ist geradezu Voraussetzung dafür, dass die Themen umfassend dargestellt werden. Man muss das Buch also nicht von vorne nach hinten lesen. Die Themen wurden so gewählt, dass sie in Gänze möglichst viel von dem abbilden, was seit den 1940er Jahren in der Neuen Musik passiert ist.

Und noch ein Desiderat des Buches sei vorweggenommen: Bislang wurde die Musikgeschichte des 20. Jahrhunderts immer als eine primär weiße, männliche Geschichte erzählt. Weibliche und außereuropäische Positionen blieben Ausnahmen. Die Versuche, die Musikgeschichte neu zu erzählen, stecken noch in den Kinderschuhen (eine Übersicht wie *Composing While Black* von Harald Kisiedu und George Lewis ist erst 2023 erschienen). Der Verfasser des vorliegenden Buches hat sich bemüht, solche Positionen stärker in den Diskurs einzubinden. Zum Beispiel finden Julius Eastman, George Lewis und Matana Roberts als Komponisten »of colour« Erwähnung. Sofern das vorliegende Buch bei aller Aktualität doch vor allem sedimentiertes Wissen über Neue Musik zusammenfasst, wäre an diesem Punkt sicher noch einiges nachzuholen.

Der Anspruch des Buches soll sein, dass man sich nach seiner Lektüre einigermaßen souverän über Neue Musik unterhalten und Werke im Konzertsaal auch einordnen kann. Wer sich hauptberuflich mit Neuer Musik befasst, dem wird dieses Buch vielleicht etwas lang werden. Viele andere möge es neugierig machen und den Zugang zu noch unbekannten Klanghorizonten eröffnen.

Denn neue Horizonte zu öffnen – das ist es, was Neue Musik am besten kann.

1
Anfänge – trotzige Visionäre und überhebliche Propheten

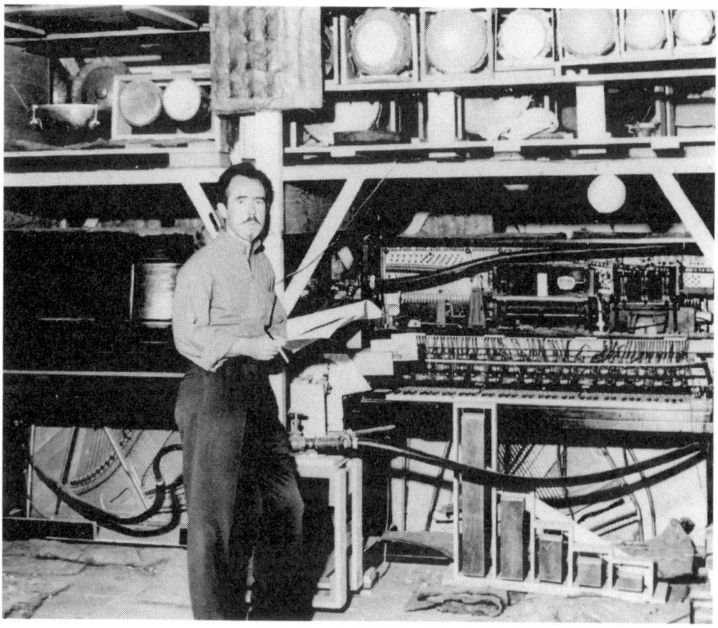

Conlon Nancarrow ging es nicht gut. Er war 1939 schwer verwundet aus dem spanischen Bürgerkrieg zurückgekehrt. Er hatte als Mitglied der Lincoln-Brigade gegen das faschistische Franco-Regime gekämpft. Nun widmete er sich wieder seinem eigentlichen Beruf, dem Komponieren. In einem Konzert in New York wurde sein neues *Septet* uraufgeführt. Das Werk, komplex, aber keinesfalls unspielbar, war offenbar nur unzureichend geprobt worden, und die Aufführung wurde zum Fiasko. Gleichzeitig wurde Nancarrow politisch verfolgt: Man drohte ihm als überzeugtem Kommunisten und Widerstandskämpfer damit, seinen Pass einzubehalten. Es gab also gute Gründe, seinem bisherigen Leben den Rücken zu kehren. Nancarrow traf zwei Entscheidungen.

Er emigrierte nach Mexiko-Stadt, wo er fortan zurückgezogen leben sollte.

Und er kaufte ein mechanisches Selbstspielklavier, auch Player Piano, für das er fortan komponierte, um nicht mehr auf ausführende Musiker angewiesen zu sein.

Diese zwei Entscheidungen sollten nicht folgenlos bleiben. Denn infolge dieses doppelten Rückzugs entstanden einige der ungewöhnlichsten und spektakulärsten Werke der jüngeren Musikgeschichte.

Ein Selbstspielklavier wird mechanisch angetrieben. Dabei wird eine Papierrolle mit Löchern durch das Klavier gezogen. Ein Loch im Papier bedeutet, dass eine bestimmte Taste niedergedrückt wird und Musik erklingt. Das Instrument war eigentlich für Wirtshäuser und ähnliche Etablissements gedacht, damit Musik auch dann gehört werden konnte, wenn gerade kein Pianist zur Hand war. Nancarrow begann nun damit, seine musikalischen Ideen in solche Papierrollen zu stanzen. Keine Unterhaltungsmusik natürlich, sondern vielmehr Werke, in denen die Maschine die Rolle des Pianisten übererfüllte: Er komponierte halsbrecherische Tempi und vertrackteste Rhythmen. Zu seinen *Studies for Player Piano* gehören Kanons in hyperkomplexen Metren, aber auch durchgedrehte Boogie-Woogies. 40 Jahre lang komponierte Nancarrow nichts anderes. Da er zurückgezogen in Mexiko-Stadt lebte, wurde seine Musik entsprechend wenig bekannt. Erst in den 1980er Jahren wurden seine Arbeiten entdeckt und aufgeführt, und Nancarrow wurde zu einer Sensation.

Revolutionen in der Musik können viele Gründe haben, Nancarrows Revolution war biographisch motiviert. Sie veranschaulicht, auf welch vielfältige Weise Neues in der Musik entstehen kann. Sie veranschaulicht aber auch, dass die Neue Musik nicht in einem einzigen Augenblick aus der Taufe gehoben wurde. Es gab viele Situationen in den 1940er Jahren, die zu einem radikalen Bruch mit der Vergangenheit führten. Wenn man heute über Neue Musik mit einem großen »N« spricht, dann ist damit nicht eine einzige Strömung, eine stringente und in sich abgeschlossene Entwicklung gemeint. Der Begriff Neue Musik ist ohnehin älter, denn der Frankfurter Musikkritiker Paul Bekker prägte ihn bereits 1919, um Musik zu beschreiben, die der Erneuerung des musikalischen Materials verpflichtet ist. Und natürlich gibt es auch bereits in dieser Zeit Umbrüche in der Musik. Doch was sich seit den 1940er Jahren ereignet hat, hat die Vorstellung davon, was Musik ist und sein kann, so grundlegend verändert, dass man hier von einer historischen Zäsur reden kann. Viele Komponierende haben in dieser Zeit eine neue Tonkunst imaginiert und in Manifesten, in ihren Lebenswegen und ihren Kompositionen umgesetzt.

1937 beendete der Komponist John Cage seinen Privatunterricht bei Arnold Schönberg in Los Angeles. Schönberg erinnerte sich später an diesen außergewöhnlichen Schüler, von dem er behauptete, er sei eigentlich gar kein Komponist, sondern ein genialer Erfinder. In diesem Jahr 1937 also (Cage war

25 Jahre alt) hielt er einen Vortrag in Seattle: *The Future of Music – Credo*. Der Vortrag wirkt im Rückblick regelrecht prophetisch. Der erste Satz lautet: »I BELIEVE THAT THE USE OF NOISE ... TO MAKE MUSIC ... WILL CONTINUE AND INCREASE UNTIL WE REACH A MUSIC PRODUCED THROUGH THE AID OF ELECTRICAL INSTRUMENTS.« Cage spricht über die Schönheit von Umweltgeräuschen, vom Klang eines Lkw bei 50 Meilen pro Stunde, vom Rauschen, wenn der Regler zwischen zwei Radiosendern gestellt ist, vom Regen. Er beschreibt, wie man mit solchen Klängen so komponieren kann, wie man vorher mit Noten komponiert hat, indem man ihre Tonhöhe und ihren Rhythmus manipuliert. Er denkt darüber nach, wie elektrische Instrumente der Zukunft aussehen könnten. Und fragt sich, ob man nicht den Begriff »music« als einen historischen ablegen sollte und stattdessen nur noch von »organization of sound« sprechen sollte.

Gewiss, Cage hat all das nicht als Erster gedacht oder erfunden. Der Begriff »organization of sound« lehnt sich an den großen Vordenker der Moderne, den französisch-amerikanischen Komponisten Edgard Varèse, an, der von »son organisé« an Stelle von Musik sprach. Die ästhetische Würdigung des Geräuschs, vor allem von Maschinengeräuschen, findet man bereits bei den Futuristen und den Bruitisten am Anfang des 20. Jahrhunderts. Und zum Zeitpunkt des Vortrags war das Theremin (das ohne direkte Berührung gespielt wird bzw. dessen Tonhöhe durch bloße Handbewegungen verändert werden kann) bereits 17, das Ondes Martenot (das wie ein Klavier aufgebaut ist, mit dem man aber wie mit dem Theremin stufenlos Tonhöhen verändern konnte) neun Jahre alt: Die Epoche der elektronischen Musik und ihrer Instrumente hatte also bereits begonnen.

Und trotzdem ist Cages Vortrag, den 1937 wohl nur wenige hörten und der erst 1958 im Druck erschien, einer der Schlüsseltexte der Neuen Musik. Zum einen, weil Cage so viele für die kommenden Jahrzehnte zentrale Punkte in seinem kurzen Text erkennt. Es ist, als habe er die später auf Musik drängend zukommenden Fragestellungen 1937 bereits vollkommen erfasst. Zum anderen, weil er im Indikativ schreibt. Sein Text weist wenige Angriffe, Invektiven oder Grübeleien auf. Cage stellt in *The Future of Music* klare Forderungen an die Musik der Zukunft.

Nancarrow und Cage waren mit ihren Überlegungen nicht allein. Ähnlich wichtige Pioniere der US-amerikanischen Avantgarde der 1930er und 1940er Jahre waren Harry Partch, Henry Cowell und Lou Harrison – in einer Zeit, die dem offenen und freien Denken besonders gewogen war.

Und in Europa? Auch hier öffnete sich das Denken nach 1945. Der Zweite Weltkrieg hatte viele Gewissheiten erschüttert. Vielen Komponierenden war klar, dass man nicht so wie vor dem Krieg würde weiterkomponieren können.

Auf der Suche nach neuen Möglichkeiten unternahm Olivier Messiaen 1949 ein folgenreiches Experiment. Er wollte das, was Schönberg mit Tönen gemacht hatte, auf alle Aspekte der Musik übertragen. Schönberg hatte den zwölf Tönen Zahlen zugeordnet und aus diesen Zahlenreihen konstruiert, die dann mathematischen Verfahren unterzogen wurden. Diese Technik heißt ›Zwölfton-‹ oder auch ›Reihentechnik‹. Im Prinzip geht es darum, eine Ordnung herzustellen, in der kein Ton dominant ist, es also kein tonales Zentrum, also auch keine Tonart gibt.

Messiaen ordnete nun auch andere Parameter des Klangs in Reihen an: die Dauer der Töne, die Lautstärke, die Art des Anschlags. Er selbst war von dem Verfahren nicht besonders überzeugt.

Für ihn war das nur ein Experiment. Doch die Generation seiner Schüler war geradezu besessen von dieser Art zu komponieren. Jeder Ton, der erklingt, ist durch verschiedene Zahlenreihen vorherbestimmt. Man liest aus einer Zahlenreihe die Lautstärke ab, aus der nächsten, wie lange der Ton klingt. In Anlehnung an »Malen nach Zahlen« hat man das etwas spöttisch auch »Komponieren nach Zahlen« genannt. Das Ergebnis ist eine Musik, in der hörbare Zusammenhänge fehlen. Die Töne gleichen eher einzelnen Punkten. Entsprechend nannte man das später auch »punktuelle« oder »serielle Musik«.

Zu Messiaens Schülern gehörten Pierre Boulez und Karlheinz Stockhausen. Gemeinsam mit Luigi Nono wurden diese Komponisten zu Wortführern der damals noch jungen Generation von Komponierenden. Da sie sich in Darmstadt bei den dortigen Ferienkursen trafen und dort auch Messiaens »Mode de valeurs et d'intensités« (»Modus der Werte und Intensitäten«) uraufgeführt worden war, wurden sie als »Darmstädter Schule« bezeichnet. Diese neue Methode des Komponierens erzeugt eine Musik, die nicht leicht zu hören ist. Zwar ist alles am Werk wohlstrukturiert. Da man die zahlenmäßigen Zusammenhänge aber hörend nicht erfasst, wirkt das Ganze doch einigermaßen diffus.

Eine Anekdote aus Darmstadt bringt das Problem auf den Punkt. Dort hatte der belgische Komponist Karel Goeyvaerts ein derart punktuell konzipiertes Stück vorgestellt, seine *Sonate pour deux pianos (Sonate für zwei Klaviere)*. Der Kursleiter war der berühmte Philosoph und Musiktheoretiker Theodor W. Adorno, der für den erkrankten Schönberg eingesprungen war. Nun fragte er Goeyvaerts ständig nach Dingen, die er aus älterer Musik kannte. Wo ist hier wie in der klassischen Sonatenhauptsatzform Vordersatz und Nachsatz? Schließlich platzte einem Teilnehmer, dem jungen Stockhausen, der Kragen: »Herr Professor, Sie suchen nach einem Huhn in einem abstrakten Gemälde!«

Man darf nicht vergessen, dass in den Nachkriegsjahren viele Aspekte von Musik verdächtig geworden waren. Gerade in

Deutschland hatte man durch die Propaganda der Nazis erlebt, wie sich die suggestive Kraft von Musik instrumentalisieren und missbrauchen lässt, wie man mit emotional angelegter Musik Menschen manipuliert. Und das hatte Auswirkungen auch auf die Art, wie man komponierte. Schon ein den Klang angeblich verschönerndes Vibrato war in den Nachkriegsjahren verpönt. Die alten Formen mit heroischem Finale waren unmöglich geworden. Konzerte mit einem exponierten, führenden Solisten vor dem Orchester waren so oder so verdächtig.

Man suchte also nach neuen Möglichkeiten. Die erweiterte Reihentechnik übte eine große Faszination auf die jungen Komponierenden aus, sie wurde für viele Jahre das wichtigste Paradigma, unter dem komponiert wurde. Boulez wurde mit dem Satz berühmt, jeder Komponist, der außerhalb der seriellen Bestrebungen stehe, sei »unnütz« – ein in der Musikgeschichte wahrscheinlich einmaliges Urteil. Er selbst komponierte 1952 mit der *Structure 1a pour deux pianos* ebenfalls ein Werk, das vollkommen durch Zahlen organisiert war. Stockhausen tat es ihm mit seinen ersten *Klavierstücken* gleich. Der belgische Komponist Henri Pousseur, der ebenfalls zur Darmstädter Schule gehörte, nannte diese Stücke später das Nadelöhr, durch das die Musik nach dem Zweiten Weltkrieg in einem Reinigungsprozess hindurchgemusst habe. Tatsächlich ist die serielle Musik später nie wieder so konsequent und radikal umgesetzt worden wie in diesen Jahren.

Die serielle Revolution sollte die Neue Musik auf Jahre, ja auf Jahrzehnte hin prägen. Für viele ist sie zu einem Synonym für Neue Musik geworden, auch dort, wo man sich vielleicht über Neue Musik lustig macht, wenn sie als Inbegriff der bürgerlichen Abgehobenheit etwa in einem Louis-de-Funès-Film vorkommt.

Vor allem in musikalischen Zentren Westeuropas wurde die serielle Musik zur vorherrschenden Kompositionspraxis, in Köln,

Paris und Mailand. Natürlich stand nirgendwo geschrieben, dass auf die freie Atonalität und die Zwölftonmusik jetzt die serielle Musik zu folgen habe. Und da die Musik zwar interessant, aber nicht leicht zu rezipieren ist, waren viele auch nicht damit einverstanden, dass dies nun die vorherrschende Form des Komponierens zu sein habe. Neue Musik wurde in diesen Jahren angefeindet, und zwar vehement. Die Hörerschaft verließ den Saal und schimpfte, dass dies gar keine Musik mehr sei. Kritiker, die bereit waren, sich verständnisvoll mit dieser neuen Art der Musik auseinanderzusetzen, waren rar. Auch gab es nicht viele Musiker und Musikerinnen, die diese Musik überhaupt aufführen wollten. Und wenn ein Sinfonieorchester von einem Rundfunkredakteur dazu verdonnert wurde, diese Musik zu spielen, kam es regelmäßig zum Aufstand unter den Orchestermitgliedern.

Die Komponisten, die an die serielle Technik glaubten, verteidigten sie mit Nachdruck. Pierre Boulez, Luigi Nono und Karlheinz Stockhausen waren drei Persönlichkeiten, die als Fürsprecher ausgesprochen charismatisch, selbstbewusst und redegewandt waren. Im Laufe der Jahre entstand dabei eine ganze Palette von Argumenten zur Verteidigung der Neuen Musik.

1. Man berief sich darauf, dass das Neue zu allen Zeiten abgelehnt wurde. Auch die Musik von Richard Wagner oder Anton Bruckner wurde ja zuerst als grauenvoller Lärm abgetan. Aber Fortschritt lässt sich nicht aufzuhalten.

2. Man erklärte, diese Musik sei sehr komplex und nicht jeder könne sie verstehen. Oft erklärten die Komponierenden umständlich, wie sie ihre Werke gemacht hatten, ohne dass sich dabei anschließend die Zwölftonreihen hörend jedem erschlossen hätten. (Das Ganze glich manchmal des Kaisers neuen Kleidern.)

3. Man ermahnte Kritiker, dass sie sich dann, wenn sie moderne Kunst ablehnten, mit den Nationalsozialisten gemein machen würden, die ja die modernde Kunst als ›entartet‹ abgetan hatten.

Nun hätten alle Argumente am Ende nichts geholfen, wenn nicht interessante Werke entstanden wären, die die Behauptungen, es handele sich um wichtige, hochinteressante Kompositionen, bestätigten. Ein frühes Stück von Stockhausen sind die »Kreuzspiele« für vier Instrumente von 1951. Es ist von Messiaens »Mode de valeurs« und Goeyvaerts' »Sonata for two Pianos« beeinflusst, geht aber viel spielerischer mit der Idee der Reihe und ihrer Veränderung, oder wie man es damals nannte: Permutation um. Fast möchte man sagen, es ist musikalischer. Das Schlagzeug fährt mit unvorhersehbaren, aber doch immer emphatischen Rhythmen zwischen die Töne der anderen Instrumente, was dem Stück eine gewisse Spannung verleiht. Heute liegt eine wunderbar schimmernde Patina auf dieser Musik, die auch etwas Unbeholfenes an sich hat. Aus der historischen Distanz gesehen ist es beinahe rührend, wie sehr sich die Töne darum bemühen, modern zu sein. Weitere Meilensteine wurden für Stockhausen 1956 das Bläserquintett »Zeitmaße« und dann 1960 sein erstes Stück für Instrumente und Elektronik, »Kontakte«.

Auch von Pierre Boulez gibt es Stücke, die die musikalischen Möglichkeiten der seriellen Techniken ausschöpfen. Eines der schönsten Werke der 1950er Jahre ist *Le marteau sans maître* (»Der Hammer ohne Meister«), ein Zyklus nach Gedichten des surrealistischen Dichters René Char. Besonders an diesem Werk ist vor allem die Besetzung mit Instrumenten der mittleren Lage: eine Altflöte, eine Bratsche, eine Gitarre und Schlaginstrumente. Boulez erklärte, dass er sich dabei von Klangqualitäten außereuropäischer Musik hat inspirieren lassen. Durch die elegante Farbigkeit der Besetzung und den Einsatz einer Gesangsstimme wirkt *Le marteau* zugänglicher als viele andere Werke dieser Zeit. Für viele seiner Kollegen wurde das Stück auch aus diesem Grund zu einem Referenzpunkt für ihre eigenen Werke. Selbst der der Avantgarde gegenüber skeptische Igor Strawinsky lobte die Geschmeidigkeit dieser neuartigen Musik. Und Harrison Birtwistle bekannte einmal, dass, wenn er sich wünschen könne, ein Stück selbst komponiert zu haben, es *Le marteau* wäre.

Nur für einige Jahre wurde serielle Musik in ihrer strengsten und konsequentesten Form umgesetzt, um sich dann, wie Pousseur es einmal formulierte, »in alle möglichen Richtungen zu öffnen«. Doch hatte sich mit dem Serialismus das musikalische Denken auch grundlegend geändert. Seither spricht man von ›musikalischer Logik‹ und meint damit die Folgerichtigkeit der mathematischen Operationen beim Komponieren. Hinzu kommt, dass man überhaupt Töne in Zahlen übersetzt, mit diesen Zahlen Rechenoperationen durchführt und die Ergebnisse dann wieder in Töne rückübersetzt.

Auch wenn die meisten Komponierenden heute nicht mehr mit Zwölftonreihen arbeiten, so sind Zahlen in den Skizzen berühmter Komponisten eher die Regel als die Ausnahme. Zum einen können Zahlen dabei helfen, musikalisches Material zu generieren, wenn man zum Beispiel eine beliebige Zahlenfolge nimmt und in Töne verwandelt. Das kann ein Geburtsdatum oder eine Fibonaccireihe sein, deren Ziffern man dann in Tonhöhen oder in Tondauern übersetzt. Zum anderen können Zahlen dabei helfen, musikalisches Material zu ordnen, indem man die musikalische Form, die Instrumentierung und andere äußerliche Merkmale der Musik den Zahlen unterordnet.

Eine wichtige Erkenntnis der seriellen Musik war, dass sie sich weniger von der inneren Vorstellung des Komponierenden als mehr von der numerischen Folgerichtigkeit herleitet. Es ist also durchaus möglich, Musik zu schreiben, ohne sich vorstellen zu müssen, wie sie klingt. Dennoch ist das Ergebnis nicht willkürlich, denn der Komponist oder die Komponistin hat ja seinem oder ihrem musikalischen Willen Ausdruck verliehen. Nur haben sie ihre schöpferische Tätigkeit nicht auf das Klangergebnis, sondern auf die strukturelle Ordnung des Werks gerichtet.

Ihren Höhepunkt erlebte das serielle Denken in den 1970er Jahren, als eine Reihe von Komponierenden das Prinzip des mathematisch-komplexen Komponierens zu immer wilderen Blüten trieb. Man hat diese vor allem aus England kommenden Komponisten und Komponistinnen unter dem Begriff ›New Complexity‹ zusammengefasst. Die Musik ist tatsächlich so komplex, dass sich die Partituren nicht nur schlecht lesen, sondern dass sie sich auch kaum noch spielen lassen – wegen der schnellen Tempi, der sprunghaften Stimmführung, vor allem aber wegen der komplexen Rhythmen. In einem Takt von Brian Ferneyhough, der wohl berühmteste Vertreter der New Complexity, sollen 33 Töne in 17 Zählzeiten erklingen, aber innerhalb dieser 17 Zählzeiten sind einige wiederum in weitere Verhältnisse wie 5:4 und 13:10 aufgeteilt. Selbst mit einem Rechenschieber wird man diese Konstellation nicht sorgfältig auflösen können (schon ein normales Metronom könnte hier nicht weiterhelfen bzw. wäre viel zu ungenau).

Viele Interpreten rebellierten gegen diese Form von Musik, weil sie nicht auf ihre Ausführbarkeit hin komponiert worden sei. Ferneyhough wehrte sich: Es gehe bei der Interpretation niemals um Genauigkeit, auch dann nicht, wenn man Bach oder Beethoven spiele, sondern immer um Annäherungen und eine musikalische Nachempfindung des Notierten. Man muss Ferneyhough zugutehalten, dass er nicht berühmt wurde, *weil*, sondern *obwohl* seine Werke als unspielbar gelten. Wenn man seinen »Cassandra's Dream Song« hört, dann erliegt man nicht den irrationalen Rhythmen, sondern der verführerischen Kraft der Flöte. Und in den *Time and Motion Studies* geht es um Ausbeutung, Automatisierung und die maschinelle Unterwerfung der Arbeiter, also um durchaus gesellschaftskritische Themen, bei denen der Einsatz von Elektronik die Aufführungssituation noch sinnstiftend verkompliziert.

Das Beispiel Ferneyhough zeigt, dass es beim seriellen Komponieren nicht um bloße Zahlenhuberei geht. Es spielen viele andere Aspekte in das Komponieren hinein. Vieles wird nicht von Zahlen determiniert. Und es bleibt am Ende immer dem Komponierenden überlassen, wie er mit dem mathematisch gewonnenen Material umgeht.

Im postseriellen Zeitalter haben Komponisten und Komponistinnen vielfältige Strategien entwickelt, um sowohl der mathematischen Objektivität und Genauigkeit des Seriellen als auch dem persönlichen Gestaltungs- und Ausdrucksbedürfnis gerecht zu werden. Elliott Carter beginnt seine *Symphony of Three Orchestras* mit einem flirrenden Hintergrund: hohe Streicher, Klavier, hohe Holzblasinstrumente. Dann setzt ein elegisches Trompetensolo mit geschwungenen Phrasierungen ein. Man hört den einzelnen Figuren – dem erratisch perlenden Klavier, der nervösen Piccolo, dem verzagten Melos der Trompete – schon an, dass ihnen mathematisches Kalkül zugrundeliegt (das mag an ihrer Unvorhersehbarkeit, aber auch an der hölzernen Rhythmik liegen). Aber die Art und Weise, wie Carter diese Figuren einsetzt, wie er den Aufbau, die Dramaturgie, die Rollenverteilung im Orchester gestaltet, geht eben weit über das mathematisch Determinierte hinaus. Es ist persönliche, von Ausdruck beseelte Musik.

Wie stark die serielle Revolution das Komponieren über die Jahrzehnte hinweg bis in die Gegenwart hinein geprägt hat, welche Varianten Komponierende erdacht haben, wie sie die mathematischen Möglichkeiten übernahmen und ihren künstlerischen Bedürfnissen angepasst haben, das soll im Folgenden anhand von einigen Beispielen erörtert werden.

Der mexikanische Komponist Julio Estrada verliert sich, wenn er über seine Musik schreibt und spricht, in einem Wust an Theorien. Estrada, Jahrgang 1943, studierte unter anderem bei Messiaen und Stockhausen und war also mit dem seriellen Idiom vertraut. Die Forschung spielt in seiner Arbeit eine mindestens so große Rolle wie das Komponieren selbst. In seinen wissenschaftlichen Veröffentlichungen beschäftigt er sich damit, wie man Tonhöhe und Intervalle ordnet und gruppiert und mit diesen Gruppen arbeitet, wie man die vielen Eigenschaften eines Klangs, seine Parameter, in ihrer gegenseitigen Abhängigkeit darstellt und klassifiziert. Das, was Estrada da entwirft, sind formel- und zahlenlastige Theorien, die aber in der Praxis eine durchaus vielschichtige und deutungsträchtige Musik ermöglichen. Er selbst erklärt, dass er Theorien brauche, um seine Phantasie in bestimmte Bahnen lenken und produktiv umsetzen zu können. Das fast einstündige Schlagzeugstück »Eolo'oolin« veranschaulicht diese Dialektik zwischen freiem Denken und präziser Konstruktion. »Eolo'oolin« bedeutet so viel wie »Bewegungen des Winds«; es gibt also eine poetische Ebene, indem einem Naturphänomen akustisch nachgehorcht wird, es gibt aber eben auch die Klarheit und die Komplexität, die in der Theorie ihren Ursprung hat.

Zu den schönsten mathematischen Modellen, die sich der Musikalisierung andienen, gehören Fraktale. Fraktale sind mathematische Gebilde, die sich selbst reproduzieren. In der Natur finden wir Fraktale dort, wo die Mikrostruktur der Makrostruktur gleicht, wie etwa bei einem Farn oder einem Blumenkohl. Der spanische Komponist Francisco Guerrero hat mit solchen Strukturen komponiert. Auch er nutzt also mathematische Formeln, die aber nicht abstrakt bleiben, da sie auf eine konkrete Form verweisen. Das Ergebnis ist eine Musik, die ein eigenes Kraftfeld erzeugt und einen unwiderstehlich in ihren Bann zieht, wie das sich in ewig auseinanderstrebenden Glissandi verlierende »Ariadna« von 1984.

Dass das serielle Denken bis in die Gegenwart hineinwirkt, beweist ein Beispiel aus der jüngeren Musikgeschichte. 2023 wurde Steven Takasugis »Piano concerto« bei den Donaueschinger Musiktagen uraufgeführt. Takasugi arbeitet mit Computern und programmiert Algorithmen, mit deren Hilfe er komplexe Materialbausteine entwirft. Im Klavierkonzert erklingen zunächst vereinzelt solche Materialfiguren, die aber so unterschiedlich und disparat wirken, dass man als Hörer oder Hörerin kaum einen Zugriff darauf bekommt. Erst nach und nach verdichten sich die Ereignisse, bäumt sich ein übermächtiges Gewirr aus Tönen auf, dem man staunend erliegt. In einem biographischen Text schreibt Takasugi, dass er sich, als er im Alter von zarten 17 Jahren damit begann, mit Zahlen zu komponieren, zunächst schämte. Er glaubte damals, dass, wer mit Zahlen komponiert, der eigenen Kreativität nicht traut. Werke wie sein Klavierkonzert belehren uns eines Besseren. Gleichzeit bekennt Takasugi, dass er schon damals ein »Tweaker« gewesen sei, also jemand, der die Zahlen biegt und verbessert, bis sie seinen Vorstellungen entsprechen. Takasugi folgt also der Logik seiner Algorithmen nicht blind. Sie bilden vielmehr einen Ausgangspunkt, von dem ausgehend komplexe und überwältigende Gebilde entstehen.

Carter, Ferneyhough, Estrada, Guerrero und Takasugi – das sind fünf Beispiele dafür, wie sich das, was 1949 als Experiment begann und als radikales Dogma verhandelt wurde, im Laufe der Jahre weiterentwickelte, wie es sich immer weiter ausdifferenzierte und wie es auch den jeweiligen künstlerischen Bedürfnissen angepasst wurde. Die Liste ließe sich beliebig fortführen.

Schaut man zurück auf die Anfänge der 1940er Jahre, dann wirken die Innovationen von damals heute verwegen und heroisch. Sie bilden den Keim, in dem das, was wir heute Neue Musik nennen, aufgehen sollte.

2
Weltanschauungen – Neue Musik und Politik

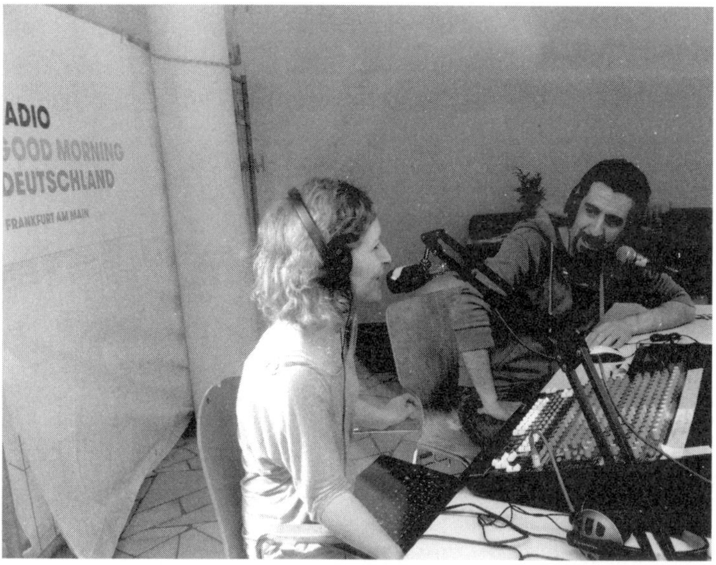

Nur »im Gebilde selbst, in den kompositorischen Strukturen« sei Musik eigentlich politisch, behauptete der Musiktheoretiker Heinz-Klaus Metzger einmal. Er war der Überzeugung, dass nicht Äußerlichkeiten dem Werk eine politische Dimension verleihen, sondern dass die Art und Weise, wie es gemacht ist, ausschlaggebend ist.

Tatsächlich weisen viele kompositorische Verfahren der Neuen Musik eine politische Dimension auf, und dies schon zu Beginn des 20. Jahrhunderts, als Arnold Schönberg die Zwölftontechnik erfand, also eine Musik mit zwölf »nur auf einander bezogenen Tönen«. Dadurch, dass Schönberg keiner Tonhöhe mehr einen besonderen Status zuweist, wie dies ja in der tonalen Musik der Fall ist, sind alle zwölf Töne einer Oktave gleichberechtigt, eine Tatsache, die wiederholt als Demokratisierung gedeutet worden ist.

Dieses Verfahren wurde für die Nachkriegsavantgarde der 1950er Jahre zu einem maßgeblichen Modell, und es wurden eben auch alle anderen Parameter des Komponierens auf diese Weise ›demokratisiert‹. Es gab jetzt keine herrschaftliche Tonika mehr, keine betonten und unbetonten Zählzeiten. Das, was es an Hierarchien unter den Tönen gab, wurde aufgehoben. In den 1960er und 1970er Jahren, den wohl am stärksten politisierten Jahrzehnten in der Musik, erfanden Komponierende weitere Verfahren, um Hierarchien zu entkräften. Vor allem das Verhältnis des Komponisten zum Interpreten geriet dabei in den Fokus. Man schrieb keinen Notentext mehr, der ja eine bloße Handlungsanweisung ist, sondern öffnete den Interpretierenden Raum, um sich selbst und ihre Vorstellungen einzubringen. Es entstanden Werke, u. a. von New Yorker Komponisten wie John Cage und Earle Brown, bei denen den Interpretierenden zwar eine Anleitung zum Musizieren, aber kein konkreter Notentext mehr an die Hand gegeben wurde. Die Komponierenden bedienten sich dabei oft graphischer Verfahren, mit frei erfundenen Zeichen, die nicht mehr eindeutig auf ein zu erwartendes Klangereignis hinwiesen.

Diese Beispiele zeigen, dass Musik, wie Metzger es forderte, aus ihrer Struktur heraus selbst politisch sein kann. »Man sieht einem musikalischen Werk an, ob es eine hierarchische Struktur hat, also ob Herrschaft darin steckt und ausgeübt wird«, behauptete Heinz-Klaus Metzger damals weiter.

Politische Tendenzen in der Musik standen oft in einem engen Verhältnis zu politischen Debatten in der Öffentlichkeit. In dem Maße, in dem sich die westlichen Gesellschaften seit den 1980er Jahren entpolitisierten, verschwand auch immer mehr das Engagement aus der Musik.

Erst im Gefolge von Rechtspopulismus, Debatten um Diversität, Gleichberechtigung und Migration gerieten gesellschaftliche Themen wieder stärker in den Fokus der Komponierenden. Hannes Seidl konzipierte 2016 einen Radiosender von Geflüchteten für Geflüchtete, bei dem er selbst kompositorisch nicht in Erscheinung trat: Good Morning Deutschland. Das Projekt wurde in Frankfurt am Main, Stuttgart und vorübergehend auch in Donaueschingen eingerichtet und hat sich längst zu einer eigenständigen, von seinem Initiator losgelösten Institution entwickelt. Gesendet wird auf Arabisch, Farsi, Deutsch und Englisch. Neue Musik spielt im Programm nicht zwingend eine Rolle. Eher geht es um Musik, die Geflüchtete mitbringen, und darum, wie diese sich zur europäischen Musik verhält. Seidl hat damals nur die Voraussetzungen für einen solchen Radiosender geschaffen und Menschen zusammengebracht, die sich in einem solchen Rahmen sinnvoll einbringen. Manchmal ist politisches Komponieren auch das Gegenteil von Komponieren, nämlich andere ihre Musik machen lassen.

Die politische Dimension ist dem Komponieren also beileibe

nicht abhandengekommen. Nur haben die Komponierenden mittlerweile einen differenzierten Blick auf die Welt – und sie sind auch meist nicht mehr, wie Komponisten und Komponistinnen früherer Generationen, Mitglied einer kommunistischen Partei.

Wie wichtig Klang in gesellschaftlichen Konflikten sein kann, hat das Kollektiv Ultra-red bewiesen. Auf ihren CDs hört man z. B. die Proteste, mit denen Mieter sich dem profitgesteuerten Abriss ihrer Unterkünfte widersetzen, oder schwulen Sex in öffentlichen Parks. Ultra-red macht mit diesen Aufnahmen auf die Stigmatisierung von Minderheiten und die heteronormative Besetzung des öffentlichen Raums aufmerksam. Zum Ansatz der Gruppe gehört es, dass sie den akustischen Raum als Ausdruck sozialer Beziehungen versteht. Die akustische Umwelt ist also bereits ein Politikum, an dem sich Ungerechtigkeiten oder Hierarchien ablesen lassen. Auf einigen Tracks sind die dokumentarischen Aufnahmen – die Proteste, der Sex – unbearbeitet zu hören und sprechen für sich. In anderen Stücken werden die Field Recordings von Ultra-red mit elektronischen Klängen eingetrübt. Dann entsteht eine entrückte, artifizielle Klangwelt, die an Ambient Music erinnert, die aber nicht dazu einlädt, vor sich hin zu dösen, sondern als ein Gegenentwurf zur Realität, als ein Möglichkeitsraum verstanden werden soll.

Ein anderes Beispiel: Der Klangkünstler Georg Klein rief 2007 die fiktive European Border Watch Organisation (EBWO) ins Leben. Die EBWO ist der texanischen Bürgerwehr nachempfunden, bei dem jeder aufgerufen ist, die Landesgrenze mit Hilfe einer Webcam zu überwachen. Klein rief nun im Rahmen einer Klangkunstaktion dazu auf, auch die Außengrenzen der Europäischen Union eigenmächtig per Webcam zu kontrollieren. Zu diesem Zweck richtete er in einem ehemaligen Wachturm der DDR an der Grenze zwischen den Berliner Bezirken Treptow und Kreuzberg eine Überwachungsstation ein, in der man durch

Webcams auf Waldstriche, Wiesen, Zäune und dergleichen mehr schaute und aufgefordert wurde, gezielt nach Menschen zu suchen, die versuchen könnten, illegal über die Grenze in die EU zu kommen. Außerdem wurde man dazu aufgefordert, der EBWO beizutreten, und wurde über die angeblichen Gefahren der Migration aufgeklärt. Klein hat mit seiner Installation »turmlaute« eine äußerst beklemmende Situation geschaffen, in der er mit DDR-Geräten wie historisch anmutenden Telefonhörern und den Schießscharten im Turm arbeitet, aber eben auch mit modernen Kommunikationsmitteln wie den Videobildern angeblicher Grenzen. Als Besucher hätte man sich gerne ironisch über das Unbehagen der Situation hinweggesetzt, doch war dies angesichts der Nähe zur politischen Realität nicht möglich.

Beide Projekte, die CDs von Ultra-red und die Klanginstallation von Georg Klein, richten sich gezielt gegen konkrete politische Probleme: Auswüchse des Kapitalismus, Heteronormativität, Ausländerfeindlichkeit. Die Projekte engagieren sich im Bereich der politischen Linken. Beide sind keine Konzertsaalmusik. Ja, Ultra-red gehören strenggenommen nicht zur Neuen Musik im engeren Sinne des Wortes: Die Mitglieder der Gruppe sind vielmehr politische Aktivisten und Künstlerinnen, keine akademisch ausgebildeten Komponierenden. Ihre CDs erschienen u. a. auf dem Frankfurter Techno-Label Mille Plateaux. Ihre Arbeiten beschäftigen sich explizit mit politischen Inhalten und verwenden diese Inhalte bzw. ihre Erscheinungsformen als Material.

Natürlich begegnet eine solche politische Ausrichtung auch im Konzertsaal. Viele Komponisten und Komponistinnen befassen sich mit politischen Fragen. Auch hier zwei Beispiele, die zeigen, wie politisches Denken seinen Weg in die Musik findet.

Eduardo Moguillansky wurde 1977 in Buenos Aires geboren. Als Kind erlebte er die letzten Jahre der Militärdiktatur. Er erinnert sich deutlich daran, wie seine Eltern bei einer Hausdurchsuchung verzweifelt ein Megaphon versteckten, weil dies vom Militär als Instrument des Widerstands gewertet werden könnte. Und er erinnert an eine Rede des Generals Jorge Videla, der 1979 erstmals öffentlich die Existenz von »Desaparecidos« (»Verschwundenen«) eingestand. In der Werkreihe *Bandskizzen* für sechs Musiker mit Megaphonen und Kontaktmikrophonen kommen beide Erinnerungen zum Tragen. In die Megaphone wird nicht hineingesprochen. Zu hören sind stattdessen Nebengeräusche des Geräts: Klicks, Feedback, Rauschen. Moguillansky hat Videlas Rede akustisch analysiert und lässt sie nun mit den Nebengeräuschen des Megaphons nachsprechen. Das Ergebnis ist gespenstisch: als würde der Terror der Diktatur als Geist in den Apparaten weiterleben. Moguillansky kommentiert die historischen Ereignisse nicht, doch auch ohne einen solchen Kommentar wird die Musik als Mahnmal gegen den Terror von Diktaturen verständlich.

Mirela Ivičević kam 1980 in Split zur Welt. Angesichts des aufkeimenden Faschismus in Kroatien erinnert sie in zwei Werken an den antifaschistischen Widerstand im Zweiten Weltkrieg. Die Titel *Case Black* (2016) und *Case White* (2018) sind zwei berühmten Partisanenkämpfen in Kroatien gewidmet. Ivičević zeichnet diese historischen und gegenwärtigen Konflikte nicht musikalisch nach, komponiert kein Schlachtengemälde. Vielmehr versteht sie Musik als Metapher, als einen Raum für Freiheit, in dem Unterschiede nebeneinander existieren und die Realität neben dem Imaginären bestehen kann. Am Ende von *Case White* erklingen dann, von Flöte und Gitarre vorgetragen, einige Takte aus dem Lied »The Partisan«, das im antifaschistischen Widerstand gegen die Nationalsozialisten entstand. Anna Marly hatte die französische Urfassung des Liedes »La complainte du partisan« 1943 über einen Text des Widerstandkämpfers Emmanuel d'Astier de La Vigerie gelegt. Seither wurde es an

Lagerfeuern und durch Interpretierende wie Leonard Cohen und Joan Baez zu einer gleichermaßen universellen und sentimentalen Hymne des politischen Widerstands.

Die Beschäftigung mit sozialen und politischen Themen verleiht der Neuen Musik eine andere Relevanz, als wenn sie sich politikferneren Stoffen widmet, weil sie sich gesellschaftlich positioniert und sich in aktuelle Diskurse einbringt. Neue Musik geht meist mit einer bestimmten, und zwar einer latent linken Gesinnung einher. Das hat entschieden damit zu tun, dass sie lange von konservativen Denkern ausgegrenzt und in Frage gestellt wurde. In Westdeutschland konnte man sich nach 1945 indirekt immer noch auf die verbrecherische Ideologie der Nationalsozialisten berufen, die Neuer Musik, wie aller modernen Kunst, ihre Existenzberechtigung abgesprochen hatte. Stichwort ›entartete Kunst‹.

Als die Neue Musik in den frühen 1950er Jahren den bisweilen durchaus heftigen Widerstand des Publikums provozierte, konnten sich die Komponisten und Komponistinnen auf diese ideologische Ausgrenzung berufen und den Unmut des Publikums gewissermaßen historisch delegitimieren. Wer Neue Musik ablehnte, machte sich, wie bereits erwähnt, mit den Faschisten gemein. Die ausgebuhten Komponisten und Komponistinnen verliehen ihrem künstlerischen Schaffen dadurch einen heroischen Gestus, weil sie sich über historisches Unrecht hinwegsetzten. Damit wurde die Neue Musik in den Nachkriegsjahren per se zu einer politischen Angelegenheit.

Auch in der Deutschen Demokratischen Republik stand die Neue Musik unter Legitimationsdruck. Im real existierenden Sozialismus vertrat man die Position, Kunst habe einfach und verständlich zu sein und der Sache des Sozialismus zu dienen. Tatsächlich gibt es Massenlieder und politisch fromme Kantaten, die ein Loblied auf die Arbeiterklasse singen und sich einfacher

Gestaltungsmittel bedienen. Zu den berühmtesten Komponisten des sozialistischen Realismus gehören Hanns Eisler und Paul Dessau, auch wenn sie regelmäßig mit den Behörden in Konflikt gerieten, wenn ihre Werke als zu formalistisch eingeschätzt wurden.

Dennoch gab es natürlich auch in der DDR eine Avantgarde, die sich diesem ästhetischen Dogma widersetzte und deshalb um ihre Existenz kämpfen musste. Werke mussten Zensurstellen vorgelegt werden, die dann beurteilten, ob das Werk aufgeführt werden durfte. Auch wenn die staatlichen Vorgaben zur Musik im Laufe der Jahre gelockert wurden, begaben sich Komponierende immer wieder aufs Neue auf eine Gratwanderung. Man suchte das Experiment und wollte die Möglichkeiten erweitern, wollte aber natürlich nicht der Zensur zum Opfer fallen.

Es ist deshalb vielleicht nicht erstaunlich, dass die oppositionelle Haltung zur Staatsräson den Komponierenden ihre künstlerische Identität und ihre Raison d'être verlieh. 1978 komponierte Friedrich Schenker eines der abgründigsten Werke, die in der DDR entstanden, seine »Missa nigra« (»Schwarze Messe«), ein düsteres Mahnmal gegen den Krieg und die atomare Bedrohung. Offiziell war das Werk gegen die atomare Aufrüstung der USA gerichtet, aber man muss kein Hellseher sein, um zu begreifen, dass natürlich die Aufrüstung in den Staaten des Warschauer Pakts mitgemeint ist. Es geht wild zu in diesem Stück, mit Trillerpfeifen, militärischen Trommeln, wüstem Geschrei, aber man begegnet auch braven, steifen Passagen, die die staatliche Ordnung karikieren.

Georg Katzer, der vielleicht wichtigsten Stimme unter den DDR-Komponisten, gelang es 1982 an der Akademie der Künste in Ostberlin, ein elektronisches Studio einzurichten – nach Vorbildern aus Warschau und Bratislava, wo das Musikleben mehr Freiheiten genoss. Später berichtete er, wie er sich heimlich nachts mit Diplomaten auf Parkplätzen getroffen habe, um Instrumente aus dem Westen wie Keyboards und Synthesizer für das Studio zu bekommen. Katzer hat sich in vielen Werken nach der Wende kritisch zur deutschen Wiedervereinigung und der kapitalistischen Vereinnahmung der DDR durch den Westen positioniert, am persönlichsten und weitsichtigsten in der 1990 entstanden Radiokomposition *Mein 1989*. Der Zusammenbruch des real existierenden Sozialismus und die deutsche Wiedervereinigung hat das Selbstverständnis der Komponierenden aus dem Osten erschüttert. Es wurde damals notwendig, sich neu zu orientieren und zu positionieren. Die Tatsache, dass ein avantgardistisches Werk per se eine politische Provokation ist, konnte man jetzt nicht mehr geltend machen.

Im 20. Jahrhundert lässt sich die politische Überzeugung eines Komponisten oftmals unmittelbar aus seiner Biographie ablesen. Z. B. wenn sie mit Waffen und unter Einsatz ihres Lebens gegen den Faschismus gekämpft hatten, wie Conlon Nancarrow, der in den 1930er Jahren gegen die Franco-Diktatur in Spanien ins Feld rückte, und Bruno Maderna, der im Italien der 1940er Jahre im antifaschistischen Widerstand als Partisan kämpfte. Bezeichnenderweise hat die politische Haltung dieser beiden Komponisten in ihren Werken keinen expliziten Niederschlag gefunden.

Ganz anders verhält es sich bei drei Komponisten, deren politische Überzeugung ihr künstlerisches Schaffen durchdrang: Luigi Nono, Hans Werner Henze und Cornelius Cardew. Nono, wie Henze bekennendes Mitglied der Kommunistischen Partei, wies in seinen Werken vielfach auf gesellschaftliches Unrecht hin. Er komponierte Werke über den Holocaust, über die möglichen Folgen eines Atomkriegs, die Grausamkeiten des Kapitalismus, den spanischen Bürgerkrieg, den antifaschistischen Widerstand und über die Studierendenproteste der späten 1960er Jahre. Zu seinen Stilmitteln gehörten dokumentarische Aufnahmen, wie Fabrikgeräusche oder Aufnahmen von Protesten und Unruhen, die Nono dann im Studio elektronisch bearbeitete. Er vertonte in seinem »Il canto sospeso« (»Der unterbrochene Gesang«) Texte mit politischem Einschlag, nämlich die *Lettere di condannati a morte della Resistenza europea* (»Briefe zu Tode verurteilter Widerstandskämpfer«). Die Klangsprache, die Nono wählte, ist nicht explizit politisch, unterscheidet sich nicht von derjenigen seiner weniger politischen Zeitgenossen. Sie ist seit den 1950er Jahren zunächst radikal seriell, und zwar in einem konstruktivistisch-strukturellen Sinne. Später öffnet Nono seine Klangsprache und lässt vor allem dort, wo Unrecht angeprangert wird, Emotionen, Ausdruck und gelegentlich auch ein gewisses Pathos zu.

Nono komponierte 1964 *La fabbrica illuminata* (»Die erleuchtete Fabrik«). Im Tonband hört man Geräusche aus einem Walzwerk bei Genua. Der Sopran beklagt unter Verwendung von Texten der italienischen Dichter Giulino Scabia und Cesare Pavese die Lebensbedingungen der Arbeiter. Erstaunlicher als das Werk selbst ist die Tatsache, dass Nono das Stück Fabrikarbeitern vorspielte und mit ihnen anschließend über die Musik diskutierte. Ob die Musik wirklich zur Bewusstseinsbildung der Arbeiter beitrug, wie Nono später behauptete, sei einmal dahingestellt. Doch wird der Wunsch deutlich, als Komponist politisch wirksam zu werden. Der Musiktheoretiker Heinz-Klaus Metzger kritisierte damals vehement, das habe »hinten und vorne nicht funktioniert und das war vorauszusehen. *La fabbrica illuminata* gehört zu den musikalischen Totgeburten. Was er damit wollte, das ist ganz klar, aber es ist nichts dabei herausgekommen.«

In den 1980er Jahren veränderte Nono seine Klangsprache noch einmal grundlegend und komponierte schwebende, ätherische Klangflächen. Er legte seinem Streichquartett *Fragmente* –

Stille, An Diotima von 1980 Texte von Hölderlin zugrunde und schrieb eine leise, geradezu verhuschte Musik. In diesen späten Werken ist das Hören selbst Gegenstand der Werke. Veränderungen, die im Politischen herbeigeführt werden sollen, werden jetzt metaphorisch in Form von Zerbrechlichkeit und feinen Nuancen musikalisch umgesetzt. Der Hörer soll durch die Musik zu einem sensibleren, für Veränderungen offenen, kurz: zu einem besseren Menschen werden.

Auch Hans Werner Henze wählte häufig politische Stoffe und eine gemäßigt moderne Klangsprache für seine Kompositionen. Seine Werke sind dabei aber, mehr noch als die von Nono, tief im bürgerlichen Selbstverständnis verankert. Sowohl die Themen als auch die süffige und dem Gemäßigten zugewandte Tonsprache, die Henze wählte, brachten ihm den Vorwurf eines Salonkommunisten ein. Dennoch ist die Bedingungslosigkeit, mit der er seine Weltanschauung vertrat und ins Werk setzte, bemerkenswert. Als 1968 sein Oratorium *Das Floß der Medusa* in Hamburg uraufgeführt werden sollte, kam es zu einem Skandal. In dem Werk geht es um das Überleben von Schiffbrüchigen. Henze hatte das Werk Che Guevara gewidmet. Er sollte die Uraufführung selbst dirigieren und platzierte eine rote Fahne am Dirigentenpult. Vor dem Konzertsaal demonstrierten Mitglieder des Sozialistischen Deutschen Studentenbunds. Es kam zu Tumulten. Die Polizei schritt ein. Die Uraufführung wurde abgesagt.

Ein weiterer Meilenstein unter seinen politisch ausgerichteten Werken ist das kammermusikalische Rezital *El cimarrón* von 1970, das die Geschichte eines entlaufenen Sklaven erzählt. Henze lebte damals in Kuba und lernte dort die historischen Berichte eines Sklaven kennen, der in die Freiheit geflohen war und später im spanischen Unabhängigkeitskrieg gekämpft hatte. 1976 schrieb er die Antikriegsoper *We Come to the River* (»Wir kommen zum Fluss«), in der ein General mit den Grausamkeiten seines Handelns konfrontiert wird.

Politisch besonders radikalisiert hat sich der britische Komponist Cornelius Cardew. Cardew studierte in den 1950er und 1960er Jahren zunächst in London, in Köln und zuletzt bei dem gemäßigt modernen Goffredo Petrassi in Rom. Er entfremdete sich jedoch zusehends von seinem Metier und stellte die Neue Musik als elitäre und bürgerliche Kunstform in Frage. So kam es, dass er 1966 der Improvisationsgruppe AMM (was genau das Kürzel bedeutet, ist geheim) beitrat, zu deren Prinzipien es gehörte, keine Absprachen zu treffen, sich nicht an Konventionen zu halten und so eine abstrakte und von jeglichem Zusammenhang befreite Musik zu erschaffen. 1969 gründete er das Scratch Orchestra, bei dem nicht nur Berufsmusiker, sondern auch Laienmusiker und Schauspieler mitwirkten, und mit denen er in Gruppenimprovisationen graphisch konzipierte Werke erarbeitete. Hier entstanden seine zwei schönsten Partituren mit musikalischen Graphiken und verbalen Improvisationsanweisungen: *Treatise* (1963–67) und *The Great Learning* (1971). Schließlich wandte er sich ganz von seinem Metier ab und komponierte einfache politische Lieder. Als überzeugter Maoist trat er häufig bei Aktionen der People's Liberation Group auf und unterstützte streikende Arbeiter.

Cardew war kein Einzelfall. Viele Komponierende mit einer politischen Haltung wandten sich irgendwann von der Neuen Musik ab, weil sie ihnen zu bürgerlich, zu selbstbezogen oder in ihren Mitteln zu beschränkt zu sein schien. Auch Frederic Rzewski gehörte in den 1960er Jahren mit der Musica Elettronica Viva aus Rom einem improvisierenden Kollektiv an, versuchte sich an verschiedenen Formen der musikalischen Befreiung und komponierte 1975 schließlich einen monumentalen und eher wenig avantgardistischen Variationszyklus über das chilenische Revolutionslied »El pueblo unido, jamás será vencido!« (*The People United Will Never Be Defeated!*), den er als exzellenter Pianist gerne selbst vortrug.

Ebenfalls in den 1970er Jahren komponierte Trevor Wishart *Red Bird*, das als Allegorie der politischen Unterdrückung verstanden werden soll und im Untertitel *A Political Prisoner's Dream* heißt. Für sein Stück *Red Bird* hat der englische Komponist verschiedene Klänge im elektronischen Studio derart bearbeitet, dass sie ineinander übergehen, darunter Gewehrschüsse, Schreien, Weinen und Tierlaute. Die Tiere spielen eine wichtige Rolle in diesem Stück. Sie sind frei, aber sie sind unmündig. Der Gefangene, als dessen »Traum« Wishart *Red Bird* bezeichnet, ist hingegen mündig, aber er ist eingesperrt. *Red Bird* ist ein poetisches, aber eben auch ein brutales Stück Musik, das keine expliziten, herausgeschrienen Parolen benötigt, sondern in dem die Klänge selbst Anklage zu erheben scheinen. Wishart zitiert in einem Kommentar zu seinem Werk das Buch *L'homme révolté* (*Der Mensch in der Revolte*) von Albert Camus. Für Camus sind die Begriffe Schuld und Unschuld ein gegebener Widerspruch eines jeden politischen Prozesses. Die Klänge in *Red Bird* machen diesen Widerspruch explizit: Es wird geschossen, gestorben, geweint, getrauert. Aber Camus und Wishart gestehen dem politischen Gefangenen das Recht zu, auf nicht schuldig zu plädieren, sofern man sein Handeln als politisch-gesellschaftliche Notwendigkeit definiert. *Red Bird* ist, wenn man so will, Klang gewordene Ideologiekritik.

Zu den Komponisten, die ihre politische Überzeugung hartnäckig umsetzten, gehört auch der Schweizer Jacques Wildberger. Wildberger war von 1944 bis 1947 Mitglied der Kommunistischen Partei der Arbeit. Er komponierte im Stil von Kurt Weill und Hanns Eisler politische Werke für die Arbeiterklasse, agitative Propaganda, auch ›Agit-Prop‹ genannt. Schon 1947 verließ er aus Protest gegen die Politik Stalins die Partei wieder. Als er 1967 in Westberlin lebte, erlebte er dort die Studierendenbewegung, die ihn laut eigenem Bekunden »repolitisierte«. Von da an habe er nur noch Musik mit einem gesellschaftskritischen Aspekt gemacht. Wichtigstes Zeugnis dieses Wandels ist das Antikriegsstück »La notte« (1967) mit Texten von Hans Magnus Enzensberger und einem Tonband, das die zerstörerische Klangkulisse des Vietnamkriegs evoziert.

Man sieht den vielen Beispielen an, wie stark die 1960er und 1970er Jahre von politischen Unruhen, von Ideologien und Aktivismus geprägt waren. Es sind dies die Jahrzehnte, in denen das politische Potential der Neuen Musik am deutlichsten zur Geltung kam. Im Rückblick wirkt die ideologische Verhärtung, die in den Werken vertreten wird, oft fragwürdig. Das Pathos des politischen Bewusstseins wirkt nicht selten selbstherrlich. Man kann sich zurücksehnen nach einer solchen Zeit, in der politische Debatten das Bewusstsein prägten und sich Kunstschaffende mit einer gewissen Selbstverständlichkeit engagierten. Aber wie aktuellere Beispiele zeigen, ist die Neue Musik nicht zwingend unpolitisch geworden. Nur ist die Auseinandersetzung mit politischen Sachverhalten oft differenzierter und weniger ideologisch geprägt.

3
Musikalische Erfinder – Bastler, Tüftler und Zweckentfremder

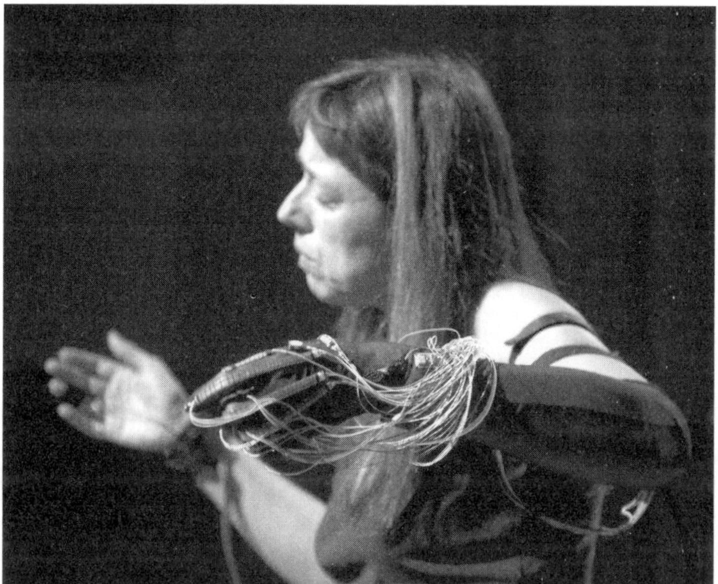

Instrumentenbauer und Erfinder sind in der Musikgeschichte selten berühmt geworden. Sie bleiben meist im Hintergrund. Das ist verständlich, wenn sie sich in erster Linie handwerklich betätigen. Ausnahmen bestätigen die Regel, wie Theodor Böhm, der die moderne Querflöte erfand, und Adolphe Sax, der mit dem Saxophon ein völlig neues Instrument schuf. Bis heute entstehen neue Instrumente, indem existierende Instrumente weiterentwickelt werden, wie das besonders bassige Saxophon Tubax, das Benedikt Eppelsheim seit 1999 baut, oder die Oboenvariante Lupophon, die Guntram Wolf 2010 entworfen hat. Darüber hinaus gibt es aber auch Erfinder, die Instrumente nicht aus handwerklicher, sondern aus künstlerischer und manchmal auch aus wissenschaftlicher Neugier entwickeln. Und darum soll es im Folgenden gehen.

Martin Riches, 1942 in England geboren, aber schon lange in Westberlin sesshaft, beruft sich bei seiner Arbeit auf die großen Erfinder der Aufklärung, Jacques de Vaucanson und Wolfgang von Kempelen. Vaucanson und Kempelen arbeiteten im 18. Jahrhundert im Geist eines neuen, positivistischen Wissenschaftsverständnisses und konstruierten die abenteuerlichsten Automaten. Vaucanson schuf 1737 einen mechanischen Flötenspieler, der zwölf Melodien beherrschte, aber auch eine künstliche Ente, die sogar einen funktionierenden Verdauungstrakt aufwies. Kempelen wiederum versuchte sich ab 1769 an einer Sprechmaschine.

Riches hat sich dieser Tradition verschrieben. Er baut seinerseits Apparate, die organische Funktionen und menschliche Aktivitäten nachahmen. 1979 entstand in Anlehnung an seine beiden Vorbilder zunächst eine eigene Flute Playing Machine, später zwei Talking Machines, die den menschlichen Sprechakt imitieren. Wie seine Vorgänger analysiert Riches die akustischen Phänomene und imitiert sie auf mechanische Weise, wie etwa den Luftstrom der Lippen und die Produktion von Vokalen und Konsonanten. Jedem Buchstaben seiner Sprechmaschine liegt dabei ein eigener Klangerzeuger zugrunde, der mit Pfeifen oder Perkussionsvorrichtungen das menschliche Sprechwerkzeug nachahmt.

Auf diese Weise hat Riches sich in der Musik einen Bereich erschlossen, der sowohl das Handwerk als auch die Erfindung, die Wissenschaft und die Kunst umfasst. Wenn die Maschinen spielen oder sprechen, steht erst einmal nicht das künstlerische, sondern das technische Ergebnis im Vordergrund. Man staunt, wie gut die Maschine z. B. das Alphabet aufsagen kann. Aber man kann mit diesen Maschinen eben auch komponieren, Melodien für die Flöten-, Texte eigens für die Sprechmaschine einrichten. Meist hat Riches das entsprechende Material selbst gestaltet und ist dann beides: Konstrukteur und Komponist. Oder er hat mit Komponisten und Klangkünstlern zusammengearbeitet, die dann mit seinen Maschinen komponierten, etwa mit Tom Johnson bei der Klanginstallation *Knock on Wood*.

Erfindern wie Martin Riches eilt der Ruf voraus, ein Sonderling zu sein. Es sind Persönlichkeiten, die sich ihren Apparaten mit Pioniergeist und Hingabe widmen. Nicht selten werden sie auch als Kultfiguren verehrt. Der US-amerikanische Erfinder Raymond Scott zum Beispiel wurde 2000 wiederentdeckt. Er baute in New York seit den 1940er Jahren in einem kleinen Klanglabor unermüdlich neue Instrumente, darunter einen Vorläufer eines Sequenzers und eines Drumcomputers. Musikalisch ist das charmant und schrill, aber sicher nicht besonders wertvoll. Scott lebte vor allem von der Musik für Reklame und Werbefilme. Berühmt wurde außerdem die Schallplattenreihe *Soothing Sounds for Babies* von 1962, die dabei helfen sollte, Säuglinge mit naiven Synthesizermelodien und fluffigen Beats in den Schlaf zu wiegen. Außerdem kam seine Musik in Comicfilmen über Bugs Bunny und Daffy Duck zum Einsatz.

Szenenwechsel zu einem Konzert in einem Berliner Hinterzimmer 2001: Die Gabel hat sich hoffnungslos in den Saiten des Klaviers verheddert. Wenn die Pianistin sie antippt, wippt die Gabel gemächlich auf und ab. Sie entlockt dem Klavierinneren ein comicartiges »Boing«, ein elastisches Federn, das wohl auch einem geübten Sounddesigner den Neid ins Gesicht treiben würde. Dann senkt sich ein leise schnurrender Handpropeller auf die Saiten herab. An den Stellen, an denen die rotierenden Flügel auf die Saiten treffen, verursachen sie einen hellen, stehenden Schlagklang, mit dem das Klavier zu einer monströsen E-Gitarre mutiert.

Urheberin dieser Klangnovitäten ist Andrea Neumann, Jahrgang 1968, studierte Pianistin, wichtige Mitstreiterin in der Berliner Improvisationsszene. Irgendwann, erklärt Neumann im Gespräch, sei ihr der traditionelle Klavierklang zu limitiert gewesen, und sie habe ihr Interesse folgerichtig weg von der Tastatur hinein in den Innenraum des Klaviers verlegt. Während sie dort die Techniken der Klangerzeugung erkundete, befreite sie das Instrument von Ballast: von der Tastatur, der Hammermechanik, indem sie den Flügel auf einen Metallrahmen und 114 Saiten reduzierte. Das Innenklavier, wie Neumann ihr Instrument taufte, ermöglicht ihr direkten Zugang zu den Saiten, die sie jetzt frei anschlagen, dämpfen und verstärken kann, wie es ihr beliebt. Neumann hat sich ihr Instrument gebaut. Sie hat es so geschaffen, dass es ihren Klangvorstellungen genügt.

Viele Instrumente der klassisch-westlichen Tradition sind im 20. Jahrhundert demontiert und gelegentlich auch künstlerisch-mutwillig zerstört worden. Dieser Umgang stellt natürlich immer auch ein Stück Kritik an diesen Instrumenten dar. Musikinstrumente wie die Violine, das Klavier und die Oboe sind Teil einer bürgerlichen Tradition. Es ist also verständlich, dass diese Musikinstrumente Ziel revolutionären Aufbegehrens werden, wie etwa in der kollektiv lustvollen Demontage von Konzertflügeln, die sich in Fluxus-Happenings der 1960er Jahre beobachten ließ, oder in der meditativ überhöhten Zerstörung einer Violine, die Nam June Paik 1962 in seinem Stück »One« zelebrierte und die noch heute Empörung und Unverständnis auslöst.

Man kann Instrumente also entweder in einem vermeintlich revolutionären Akt zerstören oder sie in einer emanzipatorischen Geste modifizieren, erweitern und adaptieren. In letzter Konsequenz aber baut sich der Musiker, der sich über das instrumentale Erbe der klassischen Tradition hinwegsetzen möchte, ein eigenes Instrument. Neumanns Innenklavier ist bereits ein eigenständiges, in seinen Möglichkeiten letztlich auch nur von ihr beherrschtes Instrument, trägt aber eben immer noch und weiterhin die Reste des Konzertflügels in sich, auf den es über diesen Rest stets verweist.

Doch können noch ganze andere Dinge zu Instrumenten werden, wie etwa bei einer Performance bei den Donaueschinger Musiktagen 2001. Auf einem offenen Platz unweit der Donauhallen ist ein Karussell aufgebaut, das seiner Pferdchen, seiner Kutschen und sonstigen Fahr- und Reitgelegenheiten entkleidet wurde. Stattdessen hat Jacques Rémus große Hebel am Karussell befestigt, die man herunter- und wieder hochklappen kann. Um das sich drehende Karussell herum stehen Schlaginstrumente. Wird ein Hebel heruntergeklappt, schlägt er bei jeder Umdrehung gegen eine der Trommeln. Je mehr Hebel heruntergeklappt werden, desto öfter werden die Trommeln angeschlagen. Im Prinzip funktioniert Rémus' Karussell wie ein Drumcomputer, bei dem man auf einem Pad jeden Trommelschlag einzeln markieren kann; aber Rémus' Karussell sieht natürlich spektakulärer aus. Nach und nach, Hebel um Hebel, setzt Rémus seine Maschine in Gang und lässt eine holprige, aber doch auch technoid-rhythmische Musik von sehr ursprünglichem Charme entstehen. Er ist kein heißsporniger Revolutionär; es geht ihm nicht darum, die Musik aus ihren Angeln zu heben. Sein Selbstverständnis speist sich vielmehr aus der Tradition der Schausteller und Zirkusleute, der Kirmes- und Jahrmarktmusik. Er betont die Verbindung zwischen Karussell und Musik und die Tatsache, dass mechanische Instrumente wie Kirmesorgeln schon immer fester Bestandteil solcher Maschinen gewesen sind. Rémus erträumt sich also eine mechanische Welt, in der der Mensch Musik macht, indem er über mechanische Apparate verfügt.

Tatsächlich sind solche musikalischen Phantasien schon oft beschrieben worden. Hector Berlioz ersann 1844 in seiner Erzählung *Euphonia ou la ville musicale* (*Euphonia oder die musikalische Stadt*) einen elektromagnetischen Mechanismus, durch den ein Dirigent seinen Ausdruckswillen direkt auf den Musiker übertragen kann, sowie ein Orchesterklavier, bei dem auf Tastendruck ein gesamtes Orchester zu spielen beginnt. Einflussreich wurden auch die Schriften von Raymond Roussel, einem exzentrischen Schriftsteller, der sich zu Beginn des 20. Jahrhunderts in seinen Werken neue Instrumente und sogar so etwas wie den Vorläufer von Klanginstallationen vorstellte.

Ein Orchesterkonzert beim Stockholm New Music Festival 2006: Solist des Abends ist der kanadische Instrumentenbauer Jean-François Laporte. Seine Instrumente erinnern an Gerätschaften aus Verfilmungen der Romane von Jules Verne. Laporte arbeitet mit Rohren und Trichtern aus Kupfer. Die Maschinen weisen keine Verkleidung auf, so dass man beobachten kann, wie Hebel in Bewegung gesetzt, Ventile geöffnet und geschlossen werden. Die meisten Instrumente Laportes sind mechanisch betriebene Blasinstrumente, die mit einfachen hydraulischen Systemen verbunden wurden. In seinen Konzerten öffnet und schließt er Drehventile, verändert deren Druck und somit auch den Klang. Dabei entstehen in den vibrierenden Röhren und Trichtern die wildesten Luftverwirbelungen, die den Klang mit einem hohen Geräuschanteil anreichern. Schaut man auf ihr optisches und akustisches Design, wirken die Instrumente von Laporte retrofuturistisch, also so, wie man sich früher einmal die Musik der Zukunft vorgestellt haben mag. Seine Musik hat, nicht zuletzt aufgrund der Schwerfälligkeit der Instrumente, eher prozessualen Charakter. 2006 verewigte der schwedische Komponist Jesper Nordin die eigentümliche Klanglichkeit dieser Instrumente in seinem Orchesterwerk »Residues«. In diesem wandert der Klang auf wundersame Weise hin und her. Mit vielen Glissandi, Tremoli und Vibrati schafft Nordin einen orchestralen Rahmen, in dem sich die Urtümlichkeit der Laporte-Instrumente entfaltet.

In der Musik des 20. Jahrhunderts haben Erfinder eine wichtige Rolle gespielt. An der Schnittstelle zwischen Musik und Technik haben sie erforscht, was Musik ist, wie wir sie erzeugen und wahrnehmen. Und welche Möglichkeiten Instrumentenbauern vergangener Jahrhunderte unter Umständen entgangen sind.

Wichtig waren zudem neue Technologien, die oft überhaupt erst einmal auf ihre musikalischen Potentiale hin überprüft werden mussten. Drei historische Beispiele mögen das veranschaulichen: Leon Theremin, Maurice Martenot und Friedrich Trautwein. Alle drei haben zwischen 1920 und 1930 die Möglichkeiten der elektronischen Klangerzeugung für die Musik erforscht und je eigene, einander aber durchaus ähnliche Instrumente gebaut. Damals war es erstmals möglich geworden, mit Strom akustische Schwingungen zu erzeugen und sie elektromagnetisch zu steuern. Das Theremin, das berührungslos mit einer Antenne gesteuert wird, ist bis heute ein Kultinstrument, das besonders durch seine Verwendung in der Titelmusik zu *Star Wars*, aber auch durch die Beach Boys in »Good Vibrations« bekannt wurde.

Das Ondes Martenot ist vor allem durch die Werke von Olivier Messiaen bis heute im Konzertsaal präsent. Für das Trautonium schrieben Paul Hindemith, Paul Dessau und Carl Orff eigene Werke. Vor allem aber machte der Trautonium-Spieler Oskar Sala das Instrument berühmt, als er 1963 für Alfred Hitchcock die Filmmusik zu *The Birds* (*Die Vögel*) realisierte.

Technische Neuerungen werden selten aus musikalischen Gründen entwickelt; die Musik muss sich die neuen Techniken dann erst aneignen. Als z. B. die Autoindustrie Beschleunigungssensoren für ihre Airbag-Systeme verfeinerte und für die Massenproduktion weiterentwickelte, griffen Musiker und Musikerinnen diese Technik auf, um mit diesen Sensoren Klang zu steuern. Michel Waisvisz baute seit 1984 in Amsterdam, Laetitia Sonami verfertigte seit 1991 in San Francisco aus Airbagsensoren Datenhandschuhe, mit denen man Klang durch die Bewegung einer Hand steuern konnte. Waisviszs *The Hands* war dem Design und dem künstlerischen Ansinnen nach eher an der Technik als solcher interessiert. Sonamis *Lady's Glove* hingegen verband sowohl vom Design als auch von der musikalischen Intention her technische, feministische und musikalische Ansätze miteinander. Ihre ersten Modelle waren Gummihandschuhe aus Elastan – »the perfect housewife's tool«, wie Sonami süffisant anmerkt –, später auch aus Gaze und Spitze. In ihren Performances choreographiert Sonami ihre Bewegungen wie einen Tanz, mit dem sie elektronische Klänge triggert und moduliert.

Es ist dabei kein Zufall, dass Sonami ihren *Lady's Glove* in San Francisco entwickelte. Denn San Francisco ist seit den 1960er Jahren von einem besonderen Geist beseelt. Hier trafen damals zwei Strömungen aufeinander: die Hippiebewegung, die 1964 an der Berkeley University im Norden von San Francisco ihren Anfang nahm, und das Silicon Valley, wo sich etwa zur gleichen Zeit im Süden von San Francisco technisch innovative Unternehmen ansiedelten, in deren Folge ein eigener Umgang mit Technik und Innovation in der Musik entstanden. In diesem Umfeld baute Don Buchla, zeitgleich mit dem ungleich berühmteren Robert Moog in New York, einen der ersten Synthesizer. Der Buchla ist bis heute ein Kultinstrument. Das Original steht am Mills College in Oakland, Kalifornien. Man erzählt sich, dass Buchla seinen Rauschgenerator unter dem Einfluss von LSD zusammengelötet hat. In San Francisco und der umliegenden Bay Area gründete sich auch die League of Automatic Music Composers, deren Mitglieder ihre Desktop-Computer miteinander vernetzten. Eines der Mitglieder der League, John Bischoff, baut kleine Klangapparate, die gleichermaßen mechanisch und kreatürlich anmuten. Als wären sie mit einem eigenen Willen beseelt, produzieren diese Apparate aus sich selbst heraus Klänge, Sequenzen, Musik.

Neue Erfindungen haben es schwer. Sie werden selten zu industriellen Standards, und meist blieben ihre Schöpfer auch ihre einzigen Interpreten. Mark Applebaum baute sich das Mouseketier, eine Mischung aus Schlagzeug und elektronischen Gadgets, ganz für sich allein. Und Andrea Neumann ist die Einzige, die das von ihr entwickelte Innenklavier beherrscht. Es gehört vielleicht zur Persönlichkeit eines Kunstschaffenden, dass man sich derart in etwas vertieft und dass man auch die Geduld und den langen Atem hat, um sich sein Leben lang mit diesem einen Instrument zu befassen.

Ein weiteres Instrument, dass eine Musikerbiographie prägte, ist das Long String Instrument. Saiten können auf zwei Arten schwingen. Wenn man einen Geigenbogen über die Saite streicht, dann schwingt die Saite auf und ab und erzeugt so einen Ton. Es existiert aber noch ein zweites Schwingungsprinzip, das nur bei sehr langen Saiten auftritt. Die Saite schwingt dann in Wellen, ähnlich wie Wellen auf dem Meer. Ellen Fullman baute das Long String Instrument 1981. Es besteht aus mehreren, 21 Meter langen Saiten, die durch den gesamten Raum gespannt werden. Fullman taucht ihre Hände in Harz und gleitet dann langsam mit den Fingern über die Saiten. Die Saiten geraten in Bewegung. Das Ergebnis ist ein obertonreicher Drone, in den man akustisch hineintauchen kann.

Viele Jahre später erfand Eva Reiter ein Instrument, das man im Baumarkt kaufen konnte. Versieht man PVC-Röhren, wie man sie für Wasserleitungen verwendet, mit einer kleinen Membran, kann man die Plastikröhre wie eine Flöte spielen. Reiter kaufte 40 Röhren und schnitt die Röhren so zurecht, dass sie jeweils eine eigene Tonhöhe erzeugten. Für ihr Stück »Wächter« für Bassflöten und Rohrorchester musste Reiter nicht nur 40 Instrumente bauen, sondern auch 40 Orchestermusikern beibringen, wie man das PVC-Instrument spielt. Ein solches Stück wird manchmal nur ein einziges Mal aufgeführt, aber die Klangerfahrung, die man als Zuhörer dabei machen kann, ist eben auch einzigartig und manchmal sogar überwältigend.

Erfindungen und Instrumentenbau stellen eine Möglichkeit dar, das Klangrepertoire der Musik zu erweitern. Eine andere Möglichkeit besteht in der Zweckentfremdung: Ein bereits existierender Gegenstand, er mag musikalischer Natur sein oder auch nicht, wird einem anderen Zweck zugeführt als dem, für den er gebaut wurde. Als Michael von Biel 1966 ein Stück über die Jagd und den Fleischverzehr schrieb, kaufte er hierfür (der Baumarkt ist ein musikalischer Ort) einen Gartengrill, der mikrophoniert und von einem Solisten hinlänglich traktiert wird.

Cathy van Eck arbeitet vorzugsweise mit Konservendosen, die sie in Lautsprecher umwandelt. Und Ed Osborne bespannte einen Abfahrtsski mit einer Saite und erschafft so eine moderne Form des Monochords. Gruppen wie Voice Crack aus der Schweiz oder die Bohman Brothers aus England widmen der Zweckentfremdung von Alltagsgegenständen ihr gesamtes künstlerisches Tun – mit dem Ergebnis einer schrulligen, oft humorvollen, immer geistreichen, manchmal aber auch einfach nervtötenden Musik auf Eierschneidern, Milchaufschäumern und Vibratoren.

Besondere Beachtung finden in diesem Zusammenhang die Produkte der Spielzeugindustrie. Der Kinderzimmerklimperkasten Toypiano gehört heute zum Standardrepertoire. Im Ergebnis auf wundervolle Weise naiv ist auch die Musik des Modified Toy Orchestra. Auf umprogrammierten Gameboys und ähnlichen Geräten werden Hits der klassischen Musik gespielt. Das ist unglaublich charmant und gleichzeitig niedlich, wenn das berühmte, erhabene Thema aus *Also sprach Zarathustra* von Richard Strauss in unvergleichlicher Fiepsigkeit erklingt. »Curcuit Bending« nennt man diese besondere Kunstform, bei der elektronische Geräte geknackt und modifiziert, bei der Platinen umgelötet und mit zusätzlichen Schaltern und Potentiometern versehen werden: eine Mischung aus Bastlerfreude und Subversion. Es ist ein schon fast kindlicher Trieb, die Geräte aufzubrechen, um sich an ihrem Innenleben zu versuchen.

Ein ähnlicher Reflex trieb Toshimaru Nakamura um, als er sich ein Mischpult kaufte und die Betriebsanleitung las. Aus einer Mischung aus Neugier und Widerstand heraus begann er damit, all jene Dinge auszuprobieren, vor denen in der Anleitung ausdrücklich gewarnt wurde. So begann er im Mischpult selbst Rückkopplungen zu erzeugen, so dass das Gerät anfing, ätherisch-kristalline Patterns zu erzeugen.

Doch es ist eben auch eine rebellische Geste, dass man sich von der Unterhaltungsindustrie nicht vorschreiben lassen möchte, wie man einen Gameboy oder ein Mischpult zu verwenden hat. Oder eben einen Konzertflügel.

4
Neue Weltmusik – Neue Musik in einer post-kolonialen Welt

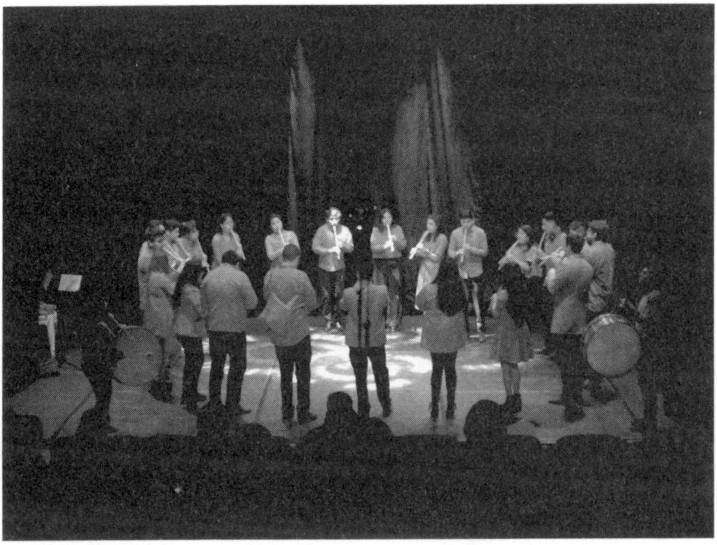

Das Instrument ist über 1500 Jahre alt. Das einer Zither ähnliche Gayageum ist in der koreanischen Musik heilig. Es wird für rituelle, höfische Musik verwendet. Doch lässt sich auf ihm auch ganz hervorragend Neue Musik machen, z. B. indem man einen Stab langsam über die Saiten zieht und dabei ein metallisches Knirschen erzeugt. Im Jahre 2012 löste eine solche Zweckentfremdung des traditionellen Instruments in Korea keinen Skandal mehr aus, doch war es immer noch eine Provokation. Der Komponist Hasan Hujairi hatte ein Stück für drei Gayageums, Stimme und das Schlaginstrument Pak geschrieben. Er spielt in seinem Stück mit der Mehrdeutigkeit der Situation auf der Bühne. Den Gayageum-Spielerinnen sind die Augen verbunden, ein Zeichen für ihre Unsicherheit, die den Übergang von der Normalität ins Ritual, aber auch den Übergang von der traditionellen zur experimentellen Musik begleitet. Der Titel des Stücks, »Līmen« (»Grenze«), beschreibt diese Übergänge, indem die zwischen zwei Welten wechselnden Musiker einen Augenblick lang eigentlich an keinem Ort existieren und – so will es das koreanische Ritual – auch ihren sozialen Status verlieren. Auch die Musik spielt entsprechend mit ihren eigenen Grenzen und verbindet Elemente der Avantgarde mit solchen der traditionellen koreanischen Musik.

Hujairis »Līmen« ist ein Musterbeispiel für eine Neue Musik, die sich zur sogenannten Weltmusik hin öffnet. Diese Öffnung hat in der Neuen Musik vielfach und aus ganz verschiedenen Gründen stattgefunden. Hujairi, der aus Bahrain stammt und in Südkorea studierte, hat versucht, Aspekte seines neuen Lebensraums in die Musik einfließen zu lassen. Dass ein Komponist aus Bahrain in Südkorea studiert und dort Neue Musik mit höfisch-traditionellen Mitteln komponiert, veranschaulicht auch, dass die Neue Musik im Jahre 2012, als das Stück entstand, keine allein westliche Kunstform mehr ist, sondern auf allen Kontinenten praktiziert wird. Das ist nicht immer so gewesen. In gewisser Weise steht das Stück von Hujairi am vorläufigen Ende einer Entwicklung, die vor mehr als einem halben Jahrhundert einsetzte. Damals hielt man die Neue Musik für eine westliche Erfindung. Ihr eigentliches Zentrum waren Europa und die USA. Die Entwicklung von einer westlichen zu einer globalen Kunstform nahm ihren Anfang bei Komponisten nicht-westlicher Provenienz, die sich zur Neuen Musik hingezogen fühlten.

Tōru Takemitsu, 1930 in Tokio geboren, kam früh mit westlicher Musik in Berührung. Er hörte im Radio Stücke des Impressionisten Claude Debussy und Musik der Zweiten Wiener Schule, also Werke von Arnold Schönberg, Alban Berg und Anton von Webern. Er bezeichnete sich als Autodidakt, nahm aber in Japan privat Kompositionsunterricht und eignete sich auf diese Weise das Handwerk des Komponisten an. Takemitsu schrieb vornehmlich für westliche Instrumente. Doch ist seine Klangauffassung auch von der japanischen Musik beeinflusst. 1967 entstand ein für seine Entwicklung und die Neue Musik insgesamt bahnbrechendes Werk: »November Steps« ist ein Konzert für die japanische Flöte Shakuhachi, die japanische Zither Biwa und Orchester. Mit der fragilen Klanglichkeit der japanischen Instrumente und den japanischen Tonskalen öffnete Takemitsu der Neuen Musik einen neuen Klangraum und verband den avantgardistischen Umgang mit Tönen mit dem der japanischen Ästhetik. Das Zerbrechliche des japanischen Ästhetizismus, das oft mit nur wenigen Strichen angedeutet wird und in seiner Imperfektion erhaben leuchtet, fand so Eingang in die Musik der Gegenwart. »November Steps« ist heute ein Manifest der Transkulturalität.

Viele Komponierende der nicht-westlichen Welt haben seither die Verbindung ihrer eigenen Kultur mit der westlichen Avantgarde gesucht. In Westdeutschland ist seit den 1960er Jahren eine starke Ausrichtung nach Japan und nach Südkorea zu beobachten.

Isang Yun, 1917 in Korea geboren, lebte ab 1969 in Westberlin. Er komponierte nicht für außereuropäische Instrumente, doch verwendete er vielfach koreanische und auch chinesische Sujets, am bewegendsten und persönlichsten vielleicht 1987 in seiner Kantate *Naui ttang, naui minjogiyo!* (»Mein Land, mein Volk«). Yun hatte sich zu Beginn der 1960er Jahren kritisch über die Politik von Park Chung-hee geäußert, der eine Militärdiktatur in Südkorea errichtet hatte, und er hatte das verfeindete Nordkorea besucht. Im Juni 1967 kam es zum Eklat. Yun wurde mitsamt seiner Familie vom südkoreanischen Geheimdienst entführt, des Landesverrats angeklagt und zu lebenslanger Haft verurteilt. Unter dem Druck einer beispiellosen Solidaritätsaktion, an der sich unter anderem Igor Strawinsky, Herbert von Karajan, György Ligeti und Karlheinz Stockhausen beteiligten, wurde ihm 1969 von den Machthabern die Ausreise nach Westdeutschland gewährt, wo er 1971 deutscher Staatsbürger wurde. In *Naui ttang, naui minjogiyo!* vertont Yun Texte südkoreanischer Oppositioneller. Das Stück ist groß und durchaus pathetisch angelegt und bringt die Hoffnung auf, vor allem aber die Enttäuschung über die politische Entwicklung der 1980er Jahre zum Ausdruck.

Younghi Pagh-Paan kam 1974 als Studentin aus Korea nach Westdeutschland und studierte bei Klaus Huber und Brian Ferneyhough in Freiburg. Auch sie hat wiederholt koreanische Texte vertont, musikalische Praktiken der koreanischen Volksmusik aufgegriffen und gelegentlich auch (allerdings erst spät, als sie schon über 60 Jahre alt war) koreanische Instrumente verwendet. Pagh-Paan gelang der Durchbruch als Komponistin 1980 mit einem Orchesterwerk bei den Donaueschinger Musiktagen. *Sori* bezeichnet im Koreanischen alles, was gehört werden kann, darunter der Schrei, die Stimme, Geräusche.

Pagh-Paan greift in *Sori* zwei musikalische Traditionen aus Korea auf. Sie bezieht sich auf die bäuerlich-ländliche Tradition Nong-Ak, zu der Schlaginstrumente, Tanz und Gesang gehören. Und sie verwendet eine bestimmte Form der koreanischen Trauermusik, mit der Männer singend ihre Toten zu Grabe tragen. Beide Musikarten wurden schon damals kaum noch praktiziert und waren fast von der Bildfläche verschwunden. Pagh-Paans Komponieren hatte also auch eine ökologische, konservatorische Seite (inzwischen gehört die Nong-Ak-Musik zum Weltkulturerbe der UNESCO).

Wie bei Yun auch – und anders als bei Takemitsu – tritt bei Pagh-Paan die koreanische Musik nicht explizit in Erscheinung. Das glissandierende Vibrato mag einen folkloristischen Gesangsstil in Erinnerung rufen, die perkussiven Elemente evozieren Bilder von Tanz und Tracht. Doch die Orchesterbehandlung, die Klanggesten und die Klangdramaturgie folgen den Gepflogenheiten der westlichen Neuen Musik. Anders als Takemitsu gestalten Yun und Pagh-Paan kein Miteinander zweier Musikkulturen, sondern sie verhandeln Themen aus ihrer Heimat mit den Mitteln der Neuen Musik, seien sie politischer oder musikalischer Natur. Oder anders ausgedrückt: Das koreanische Element wird bei Pagh-Paan als eine Erweiterung der Möglichkeiten der Neuen Musik erfahrbar.

Einen weiteren Kulturraum mit einer großen Affinität zur Neuen Musik bilden die lateinamerikanischen Länder. Zwei Komponisten schufen schon zu Beginn des 20. Jahrhunderts eine Musik, die die europäische klassische Tradition mit iberoamerikanischem Kolorit versah, nämlich Heitor Villa-Lobos in Brasilien und Silvestre Revueltas in Mexiko. In seinen *Bachianas Brasileiras* verband Villa-Lobos Stilmittel des Barock mit denen der brasilianischen Musik. Man mag das eklektisch oder auch kitschig finden. Doch wurden die »Bachianas Brasileiras Nr. 5« mit seinem textlosen Lamento im Sopran und den schmachtenden Celli nach ihrer Uraufführung 1938 schnell weltberühmt.

Revueltas wiederum wurde erst nach seinem Tod durch den Film *Sin City* nach dem gleichnamigen Comic von Frank Miller 2005 bekannt, in dem sein Orchesterstück »Sensemayá« (1937) das düstere Ambiente des Films untermalt. Revueltas legt seiner Komposition ein afro-kubanisches Ritual zugrunde. Bemerkenswert sind das tiefe Rauschen, mit dem das Schlagzeug und die Bassklarinette die feierlich-dramatischen Oberstimmen grundieren, und der 7/8-Takt, der dem Stück seine rhythmisch treibende Unwucht verleiht.

Villa-Lobos, Revueltas und mit ihnen viele andere begründeten in der ersten Jahrhunderthälfte eine eigenständige lateinamerikanische Konzertsaalmusik. In Argentinien setzte Alberto Ginastera diese Tradition fort. 1960 entstand seine *Cantata para América Mágica*, die auf präkolumbianischen Manuskripten beruht. Die Trommeln beschwören eine mystische Vergangenheit herauf. Die Sopranistin singt eine prähistorische, vom Ritual geprägte Zeit herbei. 1983 ließ Ginastera *Popol vuh* folgen, das den Schöpfungsmythos der Mayas in seiner ganzen Größe vertont: Musik als imaginierte Geschichte.

Ein anderes Beispiel ist der Spagat zwischen Tango und Samba einerseits und der Neuen Musik andererseits. Die argentinische Komponistin Beatriz Ferreyra, Jahrgang 1937, lebte in Paris und arbeitete dort im Musique-concrète-Studio der Groupe de recherches musicales. Ihr Stück »Siesta Blanca« von 1972 beginnt mit einem Astor-Piazzolla-Zitat auf dem Akkordeon. Dann versetzt Ferreyra den Akkordeonklang in einen tiefen Schlaf, in eine »weiße Siesta«. Immer wieder kommen Elemente des Tango an die Oberfläche, wie in einem Traum oder einer halbbewussten Erinnerung.

In vielen südamerikanischen Werken spürt man die Suche

nach einer eigenen kulturellen Identität. Dort prallten das Indigene und das Europäische seit jeher aufeinander, das Europäische mit einem durchaus herablassenden Dünkel gegenüber der indigenen Kultur.

Aus dem Wunsch heraus, diesen Konflikt künstlerisch zu überwinden, entstand 1980 in Bolivien das OEIN (Orquesta Experimental de Instrumentos Nativos). OEIN spielt Neue Musik, aber auf Flöten- und Schlaginstrumenten aus dem Andenraum. Sie improvisieren gemeinsam, geben Kompositionen in Auftrag und beziehen dabei folkloristische Elemente in die Musik ein wie etwa den typischen Klang von Panflöten und Rasseln, geläufige Patterns und Figuren der Musik aus den Anden, bis hin zu volkstümlichen Trachten, die sie während ihrer Konzerte tragen. Neue Musik wird hier nicht aus ihrer europäisch-bürgerlichen Geschichte heraus, sondern als eine universellere Geisteshaltung verstanden, bei der Offenheit und Pioniergeist im Zentrum stehen.

OEIN ist nicht nur weiterhin aktiv, sondern es hat auch Nachahmer wie das Ensemble Maleza gefunden, das ebenfalls aus Bolivien stammt. Auch dieses Ensemble begehrt auf gegen den Eurozentrismus. Natürlich ist Europa wichtig für die Neue Musik; dort wird diese Kunst mit großer Hingabe gepflegt und dabei auch finanziell großzügig unterstützt. Doch hatte man in Südamerika früher vielleicht zu sehr auf die europäischen Komponisten geschaut und dabei den Blick für die Möglichkeiten Neuer Musik in der eigenen Kultur vernachlässigt. Erst im Zuge des Postkolonialismus, als man die Emanzipationsbewegung ehemals kolonisierter Länder als eigene kulturelle Verfasstheit erkannte, öffnete sich der Blick für Musik und Musikschaffende aus nicht-westlichen Ländern, für Musik, die mit der Haltung der Avantgarde gemacht wird, auch wenn das Ergebnis oft anders klingt als Neue Musik aus Europa. Denn bei den so entstehenden Werken handelt es sich meist um Neue Musik, die sich vielleicht stärker an der Popkultur, an tonalen Modellen, an der Folklore des eigenen Landes orientiert. »The white man's guilt trip« nannte der indisch-stämmige Komponist Sandeep Bhagwati die postkoloniale Bewegung einmal ironisch. Man spürt in den 2020er Jahren deutlich den Nachholbedarf der europäischen Kulturinstitutionen auf dem Gebiet der außereuropäischen Avantgarden. Entsprechend viele Ausstellungen, Konzertreihen und Publikationen widmen sich dem Thema.

Dort, wo sich der Postkolonialismus heute in Konzertprogrammen niederschlägt, lassen sich durchaus neue Dimensionen des Musizierens beobachten. Das usbekische Omnibus Ensemble erarbeitete 2021 ein Programm mit Werken von Komponisten aus dem Königreich Bahrain, aus China, Thailand und der Türkei. Dabei wurden die vier ausgewählten Werke in eine ganzheitliche Konzertdramaturgie eingebunden. Die Stücke wurden wild durcheinander gewürfelt und abschnittsweise vorgetragen. Außerdem integrierte das Ensemble improvisierte und zeremonielle Zwischenspiele in den Ablauf. Man erlebte am Ende das gesamte Konzert als einen fließenden Strom, mit nahtlosen Übergängen zwischen den einzelnen Teilen.

Diese ungewöhnliche Konzertdramaturgie löste Diskussionen aus: Wie verhält es sich hier mit der Autonomie der Werke und der Autorschaft der Komponisten? Darf man das Werk eines Komponisten derartig zerschneiden und häppchenweise aufführen?

Das Ensemble stellte klar, dass es ein anderes, kollektives Verständnis von Kreativität pflegt. Anders als im europäischen Verständnis von Kreativität und Urheberschaft, bei dem das Individuum im Zentrum steht, der Künstler oder die Künstlerin verehrt und gefeiert wird, versucht das Omnibus Ensemble einen Zustand herzustellen, in dem eine das Individuum überwindende, kollektive Schöpfungsinstanz sichtbar wird.

Dieser Prozess der Kollektivierung des Bewusstseins löste bei den eher auf Individualisierung gerichteten europäischen Zuhörenden Empörung aus und wurde teils heftig kritisiert. Das Konzert war mit seinem stimmungsvollen, rituellen, teils auch rätselhaften Charakter dann durchaus hörenswert. Das Ensemble spielte klassische europäische und usbekische Instrumente und bereicherte die Musik mit Gesten aus dem Sufismus. Es geht um Anfänge, Übergänge und Abschlüsse und um magische Momente.

Einer der Komponisten des Omnibus-Projekts, Hasan Hujairi aus dem Königreich Bahrain, ist jener Komponist, der auch das eingangs beschriebene Stück mit traditionellen koreanischen Instrumenten komponiert hatte. Seine Biographie ist insofern bemerkenswert, als seine Verbindung zur westlichen Welt darin nur eine untergeordnete Rolle spielt. Zwar studierte Hujairi auch in den USA Komposition, machte seine akademischen Abschlüsse aber in Tokio und Seoul und hat seinen Lebensmittelpunkt heute wieder in Bahrain.

Neue Musik ist also längst keine westliche Kunstform mehr, sondern sie ist eine globale Erscheinungsform von Musik geworden, bei der nicht so sehr der historische Hintergrund, sondern das ästhetische Denken bzw. der Umgang mit Klang, mit musikalischer Form oder das offene Hören entscheidet.

Bedeutsam an dieser Feststellung ist das ›längst‹, denn man ist vor allem in Europa doch lange davon ausgegangen, dass Neue Musik ein Exportartikel ist, an dem sich der Rest der Welt erfreuen möge. Entsprechend wurden bis in die 2000er Jahre hinein Berührungspunkte mit außereuropäischen Musikkulturen doch eher aus der europäischen Perspektive heraus gewählt und definiert.

Bei den europäischen Komponierenden, die sich mit außereuropäischen Musiktraditionen befasst haben, sind verschiedene

Haltungen voneinander zu unterscheiden. In vielen Fällen ist das Außereuropäische einfach Material, dessen man sich bedient. Karlheinz Stockhausen komponierte 1966 das Tonbandstück *Telemusik*. Er war damals Gast in den elektronischen Studios des NHK in Tokio, und so lag die Beschäftigung mit außereuropäischer Musik nahe. Stockhausen verwendete Aufnahmen traditioneller Musik aus der ganzen Welt, u. a. Mönchsgesänge aus Japan, Volksmusik aus Ungarn, vom Amazonas oder aus der Sahara. Er verfolgte damit das Ziel, eine universelle Musik zu schaffen, die die ganze Welt umspannt – also ein durchaus ehrenhaftes Unterfangen. Dabei bediente er sich der verschiedenen Kulturen jedoch nach Belieben und ohne dabei ihren jeweiligen Kontext zu würdigen. Heute würde man so etwas ›kulturelle Aneignung‹ nennen.

Auch mit Mauricio Kagels *Exotica* fühlt man sich im Rückblick nicht ganz wohl. In Auftrag gegeben wurde es für die Olympischen Spiele in München 1972. Sechs Musiker spielen bei Kagel außereuropäische Instrumente. Da die Musiker die Instrumente aus Afrika und Asien nicht beherrschten, entstand eine hilflose und ungelenke Musik. Musiker, die aus denselben Kulturkreisen wie die Instrumente kamen, empfanden das Stück als Beleidigung.

Klaus Huber hat sich mit der arabischen Musik und ihrer Theorie auseinandergesetzt. Er bezog sich beim Komponieren auf Modi und Stimmungen der arabischen Musik und vertonte auch mehrfach Texte arabischer Dichter. Zu seinen berühmtesten Werken gehören *Die Erde bewegt sich auf den Hörnern eines Ochsen* (1993) nach Texten des iranischen Schriftstellers Mahmud Doulatabadi in der Besetzung mit einem Sufi-Sänger, einer Nay-Flöte, einer Qanun-Zither und arabischen Schlaginstrumenten, sowie *Die Seele muss vom Reittier steigen* (2002) nach einem Gedicht des palästinensischen Dichters Mahmud Darwisch. Auch Huber wurde für seinen Umgang mit arabischer

Musik kritisiert. Der jordanische Komponist Saed Haddad warf ihm vor, er habe sich nur an der arabischen Kultur bedient, ohne sie verstanden oder gar durchdrungen zu haben.

Die Werke von Stockhausen, Kagel und Huber waren auf ihre Weise sicherlich gut gemeint. 1966, 1972, 1993 und sogar 2002 war es vielleicht noch nicht nachvollziehbar, dass die Verwendung von außereuropäischen Materialien als Übergriff und Anmaßung empfunden werden könnte. Heute ist es völlig klar, dass man so nicht mit der Musik anderer Kulturen umgehen darf, sondern das Respekt und Dialog auf Augenhöhe die ersten Voraussetzungen für ein transkulturelles Komponieren sein müssen.

5
Zwischentöne – Mikrotonalität und Stimmungssysteme

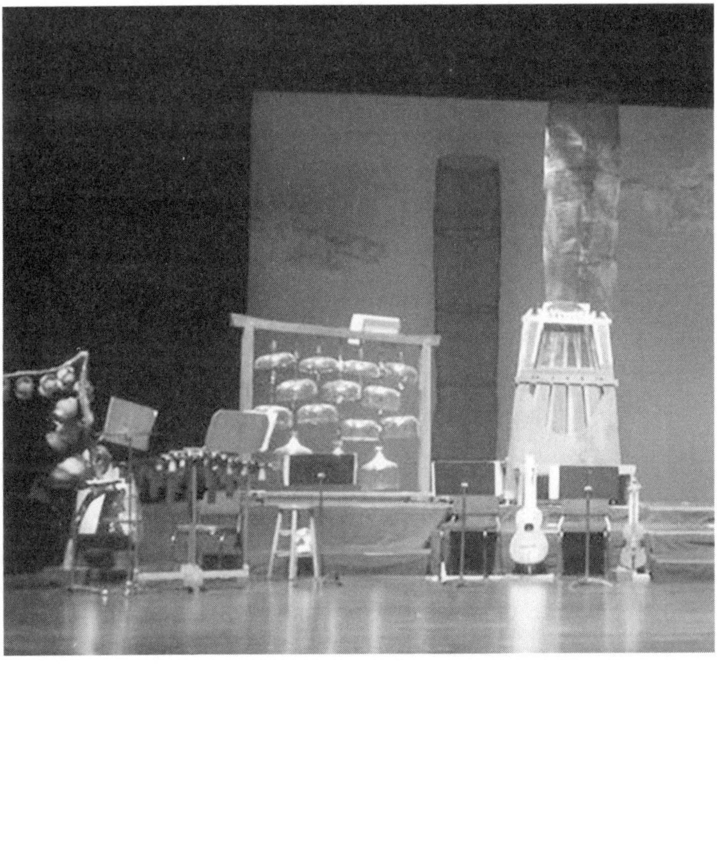

Dass eine Oktave aus zwölf Halbtönen besteht, ist ein Allgemeinplatz. Man muss sich nur eine Klaviatur anschauen: Dort ergeben jeweils zwölf Tasten eine Oktave, und dann beginnt das Muster aus schwarzen und weißen Tasten von vorn.

Doch darauf, dass zwischen den Tasten noch andere Töne liegen könnten, darauf muss man erst einmal kommen. Der Abstand zwischen zwei Tasten beträgt einen Halbton. Wenn man die Oktave weiter unterteilen wollte, dann müsste es auch Viertel-, Drittel- und Sechsteltöne geben. Nun ist das Klavier hierfür besonders ungeeignet, weil es zwischen zwei Tasten beim Klavier eben keine weiteren Tasten und damit keine weiteren Töne gibt. Anders als zum Beispiel auf einem Streichinstrument, wo man mit den Fingern der linken Hand dort greifen kann, wo man möchte. Oder bei einem Blasinstrument, wo man durch bestimmte Griff- und Blastechniken die Tonhöhe verändern kann. Deswegen kann man ja auch auf einer Geige oder einem Blasinstrument unsauber spielen, auf dem Klavier kann man sich bestenfalls verspielen.

Das Klavier liefert jedoch insofern ein gutes Beispiel, als es schon früh Versuche gab, vierteltönige Klaviere zu bauen. Allein an dieser Tatsache lässt sich erkennen, wie groß die Sehnsucht nach einer Ausdifferenzierung des Tonraums gewesen sein muss. Bereits 1928 erblickte das erste Vierteltonklavier das Licht der Welt. Der sächsische Klavierbauer August Förster hatte es auf Anregung zweier Komponisten gebaut, die als Erste mit Vierteltönen komponierten: der Österreicher Alois Hába und der Russe Ivan Wyschnegradsky. Die Möglichkeiten der Mikrointervalle, wie man diese kleinen Tonschritte fortan nannte, wurden in der Folge zwar diskutiert, doch wurden sie in den ersten Jahrzehnten nur wenig erprobt.

Hába und Wyschnegradsky bemühten sich um die Verfeinerung der Skalen. Sie wollten tiefer in den Tonraum eindringen.

Die Komponisten und Komponistinnen der Musique spectrale wollten Anfang der 1970er Jahre etwas anderes. Der Komponist Gérard Grisey vertrat die Auffassung, dass die zwölf Halbtöne der Oktave den Klang eigentlich verstümmeln, weil sie den natürlichen Schwingungsverhältnissen der Töne nicht entsprechen.

Um das besser verstehen zu können, bietet sich ein kurzer Blick zurück an, wie sich die Stimmung der Instrumente entwickelt hat. Die sogenannte wohltemperierte Stimmung, die wir heute verwenden, stellt einen Kompromiss dar, der sich erst im 18. Jahrhundert als Standard durchsetzte. Dabei ist der Abstand zwischen allen Tönen der Oktave gleich groß. In Wirklichkeit sind die Intervalle aber nicht alle gleich. Eine Quinte oder eine große Terz müsste eigentlich größer sein, als sie auf dem wohltemperierten Klavier dargestellt wird. Doch haben wir uns an diese temperierte Klavierstimmung gewöhnt. In der natürlichen Stimmung klingen die Intervalle allerdings viel reicher, wärmer und organischer. Wer singt oder ein Streichinstrument spielt, intoniert intuitiv ein wenig anders als auf dem Klavier. Auf diese Weise treten die natürlichen Schwingungsverhältnisse deutlicher hervor; die Intervalle leuchten anders.

Die natürlichen Schwingungsverhältnisse der Oktave lassen sich leicht veranschaulichen. Wenn Sie Ihren Finger auf einer Geigensaite genau in die Mitte legen, dann teilen Sie die Saite im Schwingungsverhältnis 1:2. Die Saite klingt eine Oktave höher. Teilen Sie die Saite mit dem Finger im Verhältnis 2:3, dann erklingt die Saite eine Quinte höher. Nun müssten aufgrund der Zahlenverhältnisse zwölf solcher Quinten sieben Oktaven ergeben. Doch ist das nicht der Fall, denn wenn man nacheinander zwölf Quinten spielt, dann klingt der abschließende Ton ein wenig höher als sieben Oktaven. Diese Entdeckung verdanken wir Pythagoras, und den Unterschied zwischen sieben Oktaven und zwölf Quinten nennt man deshalb auch ein pythagoräisches

Komma. Um diesen Unterschied auszugleichen, müssen die Quinten jeweils ein klein wenig tiefer gestimmt werden. Am Ende hat man bei der Stimmung eines Klaviers einen Abstand zwischen zwei Halbtönen so festgelegt, dass alle Unstimmigkeiten in den Intervallen ausgeglichen werden. Das ist die wohltemperierte Stimmung.

Gérard Grisey analysierte, als er 1975 einen Akustik-Kurs an der Université de Jussieu besuchte, Klänge am Computer. Er konnte in Zeitlupe die Schwingungsverhältnisse, die genauen Frequenzen der Obertöne und die Entfaltung des Tons studieren. Eigentlich fand Grisey nichts heraus, was Akustiker nicht schon längst beschrieben hatten, doch leitete er aus diesen Beobachtungen als Erster künstlerische Prinzipien ab, etwa in Bezug auf die musikalische Form. So wie ein Ton allmählich er- und allmählich wieder verklingt, so er- und verklingen auch seine Stücke. Er verlangte von den Musikern außerdem, dass sie ihre Intonation an die natürlichen Schwingungsverhältnisse anpassen. Für Grisey war der Klang ein Lebewesen. Seine Musik ist organisch, urwüchsig, rau und lebendig, ungestüm und voll strahlender Schönheit. Wer die physikalischen Prinzipien seiner Musik erleben will, dem sei *Les espaces acoustique* (»Die akustischen Räume«) empfohlen, ein Stück, in dem sich aus einem einzigen Klang ein abendfüllender Zyklus entwickelt, der mit einer einsamen Bratsche beginnt und mit einem Sinfonieorchester endet. Wer hingegen erleben möchte, welche poetische Kraft den Grisey'schen Prinzipien innewohnt, dem sei der Liederzyklus *Quatre chants pour franchir le seuil* (»Fünf Gesänge, um die Schwelle zu überschreiten«) ans Herz gelegt, in dem Grisey antike Texte über den Tod vertont und die Musik an die Schwelle ins Jenseits führt.

Grisey wurde nur 52 Jahre alt. Und dennoch ist er heute eine der wichtigsten Figuren der Neuen Musik. Zur Gruppe um Grisey gehörten noch andere Komponisten, unter diesen Hugues Dufourt, der den Begriff Musique spectrale erst erfunden hat, sowie Tristan Murail. Beide haben sich im Laufe der Jahre allmählich vom strengen Spektralismus Grisey'scher Prägung entfernt und ihre Klangsprachen erweitert, wie Dufourt in seinem farbenreichen Zyklus nach Fresken des Malers Giovanni Battista Tiepolo oder Murail in seinem »Gondwana«, in das auch elektronische Klänge integriert werden.

Die Musique spectrale hat das Komponieren auf eine theoretisch nachvollziehbare und am Klang sowie am Hören orientierte Basis gestellt. Und die entsprechenden Komponisten und Komponistinnen haben Musik geschrieben, die die Kritik an der Idee der Mikrotonalität zum Verstummen brachte. Andere Komponierende, die mit Mikrointervallen arbeiteten, wurden allerdings lange wie Mitglieder einer obskuren Sekte beäugt. Man hielt die mikrotonale Erweiterung des Tonraums für ein eher esoterisches Unterfangen.

Da ist es nicht verwunderlich, dass viele Mikrotöner erst spät Anerkennung fanden. Der US-amerikanische Komponist Harry Partch erfand sein eigenes Klanguniversum. Partch war von Natur aus skeptisch und stellte deshalb alles das, was er im Musikunterricht lernte, in Frage, und damit natürlich auch das Dogma, dass die Oktave in zwölf Halbtonschritte unterteilt wird. Er beschäftigte sich mit der *Lehre von den Tonempfindungen als physiologische Grundlage für die Theorie der Musik*, in der der deutsche Physiker Heinrich von Helmholtz 1863 die Grundlagen der Akustik zusammengefasst hatte. Und Partch entwickelte eine eigene Stimmung mit 43 Tonschritten pro Oktave. Um diese 43 Tonschritte auch spielen zu können, entwarf er eigene Musikinstrumente. Zum Teil handelt es sich dabei um einfache Konstruktionen, wie etwa die Adapted Viola, eine Bratsche, an die Partch das längere Griffbrett eines Cellos montierte, oder die

Adapted Guitar mit zehn Saiten und extrem eng aneinandergesetzten Bünden, die die Erzeugung von Mikrointervallen ermöglichten. Hinzu kamen Perkussions- und Tasteninstrumente. Allein schon die Instrumente mit ihrem phantasievollen Aussehen und ihren wundersamen Namen sind für sich genommen ein Ereignis: Blowboy (ein Blasebalg mit Orgelpfeifen), Khitara (wie der antike Vorläufer der Gitarre und der Zither), Blue Rainbow (ein Hackbrett) oder Eucal Blossom (eine Art Marimbaphon).

Lange konnte man die Musik nur auf Partchs Originalinstrumenten spielen, doch kamen die Instrumente in die Jahre, und Musiker, die diese Instrumente beherrschten, wurden selten. Es existierten zudem nur wenige Aufnahmen, die den Charakter der Musik auch eher andeuten, als ihn tatsächlich umzusetzen.

2012 baute das Kölner Ensemble Musikfabrik das gesamte Instrumentarium nach. Seither wurden die Werke von Partch zu neuem Leben erweckt. In seinen Werken verbindet sich Neue Musik mit dem Charme der kalifornischen Hippiekultur – eine freie, wilde und verspielte Musik, die durch die originellen Instrumente und ihre spezielle Stimmung mit einem ganz besonderen Sound beseelt ist. Partch war schon immer und ist heute mehr denn je eine Kultfigur, ein Außenseiter, ein Querulant, der auch einige Jahre als obdachloser »Hobo« auf Güterzügen durch die USA reiste. Bühnenwerke wie *The Bewitched* (»Die Verhexten«) von 1955 und *Delusion of the Fury* (»Wahn der Wut«) von 1966 sind in den vergangenen Jahren vielfach aufgeführt worden. Und auch andere Komponierende haben Interesse an den Partch-Instrumenten entwickelt und Werke für das ungewöhnliche Klangarsenal komponiert.

Inzwischen ist die Liste der Komponisten und Komponistinnen, die sich um neue Stimmungen bemühen, lang geworden. In den USA und in Kanada entstand die »just intonation«-Bewegung, die sich, kompromissloser noch als die Musique spectrale, an der reinen Stimmung orientiert. Zu ihren Vertretern gehörten James Tenney, Ben Johnston, Chiyoko Slavnics, Catherine Lamb und Marc Sabat. Oftmals sind ihre Werke belehrende Studien in Mikrotonalität. Man wird als Hörer für die kleinen und kleinsten Intervalle sensibilisiert.

James Tenney, eine der verwegeneren Gestalten der US-amerikanischen Avantgarde und ein Pionier auch in den Bereichen von Tape Music und Computermusik, führte die Frequenzen so eng aneinander, dass Schwebungen entstanden, ein Pulsieren des Klangs, das schneller wird, je näher sich die beiden Tonhöhen kommen.

Auch Chiyoko Szlavnics arbeitet mit Schwebungen. Die Komponistin aus Kanada verwendet häufig Sinustöne, bei denen man einerseits die Frequenz exakt festlegen kann und die andererseits keine Obertöne enthalten und deshalb als besonders rein gelten. Szlavnics schafft auf diese Weise fragile, poetische, sich behutsam entfaltende Klanggebilde von überirdischer Schönheit. Man muss sich einlassen auf die Zeitverläufe, auf Brüche und Leerstellen in ihrer Musik, muss die einzelnen Töne kommen lassen, um die besondere Kraft dieser Musik zu spüren, am schönsten und überzeugendsten vielleicht in den Orchesterwerken, wo sich die akustischen Phänomene infolge der reichen Farbpalette am besten entfalten.

Einen eigenen und darin Partch nicht unähnlichen Ansatz verfolgte Arnold Dreyblatt. Der in New York geborene Komponist baute sich ebenfalls ein eigenes Instrumentarium und entwickelte ein eigenes Stimmungssystem. Er nennt sein Instrumentarium das »Orchestra of Excited Strings«. Er modifiziert Streichinstrumente, spielt aber auch auf einem normalen Kontrabass. Seine zentrale Technik ist das *battuto*; d. h. er streicht nicht, sondern schlägt mit dem Bogen auf die Saiten. Auf diese Weise schwingen die Saiten frei und bringen ihr Obertonspektrum noch besser zum Klingen. Die Musik ist repetitiv und perkussiv, sie erinnert an Minimal Music, wirkt manchmal unfertig und hölzern und lässt die Zuhörenden doch tief eindringen in den Klang und den fließenden Strom, den sie erzeugt. Dreyblatt geht es um Obertöne und Stimmungssysteme, aber auch um Transzendenz und Ekstase. Aufnahmen wie die 1988 erschienene *Propellers in Love* haben heute Kultstatus. Doch eigentlich muss man Dreyblatt live erleben, wie er sich beim Spielen versenkt, wenn er den Klang durch Schläge mit dem Bogen auf eine Kontrabasssaite immer wieder aufs Neue zum Schwingen bringt und ihn dabei je nach Schlagart mit den verschiedensten Nebenklängen anreichert.

Auch in Europa gab es Verfechter der neuen Stimmungen, etwa in Paris den Rumänen Horațiu Rădulescu oder in Westberlin Wolfgang von Schweinitz. Um deren Musik zu realisieren, bedarf es oft eigener Instrumente und besonderer Spieltechniken. Wolfgang von Schweinitz hat in seinem Studio in Berlin zwei gegeneinander verstimmte Flügel aufgestellt. Jeder der beiden Flügel stimmt in sich, doch sind die Tonhöhen jeweils leicht unterschiedlich im Vergleich zum anderen Flügel. Spielt man auf beiden Flügeln gleichzeitig, entstehen Schwebungen und verbeulte Intervalle von klandestiner Schönheit.

Rădulescu war ebenfalls an natürlichen Obertönen interessiert. Also funktionierte er einen Konzertflügel um, schraubte den Deckel ab, stellte den Flügel hochkant auf die Seite und spielte nicht auf den Tasten, sondern zog eine Schnur um einzelne Saiten, so dass die Schnur an der Saite entlang rieb und einen übersättigten, extrem obertonreichen Klang freisetzte.

Wie verhält es sich aber mit den Interpreten und Interpretinnen mikrotonaler Musik? In den ersten Jahrzehnten konnte man die mikrotonale Kompetenz der Musiker nicht einfach voraussetzen. Ein Interpret wusste in der Regel nicht, wie ein Sechstelton klingt, geschweige denn, wie man ihn seinem Instrument entlockt. Für Streichinstrumente und die Posaune mochte Mikrotonalität noch angehen, doch die Griffe und Lippenstellungen, die auf anderen Blasinstrumenten notwendig sind, um präzise Mikrointervalle zu erzeugen, wurden erst im Laufe der Jahre und meist in Zusammenarbeit zwischen Komponisten und Interpreten entwickelt. Viele der experimentellen Spieltechniken, nicht nur die mikrotonalen, wären ohne die Mithilfe von Interpretierenden nicht denkbar. Mittlerweile sind auch die entlegensten Stellen des Instruments erschlossen – ob man nun hinter dem Steg oder unter dem Klavier spielt. Auch die Mikrotonalität hat davon profitiert, dass Klarinettisten oder Hornisten nach Griffkombinationen und Lippenstellungen suchten, mit denen sich auch ungewohnte Tonhöhen wiedergeben lassen. Inzwischen gibt es für ›ein Viertelton höher‹ und ›ein Sechstelton tiefer‹ standardisierte Notenzeichen. Und jeder Musiker, der mit Neuer Musik vertraut ist, weiß, wie er diese Zeichen auf seinem jeweiligen Instrument umzusetzen hat.

Auch haben die Musiker im Laufe der Jahrzehnte selbst ein Ohr für Mikrotonalität entwickelt. Es ist wie gesagt verhältnismäßig leicht, auf der Violine Viertel- und Sechsteltöne zu spielen. Doch muss man dann eben auch in der Lage sein, zu hören, wann man die richtige Stelle getroffen hat, und das setzt ein fundiertes Verständnis für das Wesen der Mikrointervalle voraus. Sogar Orchestermusiker, die ja nicht auf Neue Musik spezialisiert sind, sind heute in der Lage, sauber Viertel- und Sechsteltöne zu intonieren.

Nach Jahren des Erkundens und Experimentierens, nach der Musique spectrale und der »just intonation«-Bewegung sind Mikrointervalle heute selbstverständlich und weithin verbreitet. Einige Komponierende haben die Möglichkeiten der Mikrotonalität weiter ausgebaut und eigene Systeme entwickelt. Zwei besonders wichtige Positionen seien abschließend genannt.

Der österreichische Komponist Georg Friedrich Haas arbeitet seit den 1990er Jahren mit ungewöhnlichen Stimmungssystemen und Mikrointervallen. Dabei ließ er nichts unversucht, wie etwa in einem Stück, das neue Obertonspektren erkundete, indem Haas mit Hämmern auf große, frei schwingende Metallplatten schlagen ließ. Seit einigen Jahren arbeitet der österreichische Komponist nun konsequent mit Sechsteltönen. Das Besondere an Sechsteltönen ist, dass das Intervall so klein ist, dass das Ohr den Unterschied zwischen ihnen nicht mehr als zwei verschiedene Tonhöhen wahrnimmt, sondern nur noch als Unschärfe im Klang. Wenn man also viele Sechsteltöne auf engem Raum spielt, dann hört man nicht mehr einzelne Töne, sondern ein verschwommenes Tonfeld.

Erstmals umgesetzt hat Haas dies 2010 in einem Werk für sechs Klaviere und Orchester. Die Klaviere wurden jeweils um einen Sechstelton verstimmt – mit dem Ergebnis, dass man, wenn alle sechs Pianisten alle Tasten gleichzeitig niederdrückten, in ein diffuses, auf wundersame Weise verschwommenes Klangfeld eintauchte. Bei der Uraufführung von »limited approximations« bei den Donaueschinger Musiktagen erlebte das Publikum diesen Orientierungsverlust am eigenen Leibe. Haas hat das bisherige Verständnis davon, was Tonhöhen eigentlich sind, wenn nicht erschüttert, so doch ins Wanken gebracht.

Seither hat Haas diese Technik immer wieder verwendet, wie etwa in seinen Musiktheaterwerken. In *Thomas* ist das Orchester nur mit Zupf- und Schlaginstrumenten wie Zither und Hackbrett besetzt. Diese Instrumentierung verleiht dem Ganzen nicht nur einen folkloristischen Charme; schließlich wuchs Haas in Österreich in Vorarlberg in den Bergen auf. Es geht in *Thomas* um das Sterben und den Tod. Während der Tod auf der Bühne auf fast schon bürokratische Weise verhandelt wird, tut sich im Orchestergraben ein ganz anderer Bedeutungsraum, ein Zwischenreich auf, in dem Ungewissheit und Verunsicherung herrschen. Haas hat die Saiteninstrumente verstimmt und die Geschichte des Sterbenden so auf ein harmonisch instabiles, zerfließendes Fundament gestellt. Die mikrotonale Musik zeigt sich als Gegenentwurf zur durchrationalisierten und bürokratisierten Welt.

2023 in Bozen wurde von Haas »11 000 Saiten« für 50 wiederum gegeneinander verstimmte Klaviere uraufgeführt. Der Klang dieses Ensembles ist nicht mehr von dieser Welt, hat die Übernatürlichkeit von elektronischer Musik, jedoch in Verbindung mit der körperlichen, haptischen Rauheit des live gespielten Tons. Über eine Stunde dauert das Stück, in dem Haas die mikrotonalen Cluster auf jede erdenkliche Weise im Raum rotieren lässt. Die Größe des Erhabenen liegt manchmal in den kleinsten Intervallen verborgen.

Der aus dem Sauerland stammende Komponist Enno Poppe hat sich die Mikrotonalität auf wieder andere Weise erschlossen. Seine mikrotonalen Erkundungen begannen eigentlich mit einer theoretischen Überlegung und einem Zahlenspiel. In der elektronischen Musik der 1950er Jahre tauchte ein kleines Gerät mit dem Namen »Ringmodulator« auf. Dieser nimmt zwei Klänge und macht aus diesen zwei neue Klänge, indem er einmal die Summe und einmal die Differenz aus den beiden Tönen bildet. Poppe kam nun auf die Idee, dass man dafür eigentlich keinen elektrischen Apparat benötigt, sondern die Summe und die Differenz zweier Tonhöhen auch von Instrumenten spielen lassen könnte. Man kann sich das ungefähr so vorstellen: Ein zweigestrichenes Fis schwingt mit 740 Hertz, ein zweigestrichenes A mit 880 Hertz. Die Summe der beiden Töne beträgt 1620 Hertz, liegt also irgendwo zwischen einem hohen g (1568 Hz) und einem hohen gis (1661 Hz). Die Differenz, also 140 Herz, liegt ganz knapp über dem großen Cis (139 Hz). Im einfachsten Falle entstehen bei Poppe solche Vierklänge aus einem temperierten Intervall in der Mitte sowie dem Differenz- und dem Summationston unterhalb und oberhalb dieses Intervalls.

Was macht das so besonders? Üblicherweise stehen Intervalle in einem proportionalen Verhältnis zueinander, so wie eine Quinte eben im Verhältnis 2:3 schwingt. Poppes Intervallen hingegen liegt ein arithmetisches Verhältnis zugrunde. Summations- und Differenztöne sind verstimmte Töne, die jedoch, und das verleiht diesem Verfahren seinen Reiz, nicht falsch oder dissonant klingen. Aufgrund der Verwandtschaft unter den verwendeten Intervallen leuchten sie stattdessen wie ein Naturereignis, verleihen Akkorden eine raue, vibrierende Farbe, öffnen harmonische Zwischenräume jenseits der klassischen Tonalität. Poppe spricht entsprechend von einer »verbeulten Natur«.

Wegweisend wurde sein Zyklus *Holz – Knochen – Öl*, den er zwischen 1999 und 2004 komponierte. In »Knochen« und in »Öl« notiert Poppe die mikrotonal gefärbten Bläserakkorde ohne elektroakustische Hilfsmittel sorgfältig aus. In »Holz« hingegen präzisiert er seine Harmonik, indem er einen Synthesizer genau auf die gewünschten Tonhöhenabweichungen programmierte und den Ensembleklang mit diesen Tönen anreicherte.

Warum nennt er die Stücke »Holz«, »Knochen« und »Öl«? Vielleicht weil es ihm um das Material der Musik geht. Wenn man in der Natur zu graben beginnt, dann stößt man wahrscheinlich irgendwann auf Holz, vielleicht auf einen Knochen und möglicherweise sogar auf Öl. Materialien wie Holz, Knochen und Öl bilden geschichtslose Konstanten der Natur, die uns jederzeit als Gleiches und Ähnliches begegnen. Hätte Beethoven an derselben Stelle wie wir seinen Spaten angesetzt, er wäre auf die gleichen Gegenstände gestoßen. Ähnliches gilt für das Material der Musik. Attacke und Nachklang einer schwingenden Saite, die Struktur des Obertonspektrums: All das sind Eigenschaften, denen Komponierende schon immer Rechnung zu tragen hatten. So gesehen ist Material also Natur. Doch ist Material natürlich auch etwas, das im Laufe der Geschichte überliefert wurde, das sich entwickelt hat. Die auf ein Stück Holz angewendeten Techniken wie Sägen, Schnitzen, Schleifen und Lasern gehören zum Holz wie die Subdominante zur tonalen Musik. Material ist, mit anderen Worten, auch Geschichte.

Beide Positionen wurden in der Neuen Musik vertreten und bisweilen radikalisiert. Die Serialisten verstanden sich meist als Jünger des Fortschritts. Bei ihnen ist Material bloße Geschichte. Sie haben stets die historische Folgerichtigkeit ihres Denkens betont. Die Vertreter reiner Stimmungen orientierten sich hingegen an zeitlosen akustischen Eigenschaften des Klangs, die sie kompositorisch veredelten. Bei ihnen ist Material Natur.

In den Werken von Enno Poppe finden beide Materialbegriffe zueinander. Einerseits gibt sich Poppe geschichtsbewusst: Traditionslos zu sein, könne er sich nicht vorstellen, erklärte er, und seine Ensemblestücke stellt er wie selbstverständlich in eine Gattungstradition, die wiederum Schönberg 1906 mit seiner »Kammersinfonie« begründet hatte. Andererseits behauptet Poppe sich eben auch als ein Phänomenologe, dessen musikalische Phantasie sich am Klang selbst und seinen akustischen Eigenschaften entzündet.

6
New York – eine Stadt und ihre Musik

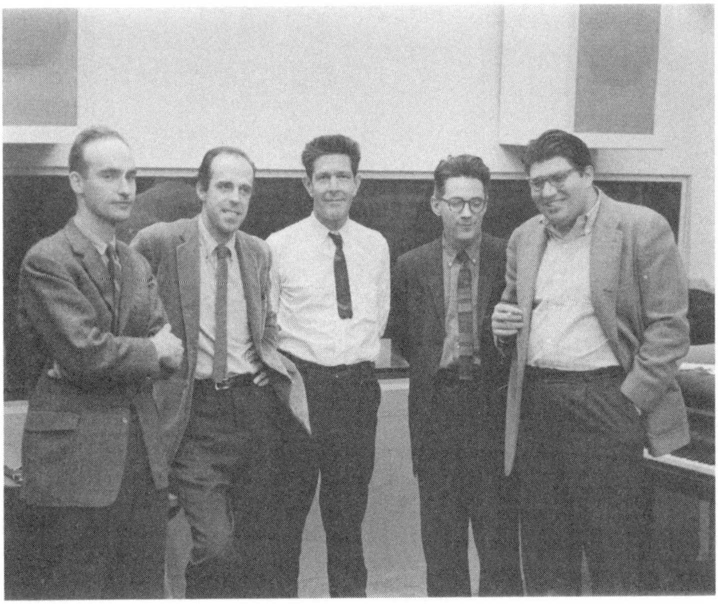

Als der Maler Willem de Kooning einst seinen Freund, den Dirigenten und Komponisten Leonard Bernstein, in New York besuchte, befragte der Gastgeber ihn, was er von dem großen abstrakten Gemälde halte, das Bernstein in seinem Flur aufgehängt hatte. »Ich halte es für absoluten Dreck«, soll der für seine Ehrlichkeit und Offenheit bekannte de Kooning geantwortet haben. Bernstein erwiderte, ein Affe habe es gemalt. De Kooning war überrascht: »Ein Affe? Was für ein talentierter Affe!«

Aus dem Kreis um die New York School sind viele solcher Anekdoten überliefert. Manchmal bekommt man fast das Gefühl, die New York School bestehe eigentlich nur aus Anekdoten, in denen Berühmtheiten vorkommen, Maler wie Barnett Newman, Jackson Pollock, Mark Rothko, später auch Jasper Johns und Robert Rauschenberg, Schriftsteller wie Frank O'Hara, und Komponisten wie John Cage, Earle Brown, Morton Feldman, David Tudor und Christian Wolff.

Die Malerei der New York School wird gemeinhin als abstrakter Expressionismus bezeichnet. Gemeint sind damit Gemälde, in denen Farbe mit einem gewissen Ausdrucksbegehren auf die Leinwand aufgetragen, in denen aber nichts dargestellt wurde. Viele Maler malten flächig-farbig, wie Mark Rothko und Philip Guston. Andere arbeiteten eher gestisch-figurativ, wie Willem de Kooning und Jackson Pollock in seinem Actionpainting. Die Maler grenzten sich auf diese Weise von der abstrakten Malerei europäischer Prägung etwa eines Paul Klee oder Wassily Kandinsky ab.

Den Komponierenden der New York School blieb eine solch griffige Zuschreibung verwehrt. Der Begriff ›abstrakter Expressionismus‹ wurde gelegentlich auf die Musik von Morton Feldman angewendet, der in gewissem Sinne auch farbig-flächig komponierte. Feldman unterhielt auch enge Kontakte zur Malerei. Er war mit Philip Guston befreundet und versuchte, Überlegungen, die in der Malerei diskutiert wurden, auf die Musik zu übertragen. Viele seiner Stücke sind großflächig und lang, monochrom und im besten Sinne des Wortes auch monoton – wie ein Klang gewordenes Bild von Rothko. Wer schon einmal einer mehrstündigen Feldman-Aufführung beigewohnt hat, der weiß, was diese lange Dauer und die Monochromie mit einem anstellen, wie man irgendwann in der zweiten Stunde der Aufführung in einen ganz anderen Zustand fällt, in dem man das Gefühl für Zeit vollends verloren zu haben scheint.

Feldmans Schülerin Bunita Marcus führte diesen Ansatz später fort und reicherte ihn mit spirituellen Inhalten an. Marcus schrieb z. B. Werke, die die Chakren aus dem Nada Yoga in Klang umsetzen, um so die Aura der Hörer und Hörerinnen anzusprechen. So geschehen in dem 2017 entstandenen Orchesterstück »White Butterflies«, das mit süffigen Streichern und Schlagzeug ein meditatives Ritual entstehen lässt.

Wenn man also die Musik der New York School auch nicht unter einem Schlagwort zusammenfassen konnte, schälte sich im Laufe der Jahre doch so etwas wie ein ästhetischer Konsens unter ihren Komponierenden heraus. Dessen Kern bildete die Musikphilosophie von John Cage. Cage hat das Musikverständnis der westlichen Welt vollkommen aus den Angeln gehoben. Dabei geholfen haben ihm Philosophien des fernen Ostens, insbesondere der Zen-Buddhismus, politische Utopien wie die der Anarchie, aber auch Einsichten aus der Kommunikationstheorie. Zu seinen vielen Erkenntnissen gehört, dass Musik zu komponieren, zu spielen und zu hören drei vollkommen voneinander unabhängige Dinge sind: »What can they possibly have to do with one another?«

Cage verdanken wir auch die Einsicht, dass es reine Stille eigentlich gar nicht geben kann. 1951 besuchte er einen schalltoten Raum in der Harvard University in Boston, also einen Raum, der einerseits so gut abgedichtet ist, dass keine Klänge von außen zu hören sind, der aber auch jedes Geräusch, das in seinem Inneren entsteht, schluckt, also keine Reflexionen des Schalls zulässt. Ein schalltoter Raum ist für die meisten Besucher eine unangenehme Erfahrung, weil er durch die absolute Stille völlig leblos wirkt. Cage hörte in diesem Raum sehr genau hin und nahm zwei Geräusche wahr, nämlich einen tiefen und einen hohen Ton. Später klärte man ihn auf, dass der tiefe Ton sein Blutkreislauf, der hohe Ton aber das Geräusch seines Nervensystems gewesen sei.

In der Folge komponierte Cage sein berühmtestes Werk »4'33"«. Es trägt diesen Namen, weil es genau vier Minuten und 33 Sekunden dauert, in denen ein Pianist zwar am Klavier sitzt, dabei aber nicht spielt. »4'33"« ist ein Manifest der Neuen Musik. Es wurde viel und wird immer noch mehr geschrieben über die Bedeutung des Werks und was man von ihm lernen kann. Die wichtigste Einsicht lautet, dass es echte Stille nicht gibt. Auch wenn man schweigend im Konzertsaal sitzt, nimmt man Geräusche wahr: Rascheln, Atmen, Husten – was auch immer im Raum geschieht. Das Stück wird heute oft als Hörübung verwendet – auch Musikschüler sollen versuchen, leise zu sein, und staunend erfahren können, was es in der Stille alles zu hören gibt.

Doch es steckt noch viel mehr in diesem Stück. Da ist z. B. die Geste der Verweigerung. Cage hatte dabei ein Vorbild in Bildern des Malers Robert Rauschenberg, der weiße, unbemalte Leinwände ausgestellt hatte. Rauschenberg richtet also, ähnlich wie Cage, den Blick auf den Hintergrund des Werks und verweigert die Konvention, etwas auf das Bild bzw. auf das Notenpapier auftragen zu müssen.

Außerdem wird man als Hörer von »4'33"« Zeuge einer theatralischen, durchaus tragischen Szene, denn man sieht dem Pianisten dabei zu, wie er, der nichts besser kann als Klavier spielen, nicht spielt.

Wie kommt die Dauer des Werkes zustande? Warum »4'33''«? Cage hat die Dauer per Zufall bestimmt. Der Zufall stellt einen weiteren, wichtigen Zug in Cages Ästhetik dar. Cage ging es darum, eine andere Instanz als seine eigene Vorstellung, seinen Willen, seinen Geschmack walten zu lassen. In vielen Werken von Cage ist diese andere Instanz der Zufall gewesen. So befragte er mit Vorliebe ein chinesisches Orakel, das I-Ging. In anderen Fällen überlässt er es den Interpretierenden, was gespielt wird, z. B. indem er ihnen graphische Zeichen vorlegt, die sich in alle möglichen Richtungen interpretieren lassen.

Und noch eine weitere Erfindung von Cage sei hier genannt. Er arbeitete häufig mit Choreographen, in späteren Jahren vor allem mit seinem Lebensgefährten Merce Cunningham, 1940 allerdings mit Syvilla Fort. Cage wollte für eine Ballettmusik eigentlich Schlaginstrumente verwenden, der Aufführungsort bot dafür aber keinen Platz. Also präparierte Cage ein Klavier, indem er Gegenstände zwischen die Saiten klemmte und den Klavierklang in den von Schlaginstrumenten verwandelte. Dieser Eingriff ging ebenfalls in die Geschichte ein. Cage komponierte seinen Zyklus *Sonatas and Interludes* für präpariertes Klavier. Heute werden Klaviere regelmäßig präpariert und im Innenraum manipuliert (nicht immer zur Freude der Klaviertechniker und -stimmer).

Von der New York School und insbesondere von Cage gingen also viele Impulse aus, die vielfach auf fruchtbaren Boden fielen. Als um 1960 herum die Fluxus-Bewegung in New York erstarkte, wurde Cages offener Musikbegriff zu einem wichtigen Fluchtpunkt. Viele seiner Ansätze wurden von den Kunstschaffenden des Fluxus weitergedacht und sogar noch zugespitzt.

Da wäre zum Beispiel Yoko Onos Stück »Secret Music«, das die folgende Anweisung enthält: »Decide on one note that you want to play. Play it with the following accompaniment: The woods from 5 a.m. to 8 a.m. in summer.« Man spielt also an einem Sommermorgen einen Ton mehrere Stunden lang im Wald.

Berühmt wurden auch die kurzen Handlungsanweisungen von La Monte Young. In seiner »Composition 1960 #10« steht nur ein Satz: »Draw a straight line and follow it.« Wichtiger noch wurde seine »Composition 1960 #7«. Er notiert eine Quinte, also ein besonders einfaches und harmonisches Intervall, und merkte dazu an: »to be held for a long time«. Der Komponist hebelt hier den Werkgedanken auf verschiedene Weise aus. Nicht nur dehnt sich die Werkdauer auf eine unbestimmte Zeit aus, es ereignet sich nichts, was über das bloße Erklingen einer Quinte hinausginge. Young lädt sein Publikum ein, meditativ zu hören und sich kontemplativ in den Klang zu versenken. Youngs Stück stand am Anfang einer Musik, die heute allgegenwärtig ist: der Minimal Music.

Wenige Jahre später entstand ein weiteres, allerdings ganz anders geartetes Werk, das wichtige Züge der Minimal Music vorzeichnete. Für sein Tonbandstück »It's Gonna Rain« nahm Steve Reich einen Prediger auf Tonband auf, der einen apokalyptischen Regen beschwört. Er loopte die Aufnahme und ließ sie dann auf zwei Bandmaschinen abspielen. Da die Bandmaschinen aber nicht ganz genau synchron liefen, verschoben sich dieselben Worte auf den beiden Tonbändern langsam gegeneinander. Die Worte durchlaufen im Stück einen kompletten Verschiebungszyklus, bis sie am Ende wieder synchron erklingen. Wieder und wieder erklingt zunächst, rhythmisch abgehackt »It's a … it's a … it's a …«. Das verleiht dem Stück eine spröde Härte, die im Widerspruch steht zur emotional aufgewühlten Energie in der Stimme des Predigers. Die Komposition wurde deshalb so wichtig, weil hier erstmals ein Prozess definiert wird, der den Verlauf und die Form der Komposition bestimmt. Das Stück endet, wenn der Prozess beendet ist, wenn also beide

Bandmaschinen das Sprachsample wieder gleichzeitig wiedergeben.

In einem anderen Stück, »Pendulum Music«, lässt Reich Mikrophone über einem Gitarrenverstärker schwingen. Jedes Mal, wenn das Mikrophon am Verstärker vorbeischwingt, entsteht eine Rückkopplung, ein pfeifendes Geräusch. Das Mikrophon schwingt allmählich aus, und die Töne werden länger und länger, bis das Mikrophon über dem Verstärker zum Stillstand kommt und die »Pendulum Music« mit einem langen Feedbackton endet. Auch hier wird ein Prozess in Gang gesetzt, der den Verlauf des Stückes definiert.

Später hat Reich auch in der Instrumentalmusik mit Phasenverschiebungen gearbeitet. Die einzelnen Instrumentalstimmen spielen dann in leicht verschiedenen Tempi; es entsteht ein wabernder Puls, komplexe, sich ständig verschiebende rhythmische Patterns. 1971 entstand *Drumming*, 1976 schließlich eines der wohl schönsten Werke dieser Kompositionsweise überhaupt, nämlich die *Music for 18 Musicians.* In der Folge weitete Reich seine Technik auch inhaltlich aus. In einem Stück für Streichquartett und Tonband, »Different Trains«, verhandelt er Themen wie die Shoah und die Transporte zu Konzentrationslagern im Nationalsozialismus.

1976 erschien mit der Oper *Einstein on the Beach* von Philip Glass ein anderes geschichtsträchtiges Werk des musikalischen Minimalismus. Glass arbeitet mit rhythmischen Patterns, die er entweder ganz nackt und kahl ausstellt oder aber in überwältigenden Kaskaden überlagert. In *Einstein on the Beach* wird viel gezählt: »One two three four«, singen die Sänger in einfachen Skalen und Sequenzen. Dann wieder ertrinkt man als Hörer im Ensembleklang, der in seiner Geschwindigkeit und seiner Fülle schlicht überwältigend ist.

Doch genau diese Seite der Minimal Music wurde vielfach

kritisiert. Vor allem in Europa empörte man sich über die ins Meditative gehende Überformung des Wohlklangs. Mit der Musik zum ökologischen Kultfilm *Koyaanisqatsi*, der 1982 in die Kinos kam, verhalf Glass dem Genre Minimal Music dann zum endgültigen Durchbruch.

Und noch ein Komponist der Minimal Music verdient besondere Erwähnung. Julius Eastman blieb zeitlebens ein Außenseiter. Er war, wie John Cage und viele andere Komponisten Neuer Musik auch, homosexuell. Homosexualität, erklärte unlängst der Komponist George Lewis, war für die Künstler und Künstlerinnen der New Yorker Szene völlig normal. Eastman war schwarz, und das, so Lewis, war damals ein weitaus größeres Problem. So kam es, dass der 1990 verstorbene Eastman in Vergessenheit geriet, bis sein Werk 2017 durch eine Reihe von Aufführungen wieder ins Bewusstsein der Öffentlichkeit gelangte. Eastman wird oft als aggressive und zerstörerische Persönlichkeit geschildert, der sich wiederholt mit Autoritäten und Institutionen anlegte. Obschon er sich damals mit Musikerinnen und Musikern wie Meredith Monk, Pierre Boulez und John Cage austauschte und zusammen mit ihnen auftrat, blieb ihm ein größerer Erfolg versagt. Er starb mit 49 Jahren alkohol- und drogenabhängig in einem Obdachlosenheim.

Auch seine Musik ist in vielerlei Hinsicht unkonventionell. Viele seiner Werke tragen das N-Wort im Titel, etwa eine Reihe von Werken für vier Klaviere, die der Minimal Music eine rauere Note verleihen. In Kompositionen der 1980er Jahre wie *The Holy Presence of Joan d'Arc* und *Buddha* hingegen klingt ein anderer Ton an, eine Ruhe, aus der heraus die Musik ganz allmählich und unwiderstehlich entsteht.

Heute sind die Minimal Music und die Postminimal Music in den USA tonangebend. Komponierende des Kollektivs Bang on a Can, unter ihnen Julia Wolfe und David Lang, haben sich diesem

Stil verschrieben. John Adams feierte mit Stücken wie »Short Ride in a Fast Machine« große Erfolge auf den Orchesterbühnen dieser Welt. Und Michael Nyman garnierte die frühen Filme von Peter Greenaway wie *Drowning by Numbers* mit einer lakonisch-feierlichen Melancholie. Von diesen Werken geht freilich keine Reich'sche konzeptuelle Entschlossenheit mehr aus; es handelt sich vielmehr um Musik, die erzählen, bewegen und gefallen möchte und durch ihre handwerkliche Kunstfertigkeit überzeugt.

Steve Reich war neben John Cage unter den New Yorkern der wahrscheinlich wichtigste Stichwortgeber. Seine Idee einer prozessualen Musik hinterließ jedenfalls einen bleibenden Eindruck. James Tenney, der ausnahmsweise nicht in New York wirkte, hat mesmerisierende Werke nach diesem Prinzip geschrieben, etwa den »Spectral Canon«, bei dem sich ein mechanisches Klavier zu einem wahren Klangkoloss auftürmt, oder wie das schwindelerregende »For 12 Strings (Rising)«, bei dem die Streichinstrumente in einer ständigen Aufwärtsbewegung den Zuhörenden den Boden unter den Füßen wegzuziehen scheinen.

Ein anderes Stück Musik, das ohne Reich nicht denkbar wäre, ist die *Pulse Music* von John McGuire. Mit dem berühmten wandschrankgroßen Synthesizer EMS Synthi 100 entstand 1978 im Studio des WDR in Köln die »Pulse Music III«. Eigentlich durchläuft die Komposition nur die Tonarten des Quintenzirkels, doch ist die Art, wie die Töne ihre Funktion in der harmonischen Architektur immer wieder verändern, so zauberhaft und kunstfertig gemacht, dass auch dieses Stück als beeindruckender Solitär aus der großen Masse der Minimal Music herausragt.

Nach New York School, Fluxus und Minimal Music diversifizierte sich das Musikleben in New York weiter. Die Stadt blieb noch lange ein Anziehungspunkt für Komponistinnen und Musiker. Zwei künstlerische Persönlichkeiten fanden in New York besonders fruchtbare Bedingungen. Maryanne Amacher und Éliane Radigue sind zwei der eigenständigsten und wohl auch einflussreichsten Persönlichkeiten der Neuen Musik, obwohl sie diesen Begriff, und dann auch noch mit einem großen »N«, vielleicht gar nicht auf sich angewendet sehen wollen würden.

Éliane Radigue ist Französin, Jahrgang 1932, studierte Klavier und hat sich früh der Neuen und experimentellen Musik zugewandt. Bereits in den 1950er Jahren traf sie Pierre Schaeffer und arbeitete fortan in dessen Musique-concrète-Studio in Paris, dem Studio der GRM am Französischen Rundfunk, wo sie Schaeffer zuarbeitete, Klänge für ihn entwarf, aber auch eigenen Stücke realisierte.

Doch wie so viele andere Frauen auch konnte sich Radigue dort nicht recht entfalten. Auch kritisierte Schaeffer ihre Experimente mit Rückkopplungen und Loops.

Ende der 1960er Jahre zog sie nach New York. Damals kamen die ersten Modularsynthesizer auf den Markt. In New York konnte man das von Robert Moog entworfene Instrument nutzen. In Kalifornien hatte Don Buchla auch einen Modularsynthesizer entwickelt, der einen deutlich experimentelleren Umgang mit dem jeweiligen Klang zuließ. In New York hatte Radigue Zugang zu einem solchen Buchla-Synthesizer. Sie teilte sich damals ein Studio mit Laurie Spiegel, einer anderen großen Pionierin der experimentellen Musik in den USA. Und sie lernte die New Yorker Szene genauer kennen. Der konzeptuelle Ansatz der Gruppe um John Cage, das vom Buddhismus geprägte Klangverständnis, aber auch die Minimal Music, die Reduktion und die Repetitivität: All das sprach sie direkt an und eröffnete ihr neue Ansätze. Die Musik, die Radigue erfand, beruht letztlich auf langsamen, minimalen Veränderungen des Klangs eines Synthesizers. Ihre Stücke dauern nicht selten eine Stunde oder länger. Es geht um ein anderes Hören, eines, das nicht aufmerksam einem Diskurs in Tönen folgt, sondern bei dem der Hörer oder die Hörerin sich radikal auf den Klang selbst einlassen muss.

Radigue arbeitet mit kleinen Veränderungen. Der Synthesizerklang wird beinahe unmerklich moduliert. Zunächst glaubt man, einem statischen Klang beizuwohnen; erst allmählich verändert sich auch mit dem Klang das Hören, eine beinahe meditative Situation entsteht. Radigue blieb lange ein Geheimtipp. Erst als die Ars Electronica sie 2006 für ihr Stück »L'Île re-sonante« auszeichnete, interessierte sich eine größere Öffentlichkeit für sie.

Den berühmten ARP-Synthesizer, mit dem sie ihre Stücke umsetzte, hat sie inzwischen eingemottet. Ihre letzten Stücke entstanden mit und für Instrumentalisten, die versuchten, ihre elektroakustische Infinitesimalästhetik auf akustische Klangkörper zu übertragen, mit Werken für Violoncello, für Bassetthorn, für Harfe oder für Orchester.

Ihre frühen Synthesizerstücke aber wurden zu Paradigmen der elektronischen Musik. Die beiden Trilogien *Adnos I–III* und *Trilogie de la mort* (»Trilogie des Todes«) sind düster-erhabene Monumente. Wer sich auf sie einlässt, taucht ein in eine Welt, die vom physischen Dasein befreit und hineinzieht in eine Welt aus Meditation. Doch spielen ebenso der Tod und das Jenseits in diesen vom tibetanisch-buddhistischen Glauben der Komponistin gespeisten Werken eine zentrale Rolle.

Ganz anders und doch auch wieder ähnlich verhält es sich mit Maryanne Amacher. Wie Radigue stand auch Amacher lange im Schatten männlicher Kollegen. Sie durchlief die Institutionen, studierte bei Karlheinz Stockhausen in Pennsylvania, arbeitete am Experimental Music Studio der University of Illinois in Urbana-Champaign und erprobte unkonventionelle Ideen. So komponierte sie 1967 *City Links: #1 at WBFO Buffalo*. In der kleinen Stadt im US-Bundesstaat New York wurden an fünf Stellen

Mikrophone aufgestellt; die Signale der fünf Mikrophone wurden 28 Stunden lang von dem im Titel genannten örtlichen Radiosender WBFO übertragen. *City Links: #1 at WBFO Buffalo* ist eine Pionierarbeit für die Gattung Klanginstallation, für das ortsspezifische Komponieren, für die Medienkunst, für das Field Recording, blieb allerdings seinerzeit weitgehend unbeachtet, auch wenn Amacher die Arbeit bis 1981 noch in 21 weiteren Städten wiederholte.

Amacher wurde erst 1999 berühmt, als das New Yorker CD-Label Tzadik, das der Jazzsaxophonist und Avantgardist John Zorn betreibt, ihre Musik veröffentlichte. Die CD trägt den Titel *Sound Characters – Making the Third Ear*. Dieses »dritte Ohr« ist eine psychoakustische Fiktion. Bei bestimmten Intervallen rechnet unser Gehirn zu den beiden tatsächlich erklingenden Tönen einen weiteren Ton hinzu, nämlich entweder einen Differenzton oder einen Summationston. Schon im 18. Jahrhundert hatte der Geigenvirtuose Giuseppe Tartini das Phänomen beschrieben, doch blieb der Effekt ein akustisches Kuriosum und lediglich theoretischer Stoff für die Lehrbücher.

Amacher komponierte jetzt mit diesem Phänomen. Man muss die *Making the Third Ear*-Stücke laut abspielen, damit sich die psychoakustischen Effekte auch tatsächlich einstellen, dann hört man in der Tat eine imaginäre dritte Stimme, die wie gesagt eigentlich gar nicht erklingt. Oft handelt es sich um einfache Tonfolgen, kleine Melodien oder Hooklines, die sich aus den elektronischen Klangreliefs herauslösen und sich auch räumlich von der tatsächlich erklingenden Musik abheben. Amachers *Sound Characters* sind scharf, hell, klar und auch ein bisschen schmerzhaft, vor allem aus dem Grunde, weil man diese Musik ja laut hören muss, um in ihren eigentlichen Genuss zu kommen. Auch spätere Liveauftritte von Amacher waren extrem laut. In den 2000er Jahren bis zu ihrem Tod 2009 wurde sie vor allem von der Elektrogemeinde verehrt. Ihr harter, repetitiver Stil erinnerte an progressiven Techno. Auch ihre Aufmachung erinnert an diese Musikform, denn sie trug gerne Skianzüge, eine große Brille und ihr langes Haar offen.

Radigue und Amacher sind Beispiele der Möglichkeiten, die New York bis in die 1990er Jahre hinein bot. Beiden Komponistinnen ist es gelungen, einen eigenen Stil zu prägen, eine neuartige Musik zu erfinden. Doch später trieben Gentrifizierung und Wohlstand viele Künstler und Künstlerinnen aus der Stadt. Natürlich gibt es heute weiterhin interessante Musik in New York, gibt es Ensembles wie ICE, Yarn/Wire oder Ekmeles, Orte wie das Miller Theatre an der Columbia University, an der wiederum der afroamerikanische Komponist George Lewis lehrt.

Doch die große, heroische Zeit, als Greenwich Village ein Epizentrum der Neuen Musik war, ist leider wohl endgültig vorbei.

7
Das Unbestimmte – über offene Formen und musikalische Graphik

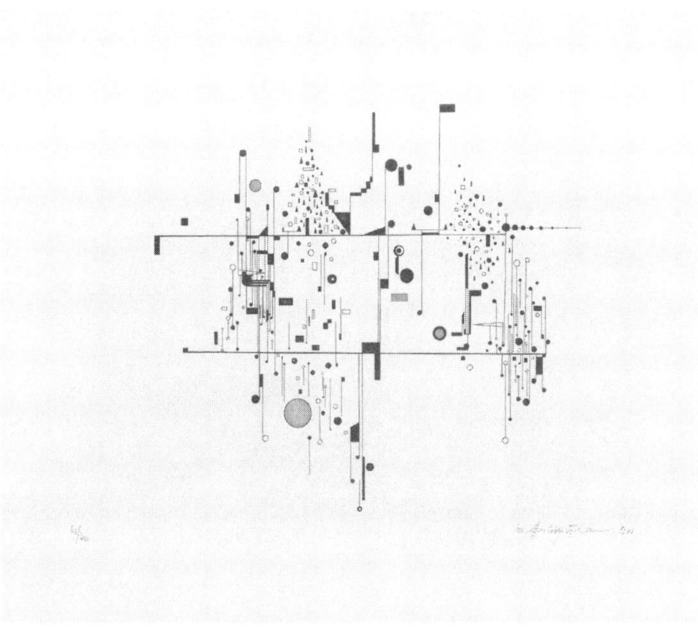

Das Beste der Musik steht nicht in den Noten, meinte Gustav Mahler. Das, was Musik eigentlich ausmacht, das Gelebte und Gefühlte im Klang, lässt sich nicht am bloßen Notentext ablesen. Jeder, der Musik macht, weiß, dass es beim Spielen immer kleine Abweichungen gibt – sei es beim Tempo, sei es bei der Intonation. Und dass diese kleinen Abweichungen die Musik erst lebendig machen. Ein gutes Beispiel ist der Groove eines Schlagzeugers. Ein Drumcomputer spult einen maschinellen Rhythmus präzise ab. Das kann in bestimmten Musikrichtungen wie im Techno durchaus gewünscht sein. Doch erst dann, wenn einzelne Schläge leicht vor oder hinter dem eigentlichen Metrum gespielt werden, beginnt der Rhythmus zu leben, zu swingen, zu grooven. Das gilt für alle Musik, auch für die Neue.

Gleichzeitig ist der Notentext vielen Komponierenden heilig. Sie halten die Partitur und nicht seine Aufführung für das Werk. Eine Aufführung ist dann immer nur eine mehr oder weniger gelungene Annäherung an die Partitur. In der seriellen Musik der 1950er Jahre, als jeder Notenwert mathematisch präzise ermittelt wurde, mag das tatsächlich zugetroffen haben. Berühmt wurde eine Äußerung des Komponisten und Dirigenten Bruno Maderna gegenüber Stockhausen. Stockhausen klagte über eine schlechte Aufführung seines Werks. Maderna tröstete ihn: Das Werk sei doch der Partitur nach bekannt. Man wisse also, um was für ein Stück es sich handele, und eine schlechte Aufführung könne dem Stück deshalb gar nichts anhaben.

2008 fand bei den Donaueschinger Musiktagen ein bemerkenswertes Experiment statt. Drei große Ensembles spielten in einem Konzert die gleichen Werke. In der Neuen Musik hatte man Interpretationen immer für besonders objektiv und sachlich gehalten. Man rühmte sich sogar dieser Tatsache. Doch nun konnte man direkt erfahren, wie stark sich die Klanggebung, die

Spielkultur und das musikalische Verständnis der Ensembles voneinander unterschieden. Aufgeführt wurden u. a. die *Fiktiven Tänze* von Arnulf Hermann, einmal vom Ensemble Modern aus Frankfurt am Main, einmal vom Ensemble intercontemporain aus Paris. Das Publikum staunte nicht schlecht, denn man erkannte das Stück in der zweiten Aufführung fast nicht wieder. In Frankfurt tanzte man einen deftigen Ländler, in Paris schien man elegant durch den Salon zu gleiten. Die eine Aufführung des Werks war nicht besser als die andere. Doch zeigte der Vergleich, welch große Rolle die Interpretation auch in der Neuen Musik spielt.

Zu den Anekdoten, die der anekdotenverrückte Morton Feldman häufig erzählte, gehört eine besondere Geschichte über Karlheinz Stockhausen. Der fragte Feldman einmal, worin sein Geheimnis bestehe. Feldman antwortete: »I don't push the sounds around.« Stockhausen war verblüfft und fragte nach: »Not even a little bit?«

Wichtiger als Stockhausens Erstaunen ist die Vorstellung, dass man als Komponist die Klänge *nicht* herumschubst. Hört man Musik von Feldman, wird einem schnell klar, was er meint. Die Klänge entfalten bei Feldman ein Eigenleben, die Musik fließt. Feldman selbst erklärte es so: Seine Stücke seien nicht »music in time«, sondern seien wie die Zeit selbst, »music as time«.

Im Winter 1950/51 erfand Feldman eine neue Art und Weise, Klänge nicht herumzuschubsen. Er notierte nicht mehr die genaue Tonhöhe, sondern nur noch, ob ein tiefer Ton, ein mittelhoher oder ein hoher Ton erklingen soll. Auch wurde die Dauer nicht mehr in Notenwerten, sondern als horizontaler Balken angezeigt. Feldman erfand also eine neue Form der Notenschrift, die, und das ist das vielleicht Bemerkenswerteste, ungenauer war als ihre Vorgänger. Bis dahin hatte man stets versucht, immer noch präzisere Schriftzeichen und Anweisungen zu erfinden. Nun kam ein 25-jähriger Komponist aus New York und führte eine gewaltige Unschärfe in die Musik ein.

Wer ein derartig notiertes Werk aufführt, z. B. Feldmans *Projections*, der wird als Interpret auf besondere Weise in die Pflicht genommen. Er muss selbst entscheiden, welchen Ton er spielt, denn der Komponist gibt für den Verlauf der Musik lediglich ein Gerüst vor. Verschiedene Aufführungen von Feldmans *Projections* klingen nicht gleich, sondern einander nur ähnlich.

Doch erkennt man – und das ist mindestens ebenfalls erstaunlich an diesen Partituren – die Stücke wieder. Dies mag am Sound, an der Anmutung der Werke liegen, aber eben nicht an bestimmten Tonfolgen mit Wiedererkennungswert.

Die neue Notation bringt drei Dinge mit sich: Sie wird unscharf. Sie bekommt ein neues, graphisch wirkendes Erscheinungsbild. Und der Interpret wird zum Mitgestalter des Werks; der Komponist tritt als Autorität zurück.

»Indeterminacy« (»Unbestimmtheit«) nannte Feldman dieses Prinzip. Und das Unbestimmte wurde fortan eine verlässliche Größe in der Neuen Musik. Im darauffolgenden Winter tat Earle Brown es Feldman gleich und ging sogar noch einen entscheidenden Schritt weiter. Er notierte nun überhaupt keine musikspezifischen Zeichen mehr, sondern nur noch Striche und Balken, die ihrerseits kein Bezugssystem mehr haben. Wenn das Blatt nicht in der unteren rechten Ecke mit dem Namen des Komponisten und dem Zusatz *December 1952* versehen wäre, wüsste man nicht einmal, wo oben und wo unten ist.

Brown hat viele solcher musikalischen Graphiken komponiert. Nicht immer haben Musiker und Musikerinnen verstanden, wie man einer solchen Partitur auch einen musikalischen Sinn entlockt. Einmal spielte ein Orchesterklarinettist einfach das Thema aus »Till Eulenspiegels lustige Streiche« von Richard

Strauss, was natürlich strenggenommen möglich ist, dem von der Graphik insinuierten Charakter aber nicht wirklich gerecht wird.

Die Folgen, die diese neue Notationsweise nach sich zog, waren drastisch. Das Metier der musikalischen Graphik verselbständigte sich. Es entstanden wilde, zum Teil optisch sehr ansprechende Partituren, die zwar immer noch als Aufforderung zur musikalischen Umsetzung verstanden werden konnten, die aber vor allem wegen ihrer graphischen Kunstfertigkeit Aufmerksamkeit erregten. Eine ganze Reihe von Komponisten und Komponistinnen widmete sich jetzt solchen Formen der musikalischen Graphik, etwa der griechische Komponist Anestis Logothetis und der polnische Komponist Roman Haubenstock-Ramati:

Die Partituren von Logothetis waren verspielt und verkritzelt mit vielen feinen Bleistiftstrichen. Die Seiten sind voll mit kurvigen Linien und musikalischen Zeichen wie Notenköpfen.

Haubenstock-Ramati war strenger in der Form. Seine Stücke haben klarere Konturen und ähnelten eher Bildern von Wassily Kandinsky oder Paul Klee. Er notiert einzelne Materialeinheiten in quadratischen Blöcken, so dass sich getrennte Sinneinheiten ergeben. Wie Logothetis nutzt auch er graphisch freie, also nicht festgelegte, und konventionelle musikalische Zeichen. Eine seiner Inspirationsquellen waren die Mobiles von Alexander Calder. Calders Mobiles funktionieren der Form nach wie eine Kinderzimmerdekoration, doch sind die Objekte, die hier am Mobile hängen, abstrakte Formen. Je nachdem, von welchem Punkt aus man das Mobile betrachtet oder wie es sich dreht, verändert sich die Konstellation der Objekte zueinander. Ähnlich wie dem Betrachter des Mobiles wird auch dem Interpreten bei Haubenstock-Ramati freigestellt, wie er die Materialkästchen zueinander in ein Verhältnis setzt.

Andere gingen humorvoller mit der Idee musikalischer Graphiken um. Berühmt wurde die Partitur von Cathy Berberians Stück »Stripsody« von 1966, das sie als Sängerin auch häufig selbst aufführte. Die »Stripsody« ist eine Mischung aus Comicstrips und der freien Form der Rhapsodie. Es gibt darin Notenlinien, aber keine Noten, sondern stattdessen Comicfiguren wie Tarzan und Snoopy sowie in Comicsprache verfasste Laute wie »woo woo« oder »chomp chomp«.

Die Graphiken des italienischen Komponisten Sylvano Bussotti enthalten konventionell notierte Notensysteme, die dann aber kreuz und quer durchs Bild laufen. Bussotti fügte seinen Graphiken allerdings noch ausführliche Anweisungen hinzu, die erklären, wie die jeweilige Graphik zu entschlüsseln sei. Nicht völlig unberechtigt wurde bisweilen eingewendet, dass man es am Ende des Entschlüsselungsprozesses doch mit einer ziemlich normal notierten Musik zu tun habe und sich die Notwendigkeit der graphischen Notation nicht wirklich erschließe.

In der Blütezeit solcher graphischen Partituren wurden zahlreiche Ausstellungen solcher Werke organisiert. John Cage und Alison Knowles veröffentlichten 1969 das Buch *Notations* mit Abbildungen solcher Partituren. Hier entstand eine echte Nähe zwischen der Musik und der bildenden Kunst.

Einen besonders schönen Sonderfall der musikalischen Graphik stellt ein Werk von Dieter Schnebel dar. Schnebel, einer der frühesten deutschen Cage-Anhänger, veröffentlichte 1969 sein Stück *MO-NO – Musik zum Lesen*. Im Buch finden sich Noten, Graphiken sowie deutsche und englische Textpassagen. Nun gibt es viele Menschen, die Partituren mit Gewinn lesen. Mit ein wenig Übung und einem guten inneren Ohr kann das ein echtes Vergnügen sein, vorausgesetzt, die Partituren sind nicht zu komplex. Das Werk entsteht dann beim Lesen im Kopf des Hörers oder der Hörerin. Doch war es einigermaßen neu, dass ein Komponist ein Werk vorlegt, das gar nicht mehr aufgeführt werden soll, sondern das sich nur noch in der inneren Vorstellung des Lesers entfaltet.

2011 führte das berühmte Outdoor-Festival für Neue Musik in Rümlingen in der Schweiz diese Tradition fort. Man bat Komponierende, »Klangimaginationen« für bestimmte Orte zu verfassen. Der Hörer sollte dann mit diesen Texten in der Hand durch die Landschaft wandern und an bestimmten Orten innehalten, um die Imaginationsanweisungen umzusetzen. Manche Anweisungen waren eher zurückhaltender Natur, bestanden etwa lediglich in der Aufforderung, stehen zu bleiben und der Umgebung zu lauschen. Andere hatten fast schon Befehlscharakter und stellten ziemlich konkrete Forderungen an die Zuhörenden, etwa die, sich des Summens der Reaktoren eines mehrere Kilometer entfernten Atomkraftwerks bewusst zu werden.

Mit der Unbestimmtheit geriet auch wie bereits angedeutet das Verhältnis zwischen Komponisten und ihren Interpreten in den Fokus ästhetischer Debatten. Früher war man davon ausgegangen, dass der Interpret der Erfüllungsgehilfe des Komponisten sei, indem er dessen Willen so gut wie möglich umsetze. Durch die offenen Notationsverfahren kam dem Interpreten nun eine deutlich gewichtigere Rolle bei der Aufführung zu. Der Komponist trat einen Teil seiner künstlerischen Verantwortung ab. Eine Partitur war zuvor gewissermaßen immer im Imperativ verfasst: Spiele dies! Spiele das! Jetzt schienen die Komponierenden im Konjunktiv zu schreiben. Das setzte mündige Musiker und Musikerinnen voraus, die bereit waren, diese Verantwortung auch anzunehmen. Zum Kreis der New Yorker Komponisten gehörte z. B. der Pianist und Komponist David Tudor, ohne den viele wichtige Werke nie das Licht der Welt erblickt hätten.

In den 1950er Jahren wurde vielfach mit offenen Formen experimentiert. Zwei berühmte Beispiele sind die »Dritte Klaviersonate« von Pierre Boulez, bei der die Reihenfolge, in der die einzelnen Sätze erklingen, nicht festgelegt ist, sowie das »Klavierstück XI« von Karlheinz Stockhausen, das einzelne Takte über ein großes Blatt verteilt. Stockhausens Interpret soll seinen Blick absichtslos über das Blatt schweifen lassen und aus dieser Absichtslosigkeit heraus eine Stelle auswählen und spielen. Dieses Prinzip wiederholt der Interpret so lange, bis er eine Stelle zum zweiten Mal spielt. Dann ist die Aufführung beendet. Solche Formen, in denen der Zufall eine Rolle spielte, nennt man »aleatorisch« (abgeleitet vom lateinischen Wort für Würfel: *alea*).

Doch welche Konsequenzen hat das für das Hörerlebnis? In jenen Fällen, in denen das musikalische Material vorgegeben ist und nur noch geordnet werden muss, Werke wie die genannte Klaviersonate von Boulez, lässt sich kaum ein Unterschied zur konventionell ausnotierten Musik heraushören. Bei den offeneren Werken spielen viele Faktoren eine Rolle. Natürlich geht von der Graphik ein möglicher Verlauf und vielleicht sogar eine Grundstimmung aus. Doch werden auch die Persönlichkeiten der Musiker und Musikerinnen, die das Stück aufführen, wichtig. Hinzu kommt eine Vorstellung davon, wie der Komponist das Ganze vielleicht hat hören wollen. Wenn man das ensemble recherche mit verschiedenen Fassungen derselben Graphik von Haubenstock-Ramati hört, dann unterscheiden sich diese Fassungen, weil jeweils andere Töne gespielt werden. Die eigentliche Konstante des Werks bildet die Haltung beim Spielen, dass alles sehr sorgfältig und nüchtern vorgetragen wird.

Worin besteht also neben dem optischen Wert und dem neuen Komponisten-Interpreten-Verhältnis der musikalische Mehrwert dieser Musik? Einige Komponierende haben den pragmatischen Nutzen der offeneren Notationsweisen schnell erfasst. Wenn man komplexe, undurchsichtige Klangflächen erzeugen möchte, dann ist es mühsam, viele chaotische Töne zu komponieren und zu notieren. Es ist viel einfacher, eine Reihe von Noten vorzugeben und die Musiker zu bitten, wahllos und willkürlich aus der Reihe dieser Töne auszuwählen. Flirrende Komplexität lässt sich auf diese Weise leicht herstellen.

Luciano Berio und Witold Lutosławski haben solche Techniken angewendet. In Lutosławskis Orchesterstück »Jeux vénitiens« (»Venezianische Spiele«) von 1961 lässt er viele Aspekte in Bezug auf die genaue Ausführung offen. Ein Flötensolo ist vom Metrum befreit, ganze Passagen werden nicht miteinander koordiniert, so dass nicht klar ist, wann Blechbläser und wann die Streicher jeweils einsetzen sollen. Das Ergebnis ist ein freies, sich stets verschiebendes Musizieren, das aber in einem abgesteckten Rahmen stattfindet. Aus diesem Grund spricht man in solchen Fällen von »kontrollierter Aleatorik«.

Ein ähnliches Verfahren verwendete wenige Jahre später Lutosławskis Landsmann Krzysztof Penderecki in seiner *Lukas-Passion.* Hier werden fast alle verfügbaren Techniken von der Klangflächenkomposition über die Reihentechnik bis hin zur Aleatorik eingesetzt, um das Leiden Christi in eine bildermächtige Sprache zu fassen.

Ebenfalls Anfang der 1960er Jahre komponierte Michael von Biel ein Streichquartett, bei dem die Musiker konsequent mit hohem Bogendruck hinter dem Steg spielen sollen. Das Ergebnis ist eine ins Mark schneidende Geräuschmusik, die wie arretiert und eingesperrt wirkt. Biel erfand hierzu eine neue Notation, indem er Bewegungen der Geigenbögen und nicht klingende Ergebnisse notierte, die sich wohl auch schlecht als Notenköpfe hätten darstellen lassen.

In den 1980er Jahren erlosch das Interesse an musikalischen Graphiken und innovativen Notationsformen. Die meisten Komponierenden fanden zu einem pragmatischen Umgang mit der Notenschrift zurück und verwendeten diejenige Form, die am leichtesten zum gewünschten Ergebnis führte.

Dennoch entstanden und entstehen bis heute noch musikalische Graphiken. Gerhard Stäblers Stück »Hart auf Hart« von 1986 ist eine Collage aus Barcodes, wie man sie von Waren aus dem Supermarkt kennt. Zwar kann man versuchen, die Striche der Codes wie Akkorde oder Tonverläufe zu lesen, doch wird man sich als Interpret auch mit dem ursprünglichen Zeichenwert der Barcodes als Zeichen des Konsums auseinandersetzen müssen.

Andere Komponierende wählen Formen der graphischen Notation, weil sie eher ihrem Kompositionsverständnis entsprechen. Als Mica Levi, die für ihre Pop- und Filmmusik bekannt geworden war, ein Konzertstück für Orchester schrieb, fertigte sie Blätter mit graphischen Symbolen und der lakonischen Spielanweisung an, man möge das Stück einmal schnell und leise, ein andermal laut und langsam vortragen. Außerdem gab sie die Anweisung, die Schlagzeuger mögen in dem Rhythmus trommeln, in dem sie die Ziffern einer Telefonnummer aufsagen würden.

Auch Musiker und Musikerinnen, die im Jazz sozialisiert wurden, arbeiten mit graphischen Partituren wie etwa die Jazzsaxophonistin und Sängerin Matana Roberts. Sie schafft besonders vielschichtige Graphiken, die Jahreszahlen, Schwarzweißfotografien schwarzer US-Amerikaner, leere Fünf-Linie-Systeme, Buchstabenpuzzle oder Schnipsel älterer Musikstücke mit mit wüstem Strich gemalten Farbverläufen verbinden.

Auch Textpartituren, also verbale Anweisungen an die Musiker, bieten eine gute Möglichkeit, Musik aufzuschreiben. Textpartituren sind auch deshalb beliebt, weil zu ihrer Umsetzung keine musikalische Vorbildung notwendig ist. Man muss keine Noten lesen können. Und dies gilt sowohl für den Urheber als auch für die Ausführenden. Ein Sonderfall ist die Audiopartitur, eine Spielanweisung, die der Interpret anhören muss. Oft erklärt der Komponist dann auf einer Aufnahme, was zu spielen ist, und gibt Beispiele vor, an denen sich der Musiker dann orientieren kann.

Ein weiterer Sonderfall ist John Zorns Spielstück »Cobra«, das 1984 erstmals aufgeführt wurde. Es handelt sich um ein »Spielstück«, weil es wie ein Gesellschaftsspiel aufgebaut ist, also aus Karten mit Handlungsanweisungen und Regeln, die die Musiker befolgen sollen. Den Spielführer nennt Zorn »Prompter« (»Souffleur«). Meist leitete Zorn das Spiel selbst. Der Prompter hält Karten mit Anweisungen hoch. Die Karte mit der Anweisung »XP« bedeutet zum Beispiel, dass alle Musiker, die spielen, mit ihrem Spiel aufhören, und alle, die nicht spielen, mit ihrem Spiel anfangen mögen. Andere Karten fordern Musiker auf, das, was sie hören, zu imitieren. Die Musiker können auch eigene Wünsche äußern oder sich zu einer Guerrilla-Einheit zusammenschließen und die Regeln sabotieren. Im Konzertsaal ist Zorns *Cobra* eine ziemlich wilde Angelegenheit, erst recht dann, wenn im Ensemble Musiker aus der New Yorker Free Jazz- und Improvisationsszene versammelt sind. Natürlich ist im Free Jazz das Unbestimmte ohnehin angelegt; Zorn arbeitet also weniger mit dem Unbestimmten, als vielmehr mit dem Gelenkten. Oder anders ausgedrückt: »Cobra« nähert sich dem Ungefähren in der Musik von der entgegengesetzten Seite wie einst Morton Feldman als eine weitere Form von Unbestimmtheit in der Neuen Musik.

8
Parlando – Sprache, Stimme und Gesang

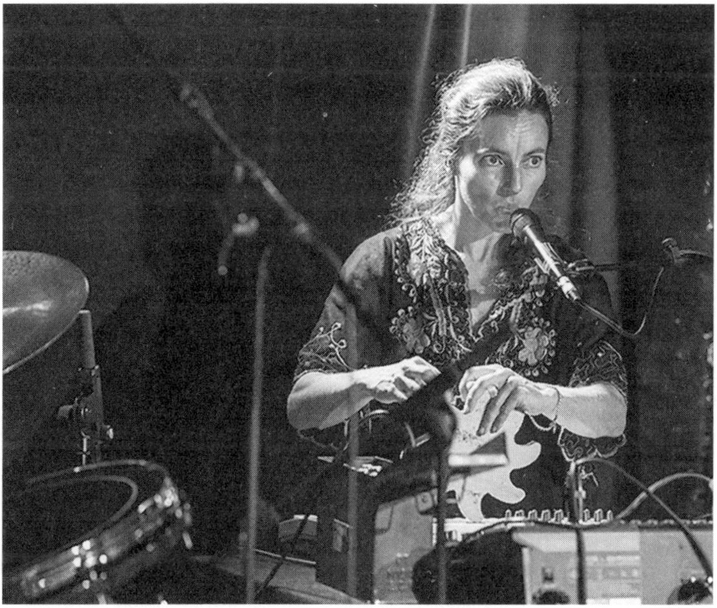

Ist Musik eine Sprache? Ja und nein. Sie ist sprachähnlich, denn Musik stellt eine Möglichkeit dar, sich auszudrücken, etwas mitzuteilen, Klang sinnstiftend zu ordnen. Aber sie ist sprachfern, weil sie meist nicht über eine klare Semantik verfügt, die dem Gehörten eine mehr oder weniger eindeutige Bedeutung zuweist. Musik kann nicht sagen: »Ich habe ein Loch im Strumpf.«

Doch kann Musik natürlich etwas mitteilen. Es mag vielleicht wie ein Allgemeinplatz klingen, dass sich etwas mit Worten nicht ausdrücken lässt. Ludwig Wittgensteins zu Tode gerittener Satz am Ende seines *Tractatus logico-philosophicus* wird in solchen Situationen gerne angeführt: »Wovon man nicht sprechen kann, darüber muss man schweigen«.

Ein solcher Satz fordert Komponierende natürlich heraus, denn worüber man nicht sprechen kann, darüber kann man vielleicht Musik machen. Und vielleicht beginnt ja Musik dort, wo uns die Sprache versagt.

Ein Beispiel: Die Spanierin Elena Mendoza komponierte 2009 unter Bezugnahme auf Wittgenstein das Stück »Gramática de lo indecible« (»Grammatik des Unsagbaren«). In diesem Stück wird auch gesprochen. Die Musiker flüstern am Ende ein Wittgenstein-Zitat in ihre Instrumente: »Das Unaussprechbare (das, was mir geheimnisvoll erscheint und ich nicht auszusprechen vermag) gibt vielleicht den Hintergrund, auf dem das, was ich aussprechen konnte, Bedeutung bekommt.«

Doch geht es in dem Werk eigentlich darum, wie sich akustische Elemente in einen sinnvollen Zusammenhang setzen lassen, wie also Grammatik überhaupt entsteht. Wittgenstein betrachtet in seinem Spätwerk, den *Philosophischen Untersuchungen*, die Grammatik als etwas Bewegliches, Spielerisches, Freies und eben nicht als festes Regelwerk.

Auch das spielt in dieser Musik eine Rolle. Doch noch wichtiger ist, dass Mendoza in diesem kurzen Stück Kammermusik so etwas wie der Entwurf dessen, wie Sprache entsteht, gelingt. Sprache wird hier nicht vertont oder imitiert. Sie wird ge- oder besser noch: erfunden.

Natürlich haben bereits vor Mendoza andere Komponisten und Komponistinnen musikalisch nachempfunden, wie eine Sprache entsteht, wie sie Form annimmt. In ihrem Stück »Le silence – Tystnaden« verarbeitet Isabel Mundry eine biographische Erfahrung, nämlich das Erlernen einer Sprache: »Es war für mich, als ich nach Paris ging, ein wesentliches Erlebnis, zu sehen, wie aus Vokabeln Worte, aus Grammatik komplexe Sätze, wie aus der Sprache Rede wird.« Ähnlich wie bei Mendozas Werk handelt es sich bei Mundrys »Le silence« um ein kurzes Stück Kammermusik. Sie verweist mit ihrem Stück auf den Film *Tystnaden* (*Das Schweigen*) von Ingmar Bergman, in dem ein Kind schweigend ein fremdes Land erlebt. Das Kind ist der dort gesprochenen Sprache nicht mächtig, also sprachlos. Und das ist etwas, das Film und Musik vielleicht besser als Sprache darstellen können.

Einer der schönsten Versuche, durch Musik zur Sprache zu finden, komponierte die russische Komponistin Sofia Gubaidulina. Sie gehört zusammen mit Alfred Schnittke, Edisson Denissow und Galina Ustwolskaja der Generation russischer Komponisten und Komponistinnen nach Dmitri Schostakowitsch an. Möglicherweise hat sie Repräsentativeres und Epochaleres als die beiden *Detto* betitelten Werke geschrieben. Und doch zeigt sich in »Detto II« für Cello und Ensemble von 1972 die ganze Größe Gubaidulinas. »Detto« ist Italienisch und bedeutet »gesagt«. Das Cello sucht im Verlaufe des Stücks eine Sprache, eine Möglichkeit, sich auszudrücken. Man kann sich kaum einen fragileren, unsichereren Anfang vorstellen. Das Cello tastet sich Ton um Ton vorwärts, das Ensemble verhöhnt das Solo mehr, als dass es es stützt oder als Fundament begleitet. Mit großer Ruhe führt Gubaidulina den Solisten aus dieser anfänglichen Unsicherheit auf einen dramatischen Höhepunkt zu und dann zu einem kontemplativen Schluss. Dabei nutzt sie Klänge, die der menschlichen Sprache ähnlich sind: schleifende Glissandobewegungen, zwitschernde Flageoletts, hämische Rhythmen. All das gleicht aktivem Sprechen, gleicht einer Sprachmelodie. Im Laufe von »Detto II« findet das Cello seinen eigenen Ausdruck und somit zu sich selbst.

Viele Jahre später verfolgte Enno Poppe einen ähnlichen Plan. Er entwickelte Sprache beinahe systematisch. Mit prägnanten Figuren, verschiedenen Formen des Vibratos und kurzen Glissandi hat er viele Werke mit deutlichem Sprachcharakter komponiert und nutzt für diese Werke meist Streichinstrumente, wie etwa in seinem Viola-Konzert »Filz« von 2015.

Mendoza, Mundry, Gubaidulina und Poppe versuchen also jeweils, sich mit Mitteln der Instrumentalmusik der Sprache anzunähern. Aber Sprache in der Musik – das ist natürlich vor allem Stimme und Gesang.

Der Entertainer und Schriftsteller Hape Kerkeling hat hierzu einen wichtigen Beitrag geleistet. Sein Sketch »Hurz!« wurde für die zeitgenössische Vokalmusik eine Art von Gradmesser. Kerkeling spielt darin den polnischen Tenor Mirosław Lem, der das gleichnamige Lied vorträgt. Er singt: »Der Wolf! Das Lamm! Auf der grünen Wiese! Das Lamm schreit Hurz.« – eine gelungene Parodie auf die Neue Musik, und die anschließende Diskussion mit einem ratlosen Publikum ist nicht weniger lustig.

Nun könnte man leicht nachweisen, dass dieses Stück keine ernstzunehmende Komposition und somit musikalisch nicht satisfaktionsfähig ist. Doch wurde »Hurz!« im Kontext der Neuen Musik zu einer eigenen Kategorie in der Bewertung der Qualität von Kompositionen. Bei neuen Werken für Stimme ist der Hurz-Faktor manchmal recht hoch. In der Vokalmusik haben sich (ähnlich wie in der Instrumentalmusik und der elektronischen Musik auch) Klischees herausgebildet, die kompositorisch immer wieder zu überwinden nicht leichtfällt. Das sind z. B. oft künstlich wirkende Plosive wie ein überbetontes, fast gespucktes »P« oder »T«, Frikative oder Zischlaute. Sänger schlagen sich auf die hohlen Wangen oder lassen ihre Lippen mit den Fingern ploppen. Hinzu kommt, dass Musik durch den Einsatz von Stimme und Sprache oft emotionaler, ungeschützter – und somit auch angreifbarer wird.

Wie hat sich die Neue Musik also der Sprache genähert? Zunächst einmal wurde Sprache zu musikalischem Material, indem man sie auf die akustischen Einheiten, auf die Phoneme herunterbrach.

Solches geschah zuerst in der seriellen Musik der 1950er Jahre. Luigi Nono behandelte einen Text, den er vertonte, genau auf diese Weise: Er zerlegte den Text in einzelne Laute, pulverisierte ihn geradezu, ohne dabei Rücksicht auf Bedeutung und Zusammenhänge in der Sprache zu nehmen. Karlheinz Stockhausen lobte das Werk und stellte fest, Nono habe der Sprache ihre Bedeutung ausgetrieben – eine nicht ganz unproblematische Feststellung, weil Nono in dem Stück »Il canto sospeso« (»Der unterbrochene Gesang«) Texte von zum Tode verurteilten Widerstandskämpfern vertont hatte. Stockhausen behauptete damit also letztlich auch, Nono habe das Unheil aus den Texten herauskomponiert – und dagegen wehrte sich der Komponist. Die Musik und die vertonte Sprache trügen das Unheil in sich; man könne es nicht in Klang auflösen.

Die Sprachbehandlung der Neuen Musik lässt sich immer auf diese Spannungen zwischen Sprache als Klangmaterial und Sprache als Bedeutungsträger zurückführen. Beides schließt einander nicht aus, ihr Verhältnis zueinander lässt jedoch sich immer wieder neu gewichten. Der Komponist kann z. B. so mit Sprache spielen, dass sie als bloße Lautfolge erscheint. Georges

Aperghis komponierte 1973 seine Szenen *Récitations* für eine schauspielende Sopranistin. Im Stück werden Elemente und einzelne Wörter des Französischen in vielen Wiederholungen, Betonungsverschiebungen und Erweiterungen nebeneinandergestellt. Es ergeben sich hinreißende, witzige, manchmal auch verstörende oder traurige Szenen, in denen aus den wortähnlichen Gebilden so etwas wie kleine Erzählungen werden.

Aperghis, in Griechenland geboren und 1963 nach Paris ausgewandert, hat diese Technik später auch in großen Musiktheaterwerken angewandt. Er arbeitete dabei gelegentlich mit Laiendarstellern aus den Vororten von Paris und professionellen Sängern und Schauspielern zusammen. In den »Machinations« von 2001 spielen vier Sängerinnen mit einfachen Materialien: Blätter und Steine, einfache Laute, wütendes Schreien. Dieser Welt des Einfachen und Ursprünglichen steht ein Computer gegenüber, der diese ursprünglichen Materialien verwandelt und komplexisiert. »Machinations« wird damit zu einem Stück Kulturkritik, das aber niemals moralisierend, sondern immer erhellend, entlarvend und manchmal auch ein wenig sentimental daherkommt.

Ähnliches gelang Luciano Berio 1975 mit seinem Stück »A-Ronne« für acht Sänger: Der Text, der so viel wie »von A bis Z« bedeutet, stammt von dem italienischen Schriftsteller und Lyriker Edoardo Sanguineti. Es geht um Anfänge und Enden und um das, was zwischen diesen beiden Punkten liegt. Ähnlich wie bei Aperghis mischt sich in Berios Stück reale Sprache mit Phantasiesprachen. Er verwendet als Ausgangspunkt viele verschiedene Sprachen, deren Lautvorrat er noch um lautes Aufstoßen, Schmatzen oder schmerzhaftes Wimmern erweitert. Gesungen wird in diesem Stück auch, manchmal sogar im Stile eines altertümlichen Renaissance-Madrigals. »A-Ronne« wurde gattungsprägend. Die Grundausrichtung neuer Vokalensembles wie in

London die Swingle Singers, später die Neuen Vocalsolisten Stuttgart oder Les Jeunes Solistes in Paris verdankt sich dem Geist dieses Werks, als eine eigene Form von Vokalmusik, die den geschmeidigen Ensembleklang, aber eben auch das Theater und das Experiment kennt.

Einige Komponierende haben die Stimme zu ihrem eigentlichen Erkundungsfeld gemacht, wie etwa der ungarische Komponist Péter Eötvös, der schon als Teenager bei Zoltán Kodály studierte, als junger Mann in Budapest sein Geld als Theaterpianist verdiente und 1966 schließlich nach Köln zog. Hier machte er seine erste Begegnung mit der elektronischen Musik. Als er einen Kompositionsauftrag für ein Tonbandstück erhielt, wählte er als Thema Textform, Erzählweise, Floskeln und Redewendungen des Märchens. Für seine Komposition ließ er eine ungarische Schauspielerin 100 Märchen einlesen. Diese Aufnahmen zerschnitt und sortierte er und fügte aus ihnen eine Art Metamärchen zusammen. »Mese – Märchen« fasziniert, weil man auch dann, wenn man des Ungarischen nicht mächtig ist, doch ein Gefühl dafür bekommt, was vor sich geht. Das Stück beginnt mit der Eingangsfloskel »Es war einmal …« und der erzählerischen Exposition »drei Wölfe«, »eine schöne Prinzessin, die aber keine Kinder kriegen konnte« usf. Es folgt eine dramatische Steigerung und schließlich die Schlussformel: »… dann leben sie noch heute« – alles auf Ungarisch. Natürlich hört man dem Stück an, dass es 1968 produziert wurde, denn die Studiotechnik war damals noch nicht sonderlich ausgereift. Doch wurde *Mese* zum Ausgangspunkt für Eötvös' Erkundung des Zusammenhangs zwischen Musik und Sprache. In *Now, Miss!* grundiert er einen Text von Samuel Beckett mit einfachen Klangelementen; das Ergebnis ist eine Mischung aus Theatermusik und Hörspiel. In *Snatches of a Conversation* sitzt im Orchester ein Jazzsänger, der im Stile des Scatgesangs wie der Jazztrompeter und Sänger Louis

Armstrong Silben und Sprachfloskeln in das Stück einwirft, das eigentlich ein Trompetenkonzert ist. Und dann ist da noch *IMA – Gebet* von 2002. Das Stück beschreibt, wie die Gläubigen in religiösen Ritualen sprechen, murmeln, flüstern, um sich in einen Zustand von Ekstase und Gottesnähe zu versetzen. Ist dieser Zustand erreicht, beginnen sie zu singen. Gesang wird, so Eötvös, eine höhere Form von Sprache.

Bei Eötvös richtet sich das kompositorische Kalkül nach der Sprache, in anderen Fällen wird die Sprache selbst Gegenstand des kompositorischen Kalküls. In seinem Stück »Aria« zersetzt Beat Furrer Sprache zunächst. Sprechen und Singen scheinen unmöglich. Einzelne Silben werden zusammenhanglos von einer Sopranistin in die Musik eingeflochten. Furrer hat seine Technik, mit der er Musik zerschneidet, einmal mit einem Spaziergang durch einen Wald verglichen. Man müsse sich vorstellen, dass man auf Bäume schaut, deren optisches Verhältnis zueinander sich aber beim Gehen ständig verschiebt. Er komponiere nun diese Verschiebung, aber eben auch den Moment, in dem sich, um im Bild zu bleiben, alle Bäume plötzlich in einer einzigen Perspektive zusammenfügen. In »Aria«, das auf einen Text von Günter Eich zurückgeht, geht es um eine Trennung. Es endet mit den Worten: »Deine Einsamkeit verdoppelt die meine.« Die Stimme flackert wie ein Licht im Dunkeln immer wieder auf. Wie in dem erwähnten Spaziergang verdichten sich die Ereignisse, um am Ende in diesem einen erfüllten Augenblick aufzugehen. Das sind unwiderstehliche, unfassbar körperliche Momente, mit denen Furrer vor allem in seinen Werken mit Stimme eine dramatische Wirkung entfaltet.

Der Umgang mit der Stimme ist in der klassischen Musik künstlich. Die Stimme wird trainiert und konditioniert. Man singt mit viel Brust aus dem Zwerchfell heraus. Die Töne wirken, vor allem wenn sie laut sind, doch immer auch ein wenig forciert.

Für Menschen, die keine Oper mögen, ist diese Art zu singen befremdlich.

Es erstaunt deshalb wohl auch nicht, dass sich viele Komponierende von dieser Gesangstradition lossagen. Ihnen ging es entweder darum, einen ganz neuen, weniger von den gesungenen Tönen und mehr von den Möglichkeiten des Sprechapparats ausgehenden Umgang mit der Stimme zu finden oder aber die Stimme beim Singen auf natürlichere Weise erklingen zu lassen und einen sanfteren Stimmton zu pflegen.

Robert Ashley litt unter dem Tourette-Syndrom. Das äußerte sich, wenn er manchmal unfreiwillig kurze obszöne Ausrufe von sich gab. Ashley konnte sein Tourette nicht kontrollieren, doch spürte er im Voraus, wenn das Syndrom akut zu werden drohte.

Am Mills College in Oakland, Kalifornien, hatte Ashley Zugang zu einem Aufnahmestudio. In einem Sommer Ende der 1970er Jahre, der Campus war weitgehend leer, nahm er sich in einem solchen Moment selbst auf. Er wollte versuchen, sein Tourette während der Aufnahme zu kontrollieren, was ihm zuvor nicht gelungen war. Jetzt ließ er die Worte fließen. Die Stimme ist ganz nah am Mikrophon; Ashley flüstert beinahe. Es ist eine unglaublich intime Aufnahme. Das Stück, das daraus hervorging, heißt »Automatic Writing«, wie das automatische Schreiben surrealistischer Schriftsteller, die die Wörter auch einfach fließen ließen. Ashley arbeitete die Aufnahme weiter aus, übersetzte seine Wörter ins Französische und ließ diese von seiner Frau Mimi Johnson einsprechen. Am Ende fügte er mehrere elektronische Klangschichten hinzu. »Automatic Writing« ist ein sehr berührendes Stück Musik. Die Stimmung, die Ashley erzeugt, ist einmalig. Über eine Stunde lang lebt man in diesem Klangraum, der beides ist: klaustrophobisch und tiefenentspannt.

Ashley hat viel mit seiner eigenen Stimme gearbeitet, sie stand immer im Zentrum seines musikalischen Denkens. Dabei hat er sich im Laufe der Jahre einen besonderen Vortragsstil angeeignet. Mit seiner charismatischen Stimme spricht er gekünstelt, manieriert, verführerisch, bewegt sich stets an der Grenze zum Gesang, wie etwa in seinen Fernsehopern, mit denen er die seiner Ansicht nach vom Aussterben bedrohte Gattung Oper massenmedienkompatibel wiederbeleben wollte, oder mit seinen Bühnenperformances. 2003 komponierte Ashley sein Musiktheater *Celestial Excursions*. Er erzählt unbefangen über seine Alkoholabhängigkeit, während ein Chor »The doctor said« skandiert. Es geht um Liebe, um Depressionen und Albträume. Dabei bleibt seine Musik trotz der schwerwiegenden Themen immer großzügig und weitläufig. Sie hat Zeit und scheint diese Zeit an ihre Hörer und Hörerinnen weiterzugeben. Seine Stimme ist unendlich lässig. Noch die trostlosesten Momente wirken bei Ashley versöhnlich.

Der Umgang mit der eigenen Stimme wurde in der Neuen Musik immer weiter erprobt. Vokalperformer wurde ein eigenes Berufsbild. 1973 erschien die Platte *Our Lady of Late* von Meredith Monk. Zu hören sind die Stimme von Meredith Monk und Collin Walcott, der ein Weinglas bearbeitet, indem er mit feuchtem Finger über den Glasrand streicht oder das Glas anschlägt. In einigen Stücken scheint Monk den Ton mühelos in ihrem Körper schwingen zu lassen. Sie öffnet den Mund und lässt den Klang aus sich herausströmen. In anderen Stücken wagt sie sich in die hohen Register vor und treibt die Stimmbänder an den Rand des Zerberstens. Der Atem spielt eine große Rolle, aus ihm heraus entsteht der Rhythmus. Monk zelebriert eine Kunst des Einfachen und eröffnete der Neuen Musik auf diese Weise neue Wege.

Auch Joan La Barbara hat einen sehr persönlichen, körperbetonten und ganzheitlichen Ansatz entwickelt. Stimme wird bei

Monk und bei La Barbara als etwas Natürliches verstanden. Entsprechend heißt La Barbaras erste Veröffentlichung von 1976 *Voice Is the Original Instrument* (»Stimme ist das Urinstrument«). Sie hat Schamanengesänge eingesungen, aber auch, anders als Monk, viel mit neuen Speichermedien gearbeitet. Die Vervielfältigung der eigenen Stimme per Tonband wird bei ihr exzessiv betrieben. Auf dem Album *Sound Paintings* sind dichte Drones und chaotisches Geschnatter zu hören. Der Ansatz von La Barbara ähnelt grundsätzlich gesehen demjenigen Monks, ist aber technischer und letztlich von der Artikulationsart auch vielseitiger, vielleicht sogar, so könnte man sagen: etwas avantgardistischer.

Andere Vokalperformer konzentrieren sich noch mehr auf das Experiment mit dem Sprechapparat. Der niederländische Stimmkünstler Jaap Blonk ist ein großer Virtuose dieser Schule. Bei ihm geht es darum, die unmöglichsten Klänge oft in großer Geschwindigkeit zu artikulieren. Das wirkt durchaus zirzensisch und damit auch manchmal ein wenig komisch.

Einen ganz anderen Eindruck vermitteln die *Mouth Pieces* der US-amerikanischen Künstlerin Erin Gee. Auch hier wird die gesamte Palette der mit dem Mund und der Stimme erzeugbaren Klänge ausgeschöpft, vom Singen über Pfeifen bis hin zu Geräuschklängen. Außerdem nimmt sie ihre Stimme mit einem Mikrophon ab, so dass sie verstärkt, bisweilen auch verhallt oder anderweitig moduliert erklingt. Gee geht ordnend und sorgfältig mit ihrem Material um. Ihre *Mouth Pieces* sind Kompositionen, die manchmal wie Etüden oder ein andermal, wenn sie sich zum Beispiel von einem Orchester begleiten lässt, wie Arien wirken.

Versuchen Vokalperformer also, über die Stimme zum Körper zu finden, so wurde im Bereich der elektronischen Musik versucht, die Stimme ihres Körpers zu entledigen. Stimme ohne Körper: das ist reiner Geist, pure Intelligenz, wie der Computer

HAL in Stanley Kubricks Film *2001 – A Space Odyssey*. HAL singt, während er langsam ausgeschaltet wird, das Kinderlied »Daisy Bell« (in der deutsch synchronisierten Fassung »Hänschen klein«). 1962 war es Max Mathews tatsächlich gelungen, einem Computer mit eben diesem Lied das Singen beizubringen. Insofern ist die Szene auch eine Hommage an diesen Pionier der elektronischen Musik.

1974 veröffentlichte ein anderer Pionier, Charles Dodge, eine Reihe von *Speech Songs*, in denen eine Computerstimme singt. Er verschleierte dabei die digitale Herkunft der Stimme nicht. Im Gegenteil, sie klingt wie verpixelt und verliert manchmal sogar ihren Stimmcharakter, um in eine digital glitzernde Computerästhetik abzugleiten.

Dodges Arbeiten waren letztlich nur erste Studien. Paul Lansky führte die Kunst, mit Computerstimmen Musik zu machen, später fort. Sein 1994 veröffentlichtes »Idle Chatter« (»leeres Geschwätz«) ist ein ziemlich virtuoses Stück Computermusik, das viele Klangebenen und ganz unterschiedliche Stimmcharaktere durchspielt.

Inzwischen experimentiert Holly Herndon mit einer durch KI generierten Kopie ihrer eigenen Stimme. Und Maja Solveig Kjelstrup Ratkje führt ihre Stimme und ihre elektronische Musik derart eng, dass es als Hörer nicht mehr deutlich wird, welcher Teil des Klangs körperlich-menschlich und welcher elektronisch-künstlich entstand. Dieser Identitätsverlust wirkt bei Herndon und bei Ratkje beunruhigend, aber eben musikalisch auch unglaublich vielschichtig und virtuos ausgearbeitet.

Manchmal wird auch versucht, dem Sprechen die Sprache regelrecht auszutreiben. Eine der vielleicht seltsamsten Veröffentlichungen der letzten Jahrzehnte ist Jarrod Fowlers *Translation as Rhythm* von 2006. Texte von Philosophen wie Ludwig Wittgenstein oder dem US-amerikanischen Konzeptkünstler Joseph

Kosuth werden auf ihren Sprachrhythmus hin ausgelesen. Man hört in erster Linie elektronische Impulslaute, die den Rhythmus der Texte markieren. Die Sprache wird hier zu einem knochigen Skelett, da Sprachklang, Intonation und Bedeutung aus ihr getilgt wurden.

Ein humorvolleres, aber auch ein wenig grausames Projekt ist der *Language Removal Service* des Künstlers Chris Kubick. Der schneidet aus Sprachaufnahmen berühmter Persönlichkeiten die Wörter heraus, und es bleiben Atmen, Nebengeräusche, Seufzen, Stöhnen, das Befeuchten der Lippen zurück. Die Aufnahme, die Marilyn Monroes Stimme reinigt, ist auch ohne Wörter lebendig, emotional und intim. Es ist eine Sprache ohne Wörter, ein Körper ohne Stimme, ein weiterer Versuch, die musikalischen Möglichkeiten von Sprache und Stimme auszuloten.

9
Rituale – ein Tor in andere Welten

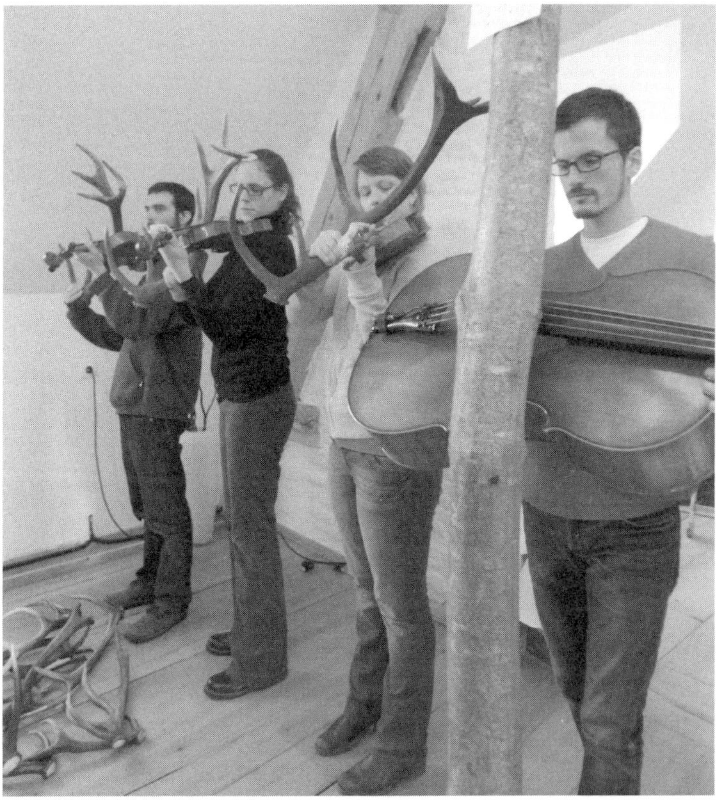

Die Frau auf der Bühne ist offensichtlich besessen. Sie spricht in Zungen. Die Worte platzen unkontrolliert aus ihr heraus. Das anfängliche Wispern und Flüstern mündet in verbale Spasmen, wie in einem epileptischen Anfall. Begleitet wird die Frau von einer Musik, die das Unheimlich-Überirdische noch verstärkt. Die Flöte verliert sich in Atemgeräuschen, die Streicher tremolieren erregt. In den langen Pausen zupfen sie leise wie ein unregelmäßig tropfender Wasserhahn, als würden sie auf eine Eingebung warten. Es ist eine beklemmende Situation, die Salvatore Sciarrino da komponiert hat. Das Stück heißt *Infinito nero* (»unendliches Schwarz«) und geht auf die um 1600 in Florenz lebende Mystikerin Maria Maddalena de' Pazzi zurück, die von Visionen heimgesucht wurde und diese schriftlich festhielt. Sciarrino hat diese Visionen vertont. Er nennt sein Stück *Infinito nero. Estasi in un atto per voce e otto strumenti* (»Unendliches Schwarz. Ekstase in einem Akt für Stimme und acht Instrumente«). Die Musik suggeriert die Ekstase, aber indem sie sie suggeriert, führt sie sie auch herbei. Die Musik öffnet einen Raum, in dem Gott erscheinen kann. Die Musik selbst wird zur Epiphanie.

Szenenwechsel: Auf der Bühne sitzt ein Schlagzeuger vor einer Holzkiste. Auch er ist offenbar besessen. Mit einem großen Hammer schlägt er auf die Holzkiste ein – hartnäckig, brutal, verzweifelt, unbeirrbar. Begleitet wird er von einem Pianisten, der ähnlich gnadenlos Akkorde ins Klavier hämmert, sowie von acht Kontrabässen, die den brutalistischen Effekt des Werks noch verstärken. Auch hier wird der Heilige Geist angerufen. Jedoch geschieht dies aus einer ganz anderen Haltung heraus. Man spürt der Musik die Verzweiflung und das Leiden an, die im christlichen Glauben stecken. Komponiert hat die Musik die russische Komponistin Galina Ustwolskaja 1973 in Petersburg. Ustwolskaja ist eine tiefgläubige Person. Das Stück trägt den Titel

»Dies irae«, also »Tag des Zorns«, und bezieht sich damit auf das Jüngste Gericht. Sie komponiere nur dann, wenn sie sich Gott nahe fühle, in einem Zustand von Anmut und Empfängnis, so Ustwolskaja. »Dies irae« ist typisch für ihr Werk. Harte, laute Akkorde dominieren. Durch die Hammerschläge wird dieser Eindruck hier noch verstärkt. Beim Hören wird man geradezu niedergerungen. Man wohnt einer Übung in Demut und Unterwerfung bei. Und auch dies könnte ein möglicher Weg zu Gott sein.

Musik hat seit jeher viel mit dem Glauben zu tun. Das liegt im westlichen Kulturkreis zum einen daran, dass Musik fester Bestandteil christlicher Zeremonien ist. Zum anderen hat es damit zu tun, dass viele Komponierende ihrerseits selbst tief gläubig sind und diesem Glauben in ihrer Musik Ausdruck verleihen wollen. Wer einmal das fast einstündige Klavieropus *Visions de l'Amen* von Olivier Messiaen gehört hat und mit ihm durch Dunkel, Leid und Zweifel gegangen ist, um am Ende das Göttliche jubilierend zu feiern, der versteht, wie tief dessen Glaube in seine Musik hineinreicht. Doch gibt es noch einen weiteren Grund, warum die Musik und der Glaube so eng miteinander verbunden sind. Anthropologen gehen davon aus, dass Musik ihren Ursprung im Ritual hat, dass also frühe Formen der musikalischen Praxis wie Gesang und Trommeln rituelle Handlungen begleitet haben. Musik wurde mithin schon früh als ein Medium verstanden, durch das man Kontakt aufnehmen kann zu einer anderen Welt, zum Jenseits, zum Übersinnlichen, zu Gott. Als Friedrich Nietzsche seine Wagner-Verehrung abgelegt hatte, spottete er über diese Nähe der Musik zum Glauben. Musiker gebärdeten sich wie Orakel, wie ein »Telephon des Jenseits« und ein »Bauchredner Gottes«.

Viele Komponisten und Komponistinnen haben an diese Kraft des Klangs geglaubt und sie bisweilen auch am eigenen

Leib erfahren. Mitte der 1940er Jahre setzte bei Giacinto Scelsi ein psychisches Leiden ein. Er führte dies darauf zurück, dass er sich während der Zeit seines Studiums in Wien zu intensiv mit Schönbergs Zwölftontechnik befasst hatte. Seine kompositorische Kraft war erloschen. Er heilte sich seinen eigenen Angaben zufolge, indem er am Klavier wieder und immer wieder eine einzige Taste anschlug und dem Ton so lange nachlauschte, bis er endgültig verklungen war. Dem Verklingen des Tones zu lauschen wurde für Scelsi zu einer meditativ-therapeutischen Praxis. Und führte nebenbei auch zu einer Erkundung des Innenlebens des Tons. Später entwickelte er eine Methode des Komponierens, die sich auf den Einzelton konzentrierte. Berühmt wurden vier kurze Orchesterstücke *Quattro pezzi su una nota sola*, also »über eine einzige Note«, von 1959, in denen der Komponist mit Klangfarben und kleinen mikrotonalen Verschiebungen experimentiert. Die vier Stücke waren für viele eine Offenbarung. Um zu komponieren, musste man offenbar nicht zwingend Strukturen aus Tonhöhen, Rhythmen usw. schaffen, sondern konnte auch einen anderen Zugang, einen anderen Maßstab, eine andere Brennschärfe wählen. Die eine Note wird bei Scelsi zu einem Mikrokosmos, an dem man jeweils Bewegung, Pulsation und Vibration beobachten kann.

Scelsi war zwar eine prominente Persönlichkeit im Rom seiner Zeit. Er kleidete sich auffällig, lud oft Gäste ein. Doch blieb er bis zu seinem Tod 1988 als Komponist im Verborgenen. Eigentlich wurde seine Musik erst seit den 1980er Jahren bekannter, und es entstand fast so etwas wie ein Kult um seine Person. Um seine Werke zu schaffen, praktizierte er eine ungewöhnliche Kompositionsmethode. Er improvisierte auf dem Klavier oder öfter noch auf einer elektronischen Orgel, der Ondiola, und nahm diese Improvisationen auf Tonband auf. Diese Tonbänder ließ er dann von einem anderen Komponisten transkribieren.

Diese Vorgehensweise löste Diskussionen aus, wer die Urheberschaft an den Werken hält. Denn der Gehilfe, der aus Tonbändern Partituren machte, hatte ja nun auch erheblichen Anteil an den Werken. Das Dilemma wurde nie recht aufgelöst.

Scelsi glaubte an die Wiedergeburt und war sich sicher, dass er in einem früheren Leben an der Aufführung der Begräbnismusik von Alexander dem Großen mitgewirkt habe. Viele seiner Werke tragen spirituell angehauchte Titel, denn der Komponist bediente sich relativ frei bei östlichen Glaubensrichtungen, vor allem beim Hinduismus und beim Buddhismus. Die Klaviersuite *Bot-Ba* evoziert Bilder tibetanischer Klöster, ihrer Rituale, Gebete und Tänze. In den *Quattro illustrazioni* vertont er die Geschichte des hinduistischen Gottes Vishnu und dessen Verwandlungen. Seinen *Incantesimi* liegen Zaubersprüche zugrunde; eine magische Musik. Scelsis Musik ist nicht immer ›eintönig‹ oder gar meditativ, sondern kann durchaus sperrig und anstrengend sein. Doch bilden Ritual und die Sehnsucht nach dem Jenseits immer das Fundament seines Komponierens.

Viele Komponistinnen und Komponisten verstanden ihre Werke als Rituale und Seancen, etwa die Spanierin Maria de Alvear, die schon fast als okkult zu bezeichnende Werke schuf, in denen es um den Kontakt zur Natur, um Heilung und den weiblichen Körper ging. Natürlich rückt solche Musik damit leicht in die Nähe von Esoterik und New Age. Entscheidend ist aber am Ende, ob die Musik als ästhetischer Entwurf besteht. Alvears Musik ist einfach, repetitiv, ruhig, und sie stellt eine eigene Stimme im Chor des Neue-Musik-Lebens dar, das doch vielfach von Männlichkeit und Ratio beherrscht ist.

Die beiden schwedischen Musiker Leif Elggren und Carl Michael von Hausswolff überzeichneten diesen esoterischen Aspekt der Neuen Musik. Sie nannten ihre Gruppe Guds Söner

(»Söhne Gottes«) und zitierten in ihren Werken den schwedischen Mystiker Emanuel Swedenborg. Ihre Klanginstallationen verstanden sie als Brücken ins Jenseits. Für die Installation *Reception* ließen sie in einer ehemaligen Fabrikhalle 32 riesige Metallplatten auf Gitarrenverstärkern vibrieren, ein ebenso monumentales wie akustisch unheimliches Unterfangen. Sollten sich tatsächlich Stimmen aus dem Jenseits zu Wort melden wollen, dann wäre dies ein würdiger Rahmen gewesen. Guds Söner verwehren sich dabei vehement dagegen, dass sie sich über Esoterik und Geisterbeschwörungen lustig machten. Es sei doch interessanter, zu glauben, dass es ein Leben nach dem Tod gibt, als davon auszugehen, dass es ein Jenseits nicht geben könne, erklärten sie im Interview.

Vielleicht gehören auch die Spektakel, die Jani Christou realisierte, hierher. Christou, der in Athen bei einem Autounfall im Alter von nur 44 Jahren starb, war ein vielseitiger Gelehrter. Er hatte u. a. bei Ludwig Wittgenstein in Cambridge und Carl Gustav Jung in Zürich studiert. Seine Werke sind oft offen und wild angelegt, mit vielen verschiedenen Elementen aus Improvisation und Komposition, Performance und Theater. In *Mysterion* vertonte er 1965 altägyptische Texte, die man für Totenrituale hält. C. G. Jungs Konzept des kollektiven Unbewussten spielt im Stück eine gewichtige Rolle. Chor und Orchester werden von verwegenen Klängen auf einem Tonband begleitet und geraten regelrecht in Ekstase, spüren dem dunklen Reich nach und ziehen das Publikum dabei mit in den Abgrund. Christou hat seine Werke vielschichtiger angelegt als Scelsi oder de Alvear. Ihm ging es auch um das Theater, die griechische Tragödie und um die traumwandlerischen Techniken der Surrealisten. Doch ist die Musik durch den Versuch, das Publikum zu vereinnahmen, eben auch so angelegt, dass sie eine außerhalb der Realität stehende Erfahrung ermöglichen soll.

Hier zeigt sich der vielleicht entscheidende Punkt, dass es nämlich möglich ist, durch Musik einen Spalt zu öffnen – einen Spalt in der Realität, einen Spalt im Bewusstsein. Musik kann dann zu einer spirituellen Erfahrung an sich werden. Wer einmal einer Performance des rumänischen Komponierendenpaares Ana-Maria Avram und Iancu Dumitrescu beigewohnt hat, der weiß, wie verführerisch solche Klangbeschwörungen sein können. Da ist natürlich auch eine ordentliche Portion Hokuspokus dabei, doch wie der Klang sich in diesen Performances ins Mystische steigert, wie sich das Übersinnliche in der Musik zu materialisieren scheint, kann einem als Hörer zumindest nicht vollkommen gleichgültig sein.

Einen Schritt weiter gehen zwei künstlerische Bewegungen, die dem Klang eine noch extremere Sonderrolle zuweisen, nämlich in Europa die Wandelweiser- und in den USA die Deep-Listening-Bewegung. Einen Schritt weiter gehen sie nicht, weil sie noch spiritueller oder religiöser sind, sondern weil sie sich noch mehr auf den Klang als solchen konzentrieren.

Das Konzept des Deep Listening wurde von der amerikanischen Komponistin Pauline Oliveros entwickelt. Alles begann damit, dass Oliveros einen unmittelbaren, ungekünstelten Zugang zum Klang suchte. Man sollte über das Ohr eins werden mit dem, was um einen herum geschieht. Sie komponierte entsprechende Klangmeditationen, zum Beispiel mit der folgenden Anweisung: »Mache nachts einen Spaziergang. Gehe so leise, dass die Sohlen deiner Füße zu Ohren werden.«

Dabei hat Oliveros die Rolle der Komponistin nie ganz aufgegeben. Studiert hatte sie in Kalifornien, wo sie am berühmten San Francisco Tape Center arbeitete und einige ziemlich erstaunliche Tonbandstücke wie etwa »Bye Bye Butterfly« von 1967 mit schwerelosen Synthesizerklängen realisierte.

Später war Oliveros vor allem als Musikerin aktiv. In ihren

Konzerten spielt und improvisiert sie lange Drones auf dem Akkordeon. Ein gutes Beispiel ist ihre 1989 erschienene CD *Deep Listening.* Man soll tief hineinhören in diese Klänge, sich in ihnen verlieren, sie mit den Umgebungsklängen verschmelzen, dabei eins werden mit seinem eigenen Körper, mit der Musik, mit seiner Umwelt. Das ist kein vorwiegend musikalisches Prinzip mehr. Oliveros agiert ganzheitlich und verbindet dabei Elemente aus Religion, Meditation und Heilpraxis. Deep Listening hat im Laufe der Jahrzehnte viele Anhänger gefunden und wurde zu einem stehenden Begriff für eine besondere meditative Praxis in der Musik.

Ähnlich und doch ganz anders versteht die Gruppe Wandelweiser ihren Ansatz. Auch für die Wandelweiser-Komponierenden ist der Klang etwas Heiliges. Aus diesem Grund ist in den Werken dieser Komponisten und Komponistinnen oft wenig bis nichts zu hören. Der Musikkritiker Alex Ross merkte einmal an, dass er, wenn er eine CD mit Wandelweiser-Musik auflege, angesichts der Ereignislosigkeit manchmal vergesse, dass überhaupt Musik läuft, um dann umso mehr zu erschrecken, wenn plötzlich doch etwas ertönt.

Ein Beispiel: Im Rahmen einer öffentlich angekündigten Performance saß Manfred Werder auf einer Parkbank im Berliner Weinbergspark. Man konnte ihm dabei zusehen, wie er wenig bis nichts tat. Werder vertritt eine auch unter Wandelweiser-Komponierenden radikale Ästhetik. Just in der Zeit, in der Werder diese Performance abhielt, hielt sich ein Trompeter im Park auf, der dort unbekümmert in aller Öffentlichkeit übte, so dass die stille Performance doch eine recht emphatisch-musikalische Seite bekam.

Das Wandelweiser'sche Denken beruht eigentlich darauf, dass erstens Stille etwas Besonderes und Hörenswertes ist, dass zweitens Klang eine Ausnahme ist und deshalb sehr behutsam und sorgfältig behandelt werden muss, und dass wir drittens schließlich über die Ästhetik der Kargheit, der Zurückhaltung, der Zurückgezogenheit auch einen anderen Zugang zu unserer eigenen Welt und zu unserer eigenen Wahrnehmung erlangen. Aus Sicht der Wandelweiser-Kunstschaffenden ist unsere Welt zu hektisch, zu laut, zu fortschritts- und leistungsorientiert – und das gilt auch für die Neue Musik.

Wandelweiser wurde 1992 von Antoine Beuger aus Amsterdam und Burkhard Schlothauer aus Berlin gegründet. Ausgangspunkt war für sie wie für viele andere auch das bereits erwähnte stille Stück von John Cage, »4'33''«, in dem nichts geschieht. Von dieser kompositorisch erzeugten Stille aus entwickeln Beuger und Schlothauer ihre Musik weiter.

Im Rahmen von Wandelweiser werden viele Positionen vertreten. Ein gemeinsames Manifest gibt es nicht. Und so ist auch ein Komponist wie Jürg Frey, der in seiner Musik der Klangfülle nicht von vornherein abgeneigt ist, auch Teil der Gruppe. Bei Frey spielt die Harmonik eine besondere Rolle. Auch in seiner Musik geschieht wenig. Aber Frey geht dennoch aktiv auf seine Hörer und Hörerinnen zu. In seinen Streichquartetten z. B. werden einzelne Akkorde nacheinander ausgestellt. Und diese einzelnen Schritte von Akkord zu Akkord ziehen einen nach und nach in ihren Bann. Es ist eine Musik, die fast zu schön ist, um wahr zu sein.

Die meisten Komponierenden, die sich mit spirituellen Themen befassen, sind nicht so weit gegangen wie de Alvear oder Guds Söner, wie Pauline Oliveros oder Manfred Werder. Den meisten Komponierenden war der Klang nicht einfach ein heiliges Medium, sondern eher ein Zwitterwesen, dem zwar auch Übersinnliches anhaften konnte, das aber immer auch reale physische Entität ist. So besteht für viele Komponisten und Komponistinnen auch kein Widerspruch darin, formale, ins Konstruktivistische gehende Verfahren anzuwenden, also Elemente von

Kalkül und Ratio walten zu lassen, und dennoch einen spirituellen Kontext herzustellen.

Einige der schönsten Werke überhaupt sind in diesem Zwischenreich von Physik und Glaube entstanden. In den Kompositionen von Jonathan Harvey fühlt man sich Gott nahe, ohne sich selbst aufgeben zu müssen. Vor allem in Harveys Chorwerken spürt man, wie der Glaube aus dem menschlichen Körper, aus der Stimme heraus einen Ausdruck findet. Das ist Musik, die über jeden Zweifel erhaben ist.

Noch intensiver erlebt man solche Eindrücke bei Mark Andre, der seinen musikalischen Fokus stark nach innen richtet. Nicht umsonst nennt er eine seiner Werkreihen *iv* (für »introvertiert«). Andre hatte bei Helmut Lachenmann in Stuttgart studiert. Er bezieht in seinen Werken auch Geräuschklänge und ungewöhnliche Spieltechniken ein und arbeitet beim Komponieren mit formalen Modellen und oft auch mit Elektronik. In vielen seiner Werke verleiht er seiner Gläubigkeit Ausdruck. In seinem Zyklus *... auf ...* geht es um die Auferstehung Christi, in *... 22, 13 ...* um die Offenbarung des Johannes. Die Musik ist leise, intim und unendlich fein. Auch ihm gelingt es, den Zuhörer beim Hören in einen anderen Zustand, in eine andere Aufmerksamkeit der Welt und sich selbst gegenüber zu versetzen. Es ist Musik voller Demut, mit dem Wunsch, das im Glauben Erlebte mitzuteilen.

Und dann sind da noch jene Komponierenden, die sich mit einem distanzierteren Blick mit dem Glauben und dem Ritual befassen. Wenn die Australierin Liza Lim sich in »Voodoo Child« mit dem Obertongesang der Mongolei und dem afrikanischen Voodoo-Kult befasst, dann ergibt sich eine Musik, die eine Studie über verschiedene kultische Ausdrucksformen, aber eben nicht selbst kultisch ist.

Oder wenn Ondřej Adámek seine Japan-Erfahrungen aufarbeitet und Meditationen und Rituale des Buddhismus und der

Naturreligion des Shintoismus in sein Komponieren einfließen lässt, dann werden religiöse Praktiken künstlerisch derart verfeinert, dass sie ihrer eigentlichen Funktion enthoben sind. Wenn Konrad Boehmer Jean Pauls *Rede des toten Christus vom Weltgebäude herab, dass kein Gott sei* wie den Soundtrack eines Horrorfilms vertont, dann hat der Diskurs, die Ratio, die Analyse, die Kritik wieder die Oberhand gewonnen, und der Spalt ins Jenseits, der sich in anderen Werken aufgetan haben mag, ist wieder verschlossen.

10
Schallplatte, Tonband, CD – mit Medien komponieren

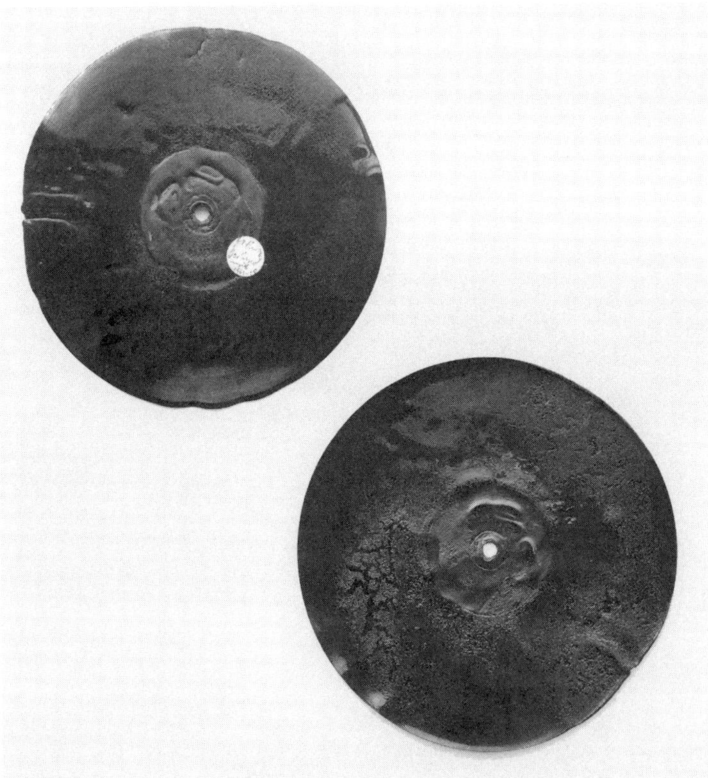

Es ist eigentlich selbstverständlich, doch sei hier sicherheitshalber noch einmal festgehalten: Die Schallplatte ist ein Speichermedium. Man nutzt sie, um Musik zu hören. Sie wurde nicht erfunden, um mit ihr Musik zu machen. Und dennoch haben Kunstschaffende und Komponierende genau das mit der Schallplatte getan. Schon 1923 begann der ungarische Maler László Moholy-Nagy wild mit Plattenspielern und Platten zu experimentieren. Er ließ in Performances verschiedene Schallplatten auf mehreren Plattenspielern gleichzeitig abspielen und manipulierte dabei die Abspielgeschwindigkeit und die Laufrichtung. László Moholy-Nagy war vom künstlerischen Potential der Schallplatte überzeugt, schrieb in seiner Abhandlung *Neue Gestaltung in der Musik* über die Möglichkeiten des Grammophons und schlug vor, aus diesem Reproduktions- ein Produktionsinstrument zu machen. Er war damit nicht allein. Auch Paul Hindemith, der neuen Medien wie Film und elektronischen Instrumenten gegenüber ohnehin immer aufgeschlossen war, schrieb 1930 die *Grammophonplatteneigenen Stücke* für Instrumente und Schallplatten, die heute aber leider verschollen sind.

Moholy-Nagy und Hindemith waren mit ihrer Schallplattenkunst nicht stilprägend. Die Schallplatte blieb auf dem Konzertpodium eine Ausnahme. Auch als John Cage ab 1939 Schallplattenspieler in seinen collageartigen Werken verwendete, schuf er noch kein eigenes Genre. Die große Zeit der Turntablisten war noch nicht gekommen. Es sollten noch einige Jahrzehnte vergehen, bis aus Schallplatte und Schallplattenspieler Instrumente eigenen Rechts wurden.

1948, ein Vierteljahrhundert nach Moholy-Nagys ersten Versuchen, ereignete sich in einem Hörspielstudio des französischen Rundfunks Richtungsweisendes. Das Tonband war noch nicht erfunden, und so mussten alle Klänge, die man für ein Hörspiel verwenden wollte, zunächst auf Schallplatte aufgenommen werden. An diesem besonderen Tag hatte ein Schauspieler einen Text aufgesagt. Der leitende Techniker Pierre Schaeffer kam ins Studio und bat darum, die Aufnahme abzuhören. Nun war dem Aufnahmetechniker ein Fehler unterlaufen, denn er hatte das letzte Wort des Textes in die Auslaufrille geschnitten, so dass dieses letzte Wort zum Schluss in einer Dauerschleife mit einem leichten, für Auslaufrillen typischen springenden Kratzgeräusch zu hören war. Der Aufnahmetechniker entschuldigte sich, sprang auf und wollte die Platte vom Teller nehmen, doch Schaeffer gebot ihm Einhalt.

Schaeffer erlebte in diesem Augenblick eine Metamorphose des Klangs. Durch die ständige, mechanische Wiederholung des gesprochenen Worts in der Auslaufrille verlor dieses Wort allmählich an Bedeutung. Je öfter das Wort wiederholt wurde, desto unwichtiger wurde seine Bedeutung und desto wichtiger wurden sein Klang und sein Rhythmus. Schaeffer hatte in diesem Augenblick entdeckt, wie man Loops erzeugen und damit Musik machen kann. Der Rest ist Geschichte. Schaeffer gründete am Pariser Rundfunk das Studio der Groupe de recherches musicales (GRM), und die Musique concrète – so der Name, den er seiner Kunstform gab – wurde zu einem neuen Paradigma der Musik.

Schaeffer selbst tauschte die Schallplatte bald gegen das Tonband ein. Andere Künstler und Künstlerinnen hingegen blieben der Vinylscheibe treu. Es entstand eine florierende Szene an Turntable-Künstlern, die das Medium Schallplatte künstlerisch nutzten.

Zu den Pionieren gehörte der tschechische Aktionskünstler Milan Knížák. Der begann 1965 damit, Schallplatten zu malträtieren. Sie wurden zerbrochen, verklebt, zerkratzt oder verbrannt. Die Bruchstücke wurden dann zu neuen Platten zusammengeklebt und holpernd abgespielt. Man darf dabei nicht vergessen, dass die Schallplatte damals ein fast schon heiliges Objekt war. Schallplatten wurden umsorgt und gehegt, damit deren empfindliche Oberfläche keinen Schaden nimmt. Das Ergebnis seiner Musik nannte Knížák *Broken Music*, und dabei handelte es sich tatsächlich um eine ziemlich kaputte Musik aus Fragmenten einer einstmals heilen Welt, um ein sentimentales Inferno.

Christian Marclay berichtet, dass das Publikum, wenn er in den 1980er Jahren auf der Bühne eine Schallplatte zerstörte, entsetzt reagierte. Die Zerstörung eines solchen kostbaren Gegenstands stellte einen Tabubruch dar. Auch Marclay hat sich als Künstler vielfach der Schallplatte gewidmet, nicht nur indem er sie öffentlich zerbrach. Er veröffentlichte Schallplattencollagen, in denen er Aufnahmen eines einzigen Komponisten überlagerte, loopte, verlangsamte und beschleunigte. Er nannte seine Stücke *Encores*, also »Zugaben«. Anders als die *Broken Music* von Knížák entsteht hier ein beinahe surreales Traumbild. Eine Landschaft aus Bruchstücken der Musik von Frédéric Chopin oder auch von John Cage zieht am Hörer vorüber. Marclay, US-Amerikaner mit Wohnsitz in der Schweiz, ist der bis heute vielleicht wichtigste Schallplattenkünstler. In einer spektakulären Performance hat er sogar mit einer Gravurmaschine gearbeitet, die live auf der Bühne Schallplatten herstellte. Eine seiner wichtigsten Arbeiten ist *Record Without a Cover* von 1985, eine Platte, die ohne Schutzhülle und Cover verkauft wird, so dass die Kratzer und Macken, die beim Handling und Transport entstehen, zu einem Teil der Schallplatte – mithin des Werkes – werden.

Im Turntablismus spielte also die Musik, die auf der Platten enthalten ist, eine Rolle. Auch wurde die sozio-kulturelle Verortung des Mediums Schallplatte als Ware und Fetisch bedeutsam. Und noch ein dritter Aspekt wurde für die Entwicklung des Turntablismus maßgeblich. Die Schallplatte und der Schallplattenspieler legen bestimmte Bewegungen nahe: die Rotation, das Auf und Ab der Nadel, man kann eine Platte zerkratzen und auf dem Plattenteller hüpfen lassen, man kann Objekte auf die Platte legen, so dass die Nadel an diesen abprallt, man kann die Abspiel-Geschwindigkeit verändern, also beschleunigen oder verlangsamen, und so das Gehörte auch in der Tonhöhe transponieren. Man kann mit der Nadel spielen, sie auf dem leeren Plattenteller laufen lassen. Man kann auch den Plattenspieler auseinandernehmen und den Laufriemen, den Motor und andere Teile zum Klingen bringen. Kurz: Im Umgang mit dem Plattenspieler hat sich eine eigene Klangsprache mit eigenem Vokabular etabliert.

Nimmt man die Techniken der DJs im Hip-Hop hinzu, kann man also von einer ziemlich ausgreifenden Auskultation des Abspielgeräts sprechen. Manche Turntablisten wie der Japaner Otomo Yoshihide treten grundsätzlich ganz ohne Schallplatten auf. Man hört bei ihm vor allem Knacks- und Rauschlaute. Einer der elegantesten Turntablisten, der beim Spielen sein Publikum tänzerisch betört, ist Erik M aus Marseille, der mit Schallplatten phantastische Klanggeschichten erzählt. Verstörend ist der Auftritt der New Yorker Künstlerin Marina Rosenfeld. Sie lässt die Nadel lautstark auf den Plattenteller fallen. Die Geste wirkt extrem aggressiv und kollidiert damit mit vorschnellen Rollenzuschreibungen, denn warum, fragt Rosenfeld, sollte sich eine Frau nicht aggressiv verhalten dürfen? Der Plattenspieler als Instrument der Emanzipation.

Auch in der auskomponierten Musik kam der Plattenspieler zu Ehren. Der österreichische Komponist Bernhard Lang, der sich neben seinem Kompositionsstudium auch mit Musik aus dem Nahen Osten, Jazz und Rockmusik befasst hatte, entdeckte irgendwann den Loop als kompositorische Instanz. Er begann, einen Zyklus zu komponieren, der ihn über Jahrzehnte hinweg beschäftigten sollte: *Differenz/Wiederholung*, kurz DW. *Diffé-*

rence et répétition (»Differenz und Wiederholung«) ist der Titel eines Buches von Gilles Deleuze. Die These des Buches lautet zusammengefasst: Es gibt keine Differenz ohne Wiederholung und keine Wiederholung ohne Differenz. Auf der Grundlage dieser phänomenologischen Beobachtung, dass die Wiederholung und die Differenz auseinander hervorgehen, komponierte Lang dann seine Musik. Zunächst arbeitete er mit einem Loop-Generator, also einer Art Live-Sampler, später dann auch mit Plattenspielern. So wurde der Plattenspieler auf dem Umweg über die Philosophie von Deleuze und die Musik von Bernhard Lang sogar zu einem Erkenntnisinstrument.

Kommen wir noch einmal auf jenen Moment im Jahre 1948 zurück, als ein Wort in der Auslaufrille der Schallplatte steckenblieb und Pierre Schaeffer den Loop entdeckte. Damals geschahen eigentlich mehrere Dinge. Neben der Entdeckung des mechanischen Loops wurde ein Klang, der nicht als Musik gedacht war (in diesem Fall das gesprochene Wort des Schauspielers), zu Musik.

Das verleitete Schaeffer dazu, sich mobile Aufnahmegeräte zu besorgen, um Geräusche des Alltags aufzunehmen: Kochtöpfe, Drehkreuze oder Lokomotiven. Diese ersten *Études* waren der Schöpfungsimpuls für ein neues musikalisches Genre: die Musique concrète – also: gegenständliche Musik. Eigentlich ist der ägyptische Komponist Halim El-Dabh Pierre Schaeffer damals zuvorgekommen. Er arbeitete in Kairo mit einem Drahttongerät, einem Vorläufer des Tonbandgeräts, mit dem er Klänge aufnahm und manipulierte. Sein erstes Stück, das »Wire Recorder Piece«, auch »The Expressions of Zaar« genannt, ein unheimliches, gespenstisches Stück Musik, entstand bereits 1944 und wurde damals in einer Kunstgalerie in Kairo aufgeführt. Man könnte also durchaus behaupten, dass El-Dabh Pierre Schaeffer zuvorkam. Nur blieb seine Erfindung vorerst folgenlos. El-Dabh wanderte später in die USA aus, wo er Komposition studierte und an verschiedenen Universitäten unterrichtete.

Schaeffer wiederum hatte sehr konkrete Vorstellungen von seiner neuen Kunst. So sollten mit den Alltagsklängen unter keine Umständen Geschichten erzählt werden. Die Klänge sollten, sei es das Wort eines Schauspielers oder das Geräusch eines Kochtopfs, im Studio zu abstrakten musikalischen Klängen werden, ähnlich wie die Klänge einer Geige oder eines Klaviers. Alles ›Anekdotische‹, wie er es nannte, war in seinem Studio streng verboten.

Im Laufe der Zeit gelang es Schaeffer, eine Reihe von ausgesprochen talentierten Komponisten um sein Studio zu scharen. Der berühmteste unter ihnen, Pierre Henry, hatte später, 1967, mit »Psyché Rock« einen psychedelischen Easy-Listening-Hit. Doch komponierte er vor allem Werke im Sinne Schaeffers mit Geräuschen des Alltags, wie, um ein Stück mit einem besonders sprechenden Titel zu nennen, die »Variations pour une porte et un soupir« (»Variationen über eine Tür und einen Seufzer«). Gegen Ende seines Lebens – Henry starb 2017 in Paris – wurde er vor allem von einer jüngeren Generation wie ein Guru gefeiert.

Weniger berühmt, aber technisch präziser und virtuoser sind die Stücke von Bernard Parmegiani. Als Komponist war Parmegiani Autodidakt. Umso beeindruckender ist es, mit welcher Souveränität er große Zyklen von fast schon philosophischen Dimensionen schuf. In seinem *De natura sonorum* (»Von der Natur der Klänge«) von 1975 entfaltet und erfüllt sich Schaeffers Idee einer Musique concrète als Ideal. Parmegiani zergliedert, analysiert und verwandelt die konkreten Klänge und führt seinen Zuhörenden vor Ohren, was er im Titel ankündigt, nämlich eine profunde Erkundung der Natur des Klangs.

Auch Iannis Xenakis, der 1947 vor der griechischen Militärdiktatur aus Athen nach Paris geflohen war, arbeitete in Schaeffers Studio. Eines der bemerkenswertesten Werke ist sein »Concret PH« von 1958. Bis heute konnte nicht geklärt werden, was den stechend-knisternden Klang, den man hört, eigentlich verursacht. Manche behaupten, es sei das Mikrophon selbst – während es verbrennt.

Auch François Bayle prägte die Musique concrète. Er folgte Schaeffer als Leiter des GRM-Studios und führte mit der akusmatischen Musik ein weiteres Konzept ein. Akusmatiker nannte man die Schüler von Pythagoras, die ihm bei seinen philosophischen Ausführungen zuhören, ihn dabei aber nicht sehen durften. Alle Erkenntnis sollte ausschließlich über das Ohr erfolgen. Pythagoras stand deshalb hinter einem Vorhang.

Bayle wollte, dass man auch beim Musikhören nicht durch visuelle Aspekte abgelenkt wird. Deshalb achtete er darauf, dass bei der Aufnahme und der Bearbeitung der Klänge ihr Ursprung nicht unmittelbar hervortritt, also keine Assoziationen und Bilder im Kopf entstehen. Ein Schleier liegt zwischen dem Klang und der Welt. Die akusmatische Musik wird grundsätzlich nur stereo produziert, also nicht in mehrere Spuren aufgeteilt. Im Konzert kommt dann das Akusmonium zum Einsatz, ein Lautsprecherorchester, auf das beide Stereospuren dann verteilt werden.

In Paris arbeiteten von Anfang an, anders z. B. als im Kölner Studio, auch Komponistinnen wie Françoise Barrière, Beatriz Ferreyra, Éliane Radigue, Elżbieta Sikora oder Annette Vande Gorne. Frauen hatten es nicht leicht. Sie bekamen seltener und kürzere Studiozeit, ihre Werke wurden weniger häufig aufgeführt. Trotzdem wurden einige dieser Komponistinnen später weltberühmt. Sikora wurde eine herausragende Figur im polnischen Musikleben, Vande Gorne gründete ihr eigenes Studio in Belgien, Éliane Radigue erfand in New York eine eigene Form des Umgangs mit dem Synthesizer.

Viele berühmte Gäste besuchten das Studio, unter diesen Karlheinz Stockhausen und Pierre Boulez, doch nicht alle waren überzeugt. Boulez beschimpfte die Musique concrète als »bricolage«, als Bastelei. Eifrig arbeiteten die elektronischen Musiker aus Köln an einem Gegenentwurf. Über einige Jahre bestand heftige Rivalität zwischen Paris und Köln, die mit einer unrühmlichen Geschichte ihren Höhepunkt fand. 1953 wurden Pierre Schaeffer und Pierre Henry zu den Donaueschinger Musiktagen eingeladen, um dort ein Werk der Musique concrète vorzustellen. Sie hatten gemeinsam *Orphée 53* komponiert. Im Konzert wurden sie vom Publikum allerdings ausgebuht und verhöhnt. Schaeffer vermutete später, dass dieser Skandal inszeniert gewesen sei. Man habe sie vorgeführt. Er nannte dieses Vorgehen die Fortsetzung des Zweiten Weltkriegs mit musikalischen Mitteln, und man sprach entsprechend auch von der »Schlacht von Donaueschingen«. Der Verdacht war wohl nicht ganz unberechtigt, zieht man in Betracht, mit welchem Eifer die Kölner Gruppe die Zukunft der Musik allein für sich reklamierte und wie argwöhnisch man auf die Pariser Schule schaute.

Und Schaeffers Verbot? Das Diktat, dass die Klänge nicht anekdotisch verwendet werden sollen, dass man keine Geschichte damit erzählen solle? Luc Ferrari setzte sich als Erster über diese Regel hinweg und zog mit einem Aufnahmegerät in die Natur hinaus, um die Welt um ihrer selbst willen aufzunehmen. »Music Promenade«, begonnen 1964, »Presque rien«, begonnen 1967, feiern den Alltag, die Natur, das Geräusch, den Lärm. Die Aufnahmen stehen ganz für sich. Man hört Verkehrslärm, eine Schafherde, eine beiläufige Unterhaltung ... In Anlehnung an den ethnologischen Begriff der Feldforschung nannte man diese Form von Aufnahmen »Field Recordings«.

Auch Field Recordings bilden heute ein eigenes Genre. Einige Kunstschaffende verwenden dabei das Mikrophon wie ein Mikroskop. Sie dringen mit ihren Ohren tief in die Dinge hinein. Wer einmal erlebt hat, wie Hanna Hartman aus einer quietschenden Diele, dem Biss in einen Apfel oder den nächtlichen Geräuschen eines Stahlwerks Musik macht, versteht, wie man mit wenigen Pinselstrichen eine ganz eigene Welt aus Klang entstehen lassen kann. Wer mit Peter Cusack durch gefährliche Orte wie durch das ausgestorbene Tschernobyl oder über brennende Ölfelder streift, der erkennt, wie suggestiv und bildhaft Klanglandschaften wirken können. Und wer mit Éric La Casa Lüftungsschächte auf ihre harmonischen Spektren hin abgehört hat, der versteht, wie viel Musik schon von sich aus in den Dingen steckt.

Das Wort, das 1948 in einer Auslaufrille feststeckte, hatte also einiges in Bewegung gesetzt und die Musik bis in die Gegenwart hinein signifikant verändert – vom Turntablismus über die Musique concrète und die akusmatische Musik bis hin zum Field Recording. Sie liefert ein Beispiel dafür, wie ein Fehler beim Umgang mit einem Speichermedium zu einem Funken werden konnte, der ein Feuer entzündete, das ganze musikalische Horizonte bis heute erleuchtet.

Neben der Schallplatte kam auch das Tonband wiederholt in Werken zum Einsatz. Doch geschah dies, vermutlich aufgrund des schlechteren Zugriffs auf den Klang selbst (auf dem Plattenteller liegen alle Töne offen vor einem bzw. man muss nicht vor- und zurückspulen) und wohl auch aus dem Grund, weil die Geräte weniger verbreitet waren, weitaus seltener. In Argentinien widmete sich seit den 1990er Jahren Anla Courtis diesem Unterfangen, im Ruhrgebiet Frank Niehusmann, der live virtuose Collagen entstehen ließ.

Als die CD ihren Siegeszug als neues Speichermedium angetreten hatte, entwickelte der japanische Performancekünstler Yasunao Tone die Idee der ›verwundeten CD‹. Er zerkratzte die

Scheiben und spielte sie im Anschluss ab, mit dem Ergebnis einer schrecklichen, von brutalen Störgeräuschen durchzogenen Musik. *Music for Wounded CD* erschien 1995 – natürlich auf CD.

Es sei noch einmal erwähnt: Die Schallplatte, das Tonband, die CD waren nie als Musikinstrument, sondern als Medium zum Speichern von Musik gedacht. Aus der Geschichte aber lernt man, dass die Musik ihre eigenen Medien immer künstlerisch-kritisch hinterfragen wird. Und dass nichts, was einen Klang hervorbringt, vor einem Komponisten sicher ist.

11
Mit reinen Tönen – elektronische Musik und Musik am Computer

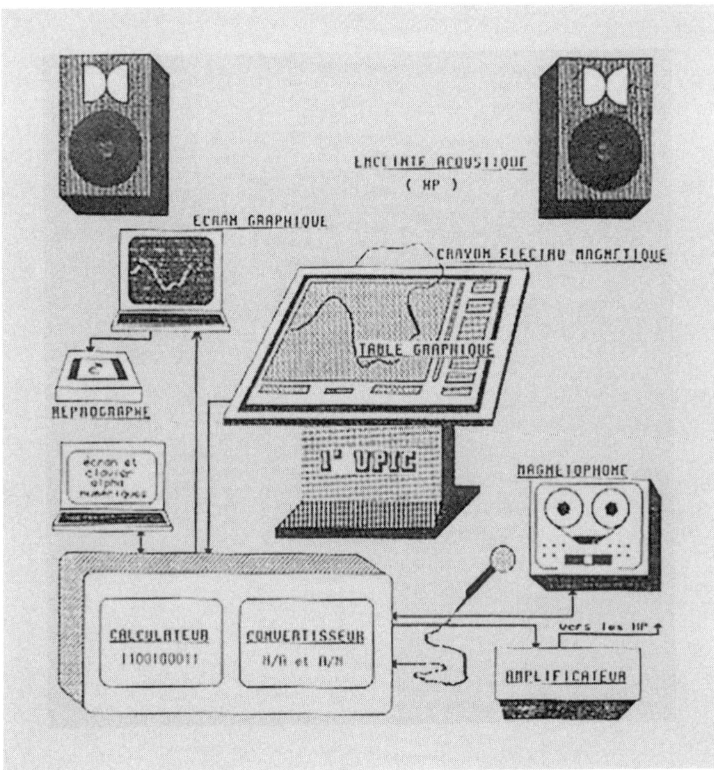

In den 1990er Jahren warb ein Schweizer Konzertveranstalter mit dem Slogan: »Stockhausen, the godfather of techno«. Das zeugt von dem leicht verzweifelt wirkenden Versuch, auch ein jüngeres, popmusikalisch sozialisiertes Publikum zum Besuch eines Neue-Musik-Konzerts zu bewegen.

Doch steckt hinter dem Slogan auch eine musikhistorische Wahrheit. Techno-Musik ist eine genuin elektronische Kunstform. Sie ist gewissermaßen die popkulturelle Erfüllung dessen, was im Laufe des 20. Jahrhunderts erst als bloße Idee formuliert und dann nach und nach durch Erfindungen und Experimente Realität wurde. Stockhausen hat zu dieser Entwicklung beigetragen, indem er als einer der Pioniere der elektronischen Musik in den 1950er Jahren deren Grundlagen geschaffen hat. Und so wurde er, auch wenn er sich gegenüber der Popmusik stets abfällig geäußert hat, zu einer Bezugsfigur für die avancierte Pop- und Clubkultur. Schon die Beatles hatten ihn schließlich auf die berühmte Fotocollage ihres *Sgt. Pepper*-Albums gesetzt.

Die ersten elektronischen Instrumente sind heute Kultgegenstände. Bereits erwähnt wurden das Theremin, das Ondes Martenot und das Trautonium (alle drei Instrumente entstanden zwischen 1920 und 1930). Olivier Messiaens Kompositionen mit dem Ondes Martenot und Hindemiths Konzertstück für das Trautonium sind Kostbarkeiten des Repertoires.

Nach dem Zweiten Weltkrieg folgten dann die ersten Experimente, zum einen im elektronischen Studio des WDR in Köln, wo man erstmals Klänge synthetisierte, zum anderen in den Bell Laboratories in New Jersey, wo man schon früh mit Computern experimentierte.

In den ersten Jahren galt die elektronische Musik als exotisches Forschungsgebiet. Ein kleiner Kreis von Eingeweihten widmete sich dieser damals von vielen als abwegig betrachteten Kunstform. Ja, man ging ideologisch und mit großem Ressentiment gegen die elektronische Musik vor. Der einflussreiche Musikwissenschaftler Friedrich Blume schrieb 1960, die Komponierenden elektronischer Musik legten »die Axt an die Wurzel einer der vollkommensten Schöpfungen Gottes«. Man erschaffe »aus den Trümmern eine Fratzenwelt«. Die elektronische Musik, schlussfolgerte Blume, sei denaturiert, und verglich sie mit der zerstörerischen Kraft der Atombombe.

Als man 1956 Stockhausens »Gesang der Jünglinge im Feuerofen« erstmals im Radio sendete, ging es einem Hörer ähnlich. Er schrieb einen Brief an den Westdeutschen Rundfunk und berichtete, er habe das Gefühl gehabt, vom Atomkrieg Verseuchte hätten zu singen versucht. Als in der folgenden Sendung Musik des Barock-Komponisten Georg Friedrich Händel erklang, habe er vor Glück Tränen der Erleichterung geweint.

Elektronische Musik aus Köln war in 1950er Jahren also eine sagenumwobene Kunstform, fast eine Geheimwissenschaft. Der junge Komponist Pierre Boulez hatte davon gehört und fuhr 1953 mit dem Filmemacher und Sounddesigner Michel Fano, der damals einen kleinen Renault besaß, und dem Komponisten Henri Pousseur, der im belgischen Eupen lebte, nach Köln. Im Nebel des Novembers, erinnerte sich Pousseur, sei man ins elektronische Studio des WDR gefahren, um sich dort von Stockhausen dessen erste elektronische *Studie* vorspielen zu lassen. Man verbrachte ein Wochenende im Studio und bei Stockhausen zu Hause, um in einer polemischen, aber freundlichen Atmosphäre miteinander Musik zu hören und zu diskutieren. Man war fasziniert von der neuartigen Musik, doch wohl auch ein bisschen enttäuscht. »Das klingt ja alles wie Vibraphon«, soll Boulez angemerkt haben. Und in der Tat: Hört man die erste *Studie* von Stockhausen und andere Stücke der ersten Jahre, dann erinnert der Klang an schwingendes Metall bzw. eben an Vibraphon oder auch an Glocken.

Die Vertreter der elektronischen Musik sind in ihren ersten Jahren ziemlich selbstbewusst und manchmal sogar ein bisschen großmäulig aufgetreten. Der Gründer des Kölner Studios Herbert Eimert und seine wichtigsten Komponisten, vor allem natürlich Stockhausen, priesen die neue Tonkunst an, als ginge es um die bemannte Raumfahrt oder die Spaltung des Atoms. Man verglich sogar die eigenen Bemühungen mit denen der Kernphysik, denn schließlich arbeite man wie die Physiker in einem Labor und dringe zur atomaren Ebene der Klänge vor.

Die elektronische Musik der ersten Stunde war hochgradig spekulativ. Um zu verstehen, was da eigentlich passierte, hilft ein kleiner Exkurs in die Mathematik. Der französische Mathematiker Joseph Fourier hatte 1822 nachgewiesen, dass sich jede Schwingung so analysieren lässt, dass man sie als eine Summe von Sinusschwingungen beschreiben kann. Das bedeutete für die Akustik, dass sich jeder Klang als eine Summe von Sinustönen darstellen lässt. Mit dieser Gewissheit im Rücken versuchte man nun, komplexe Klänge aus einzelnen Sinustönen zusammenzubauen.

Das erste Werk dieser Art stammt von Karel Goeyvaerts. 1953 hatte er in Köln seine *Compositie Nr. 5 met zuivere tonen* (»mit reinen Tönen«) realisiert, indem er mehrere Sinustöne überlagerte. Sinustöne sind elementare Schallwellen. Da sie keine Obertöne aufweisen, klingen sie besonders rein und neutral. Entsprechend steril und spröde kommt diese Musik daher. Es handelt sich bei Goeyvaerts' Stück also eher um ein Klangexperiment, eine Studie in Sinustongemischen, als um eine wirklich komplex gestaltete Komposition. Auch die *Studie I* von Stockhausen, die Boulez, Fano und Pousseur hörten, wies diesen Charakter auf.

Sprach man mit den Pionieren der elektronischen Musik über die Anfangsjahre, bekam man vor allem eines zu hören: wie mühselig und kompliziert die Herstellung von Klängen gewesen ist. Um aus einzelnen Sinustönen einen wirklich interessanten, komplexen Klang herzustellen, hätte man Dutzende oder gar Hunderte solcher Einzeltöne übereinanderschichten müssen. Da aber mit jedem Kopiervorgang auch das Rauschen des Tonbands mitkopiert wurde, verhinderten die Stör- und Nebengeräusche auf dem Band schon nach wenigen Kopiervorgängen die weitere Ausarbeitung der Klänge. Immerhin war es möglich, ungewöhnliche Mischklänge herzustellen, mit künstlichen Obertonverhältnissen – Klänge, die an Glocken oder Metallplatten erinnerten.

Für die Sinustöne selbst benötigte man damals Geräte aus der Rundfunktechnik. Ein sogenannter Schwebungssummer, mit dem man in der Messtechnik nachts die Sender kalibrierte, diente als Sinustongenerator. Auch lieh man sich aus den Beständen des Rundfunks Verstärker, Mischpulte und Bandmaschinen aus. Der Medientheoretiker Friedrich Kittler mutmaßte, dass die Apparate im Kölner Rundfunk der 1950er Jahre noch aus Beständen des Militärs aus dem Zweiten Weltkrieg stammten. Seine etwas steile, aber doch auch interessante These lautet: Unterhaltungsmusik ist Missbrauch von Heeresgerät. Tatsächlich, so berichtete später Gottfried Michael Koenig, sei eines der beiden elektronischen Studios beim WDR in Köln ein Notfallstudio des US-Militärs gewesen. Einmal im Jahr kam ein NATO-General zu Besuch, um den Zustand des Studios zu begutachten und freundlich zu nicken. Im Anschluss konnte das kleine Studio im Keller wieder seiner uneigentlichen Bestimmung zugeführt werden.

Ausgerechnet dieser Kellerraum wurde für seine ausschweifenden Treffen unter Komponisten, Künstlerinnen, Literaten, Philosophinnen und Architekten berühmt. Jeden Freitagnachmittag traf man sich hier, um über Kunst und Politik zu diskutieren, um Musik zu hören, zu rauchen und zu trinken – in einer Mischung aus Florentiner Camerata und Pariser Bohème, wie ein Teilnehmer diese Treffen später charakterisierte. Bei aller Exklusivität war die elektronische Musik also auch eine soziale Einrichtung.

Auf die Phase der reinen Sinustonkompositionen folgte bald eine Phase, in der die Möglichkeiten erweitert wurden. Man reicherte die Klänge an, indem man sie etwa mit Hallgeräten bearbeitete, benutzte andere Wellenformen als den Sinus, zum Beispiel Rechteck- und Sägezahnwellen, also Töne mit mehr Obertongehalt, und verwendete Knackimpulse und gefiltertes Rauschen.

Zwei Werke markieren 1956 die Wende von der Pionierzeit zur musikalischen Reife: der »Gesang der Jünglinge im Feuerofen« von Karlheinz Stockhausen und die »Klangfiguren II« von Gottfried Michael Koenig.

Das erste Stück lebt vor allem von seiner religiösen Hingabe. Die biblische Geschichte der Jünglinge im Feuerofen stammt aus dem alttestamentarischen Buch des Propheten Daniel. Durch die Knabenstimme, die Stockhausen im Studio aufgenommen und elektronisch manipuliert hatte, wirkt die Musik noch reiner und engelsgleich. Der »Gesang der Jünglinge« wurde zu einem Manifest des Kölner Studios.

Koenigs »Klangfiguren II« sind anders, denn Koenig arbeitete nicht nur als Komponist im Studio, sondern assistierte auch den dort arbeitenden Kollegen, neben Stockhausen auch Henri Pousseur, Franco Evangelisti oder György Ligeti. Seine daraus resultierende Beherrschung der Maschinen hört man den »Klangfiguren II« an, die zu den virtuosesten Werken der frühen elektronischen Musik gehören. Obschon das Stück streng einem komplexen Algorithmus folgend realisiert wurde, eröffnet es unglaubliche poetische Klangräume.

Ihren eigentlichen Durchbruch erlebte die elektronische Musik dann jedoch in einem anderen Bereich, nämlich in der Popmusik. Nachdem Robert Moog 1964 einen markttauglichen Synthesizer entwickelt hatte, wurde der bald von Bands wie The Doors, The Monkees, The Byrds und The Beatles benutzt. Auf den Moog folgten weitere, teils komplexere und klanglich feinere Synthesizer, vor allem die Geräte von ARP, Oberheim und EMS. In der Popmusik fassten die Geräte schnell Fuß. Pink Floyd, Human League und Kraftwerk wären ohne diese neuen Ausdrucksmöglichkeiten nicht denkbar. Folgerichtig entstand eine eigene Kultur des Synthesizer-Pops, die dann mit Tangerine Dream, Klaus Schulze, Jean-Michel Jarre und Vangelis ihren ersten Höhepunkt erlebte. 1967 erfand John Chowning an der Stanford University mit der FM-Synthese ein neues Verfahren, das Yamaha 1983 mit dem Synthesizer DX7 umsetzte. Von den weichen analogen Sounds der 1970er Jahre bot der DX7 jetzt eine digitale, kantigere und schärfere Klanglichkeit, die die 1980er Jahre prägten und auch in der Musik von Michael Jackson oder Whitney Houston Verwendung fand.

Später folgten noch zwei weitere signifikante Erfindungen, nämlich der Sampler, der Mitte der 1980er auf den Markt kam, und der Sequenzer, mit dem sich einzelne Tonsequenzen steuern, loopen oder überlagern lassen. Im Prinzip waren damit die wichtigsten Schritte in der Entwicklung der elektronischen Musik abgeschlossen.

Und die Neue Musik? Sie schlug im Bereich der Elektronik einen Sonderweg ein. Im Zentrum stand der technische Fortschritt, die Idee, dass man neue Wege beschreitet. Das bedeutete auch, dass man in der Regel keine Geräte oder Programme der Musikindustrie verwendete.

Entsprechend wirkte die elektronische Musik auch etwas akademisch. Technische Überlegungen waren manchmal wichtiger als musikalische Fragestellungen. Und da man oft mit noch unerprobten Verfahren arbeitete, hatten viele Werke Studiencharakter. Zudem waren Konzerte mit elektronischer Musik aus einem einfachen Grunde nicht sonderlich beliebt, weil es auf den Konzerten nämlich wenig bis nichts zu sehen gab. Und da man oft besondere Geräte oder komplizierte Lautsprecher-Aufbauten benötigte, waren sie auch schwer umzusetzen.

Aus diesen Gründen wurden einige interessante Werke der Neuen Musik nur wenig bekannt. Von Arbeiten aus den späten 1950er und frühen 1960er Jahren geht häufig ein gewisser retrofuturistischer Charme aus. Im elektronischen Studio der Firma Philips in Eindhoven produzierte Dick Raaijmakers verspielte Musik mit Science-Fiction-Charme. Tod Dockstader zeichnete und produzierte Sounds für Cartoons in Hollywood, bevor er mit der Produktion autonomer elektronischer Musik begann. Dabei kombinierte er Techniken der elektronischen Musik mit der Idee der Musique concrète und schuf abstrakte Miniaturen mit einem ganz besonderen Glanz. Sein Erstlingswerk, *Eight Electronic Pieces* von 1960, machte ihn auch als Komponist bekannt, und Federico Fellini verwendete die Musik in seinem Film *Satyricon*.

Nicht alle Erfindungen im Bereich der elektronischen Musik setzten sich auch tatsächlich durch. So hatten Ingenieure bei Siemens in München ein System entwickelt, mit dem man die Eigenschaften eines Klangs auf Lochkarten speichern konnte. Die Lochkarten enthielten Informationen über die Tonhöhe, die Klangfarbe, die Dauer und die Lautstärke des gewünschten Klangs. Es war einer der ersten Versuche, Klang zu digitalisieren, wie es sich Jahrzehnte später mit dem MIDI-Standard durchsetzen sollte. Führte man die Lochkarte in den Kartenleser ein, produzierte der Studiocomputer den entsprechenden Klang. Es war jedoch unfassbar mühselig, die Klänge auf diese Weise zu konfektionieren, und entsprechend entstanden in München nur wenige Werke. Immerhin kamen durchaus berühmte Komponisten vorbei, um sich diese Wundermaschine anzuschauen: neben dem Studioleiter Joseph Anton Riedl erneut Pierre Boulez, aber auch Henri Pousseur, Mauricio Kagel und John Cage. 1963 löste Siemens das Studio auf; heute kann man die Apparate noch im Deutschen Museum in München bewundern.

Iannis Xenakis entwickelte seinerseits ein System, mit dem man malerische Gesten in Klang verwandeln konnte. Man sollte den Klang so komponieren können, wie ein Maler oder eine Malerin Farbe auf Leinwand aufträgt. In Paris wurde das mit solchen Apparaturen ausgerüstete Studio UPIC gegründet, das aber auch nie zu wirklichem Ruhm gelangte.

Xenakis komponierte außerdem mit einem stochastischen Computerprogramm eine Reihe von Werken für Instrumente, die alle das Kürzel »ST« im Titel tragen und für die er die Notenwerte von einem Algorithmus errechnen ließ. Das ist Musik, die dafür, dass sie von einem Computer komponiert wurde, überraschend rau und kraftvoll daherkommt. Doch obwohl Computeralgorithmen bis heute beim Komponieren eine gewisse Rolle spielen, gelang es Xenakis auch mit seinen ST-Werken nicht, eine eigene Praxis ins Leben zu rufen.

Um 1960 herum fand das Kölner Modell viele Nachahmer. Es wurden zahlreiche Studios für elektronische Musik gründet, wie etwa beim italienischen Rundfunk in Mailand mit Luciano Berio und Bruno Maderna als Leiter, sowie am polnischen Rundfunk in Warschau, wo später Krzysztof Penderecki und der norwegische Komponist Arne Nordheim einige bemerkenswerte Stücke realisierten. 1964 folgte Stockholm mit dem Elektronmusikstudion (EMS), das stark auf die Automatisierung und Steuerung von Prozessen setzte. Die zwei letzten großen Studiogründungen erfolgten 1970 bzw. 1977, nämlich das Experimentalstudio in Freiburg und das Institut de recherche et coordination acoustique/musique (IRCAM) in Paris. In beiden Institutionen stand die Live-Elektronik im Mittelpunkt, also Werke, in denen die Elektronik nicht auf Tonband gespeichert wird, sondern im Konzert live entsteht, oft im Zusammenspiel mit herkömmlichen Instrumenten. Für das Studio in Freiburg war der italienische Komponist Luigi Nono maßgeblich. Man hatte in Freiburg mit dem Halaphon ein Gerät entwickelt, das den Klang im Konzertsaal umherwandern lassen konnte. Nono machte exzessiven Gebrauch von diesem Gerät. Sein Freiburger Meisterwerk ist die abendfüllende »Tragödie des Hörens«: *Prometeo. Tragedia dell'ascolto.*

In Paris war Pierre Boulez die treibende Kraft hinter dem Studio. Er brachte den französischen Staat dazu, neben dem Centre Pompidou ein riesiges musikalisches Forschungslabor einzurichten. Das IRCAM wurde und ist bis heute die größte und wohl auch wichtigste Produktionsstätte elektronischer Musik. Boulez selbst schuf dann jenes Werk, das, wie Wolfgang Rihm es einmal formulierte, dem IRCAM erst seinen Sinn verlieh: *Répons* für Ensemble und Elektronik entstand 1980 und demonstriert auf eindrucksvolle Weise die Möglichkeiten der Klangverwandlung, die man sich in Paris angeeignet hatte. Es wurde zur Klangsignatur einer eigenen Ästhetik. Man hört einem Werk dieser Jahre sofort an, ob es am IRCAM entstanden ist. Der Klang glitzert und ist besonders clean.

Damals waren elektronische Studios exklusive Einrichtungen. Das änderte sich, als Synthesizer markttauglich wurden. Mit Synthesizern und Studioequipment zu erschwinglicheren Preisen begann auch die Geschichte der kleinen Studios. In Köln, um nur ein Beispiel zu nennen, gründete eine kleine Gruppe um Johannes Fritsch und Peter Eötvös 1970 das Feedback-Studio – das mit dem Kauf eines kleinen EMS-Koffer-Synthesizers begann.

In San Francisco traf, wie bereits in anderem Zusammenhang erwähnt, der Geist der Hippie-Ära auf die technischen Innovationen des Silicon Valley. Irgendwann, erklärte der Komponist John Bischoff, habe man dann keine Lust mehr gehabt, sich bei großen Institutionen rare Computerzeit für kurze Nachtsitzungen zu besorgen und bürokratischen Protokollen zu folgen, um ein paar Stunden lang Musik mit einem Computer machen zu können. Als die ersten Desktop-Computer auf den Markt kamen, gründete Bischoff mit befreundeten Komponisten die League of Automatic Music Composers mit der Idee, die Computer miteinander zu vernetzen. Sie spielten live und hatten ihre Rechner so programmiert und verkabelt, dass sie Zugriff auf die Prozesse und Geräte auch der anderen Teilnehmer hatten. Die ersten Stücke der League wie »Martian Folk Music« (»marsianische Volksmusik«) wirken in der Rückschau eher niedlich. Später, als die Gruppe sich in The Hub umbenannt hatte, entstanden monumentale, in den prozessualen Verläufen fein austarierte Live-Improvisationen.

Lange glaubte man, dass der Computer alle Probleme lösen und auch Komponierenden jeden Wunsch werde erfüllen können. Er verhieß eine paradiesische Zukunft. Und das, obschon der Computer dieses Versprechen niemals einlöste. Im Gegenteil: Lange standen weder die notwendige Rechenleistung noch die geeignete Software noch die Hardware zur Verfügung, mit der man virtuos hätte komplexe Klänge herstellen und steuern können. Der kalifornische Klangkünstler Paul DeMarinis trat Ende der 1980er Jahre in Berlin auf. Sein Instrument war ein Computer. Damals wurde er aus dem Publikum gefragt, ob es anders als ironisch zu verstehen sei, dass er auf einer Büromaschine von IBM Musik mache.

Inzwischen ist Laptopmusik ein weit verbreitetes Genre, und die Frage nach der Büromaschine kommt einem heute absurd vor. Doch darf man nicht vergessen, dass der Computer nie als ein Musikinstrument gedacht war. Zwar gab es von Anfang an entsprechende Ansätze. So versuchte im berühmten Labor der Bell Telephone Company in New Jersey Max Mathews mit dem Computer Musik zu machen. Bereits 1957 gelang es ihm, eine 17 Sekunden lange Sequenz mit einem Computer abzuspielen. Aber Bell war eine Ausnahme, die auch verrückten Musikern Rechenzeit gewährte. Der Computermusikpionier Lejaren Hiller, der in Illinois eines der wichtigsten Studios für Computermusik ins Leben gerufen hatte, klagte noch lange darüber, dass man wie ein »Freak« behandelt wurde, wenn man sich bei den großen Mainfraimcomputern um Rechenzeit bemühte.

Für viele Musiker und Musikerinnen ist der Computer heute schlicht eine Selbstverständlichkeit. Hardware und Software ermöglichen einem den virtuosen Umgang mit Elektronik auch bei Live-Konzerten. Zunächst entstand die graphische Programmiersprache Max/MSP, die nach dem Computermusikpionier Max Mathews benannt wurde. Mit Max/MSP lassen sich so genannte Patches programmieren, die alle Steuerungselemente, ob Synthesizer oder Sequenzer, vereinen. Max/MSP hat sogar einen »hässlichen kleinen Bruder« namens Pure Data – eine Open-Source-Software, die jedem zugänglich ist und die man mit Hilfe eines kostenlosen Tutorials auch Schritt für Schritt erlernen kann. Man kann also mit Fug und Recht behaupten, dass, was einmal in den elektronischen Studios als privative Einrichtungen hinter verschlossenen Türen begann, heute ein jedermann zugängliches Produktionsverfahren geworden ist.

Im Laufe der Jahre sind immer weitere Syntheseverfahren erfunden worden, z. B. das Physical Modelling, bei dem man die akustischen Eigenschaften natürlicher Materialien digital nachbildet, oder die Granularsynthese, bei der ein Klang in seine kleinsten Bestandteile zerlegt und dann aus diesen Bestandteilen neu zusammengesetzt wird. Beide sind heute geläufige Verfahren zur Klangerzeugung, die aber eher sporadisch zum Einsatz kommen. Auch lassen sich die altertümlichen Modularsynthesizer mit ihren Steckfeldern und Potentiometern als Software-Emulation am Computer gut nachahmen.

Und trotzdem ist es dem Computer nicht gelungen, den analogen Synthesizer zu ersetzen. Das alte Gerät wurde zu einem Kultobjekt. Die serbische Komponistin Svetlana Maraš spielte ihr *Radio Concert No. 2* 2021 im Studio des Belgrader Rundfunks auf einem alten EMS 100, einem monströsen Synthesizer, der ursprünglich in Zusammenarbeit mit Stockhausen entwickelt wurde und auf dem dieser sein Stück *Sirius* realisiert hatte. Man spürt die haptische Unmittelbarkeit, die von dem alten Instrument ausgeht, und die Wärme des analogen Klangs, die einer solchen Performance eine eigene Aura verleihen.

Ganz anders erging es Kirsten Reese, die 2014 für einen Vorläufer des Samplers, den Fairlight-Computer, komponierte. Grüne digitale Buchstaben auf schwarzem Bildschirm, lange Pausen zwischen den Sätzen, wenn die Diskette gewechselt und die neue erst geladen werden muss, stellen eher den Widerstand, den die Apparate der Musik seit jeher entgegenbrachten, zur Schau, als dass sie 2014 noch eine grenzenlose Zukunft verhießen. Aber wer hätte schon je behauptet, dass die Technik einem das Leben wirklich leichter macht?

12
Am Rande – Freie Improvisation, Electronica, Noise, Glitch, Hauntology, Drone, Ambient, Industrial

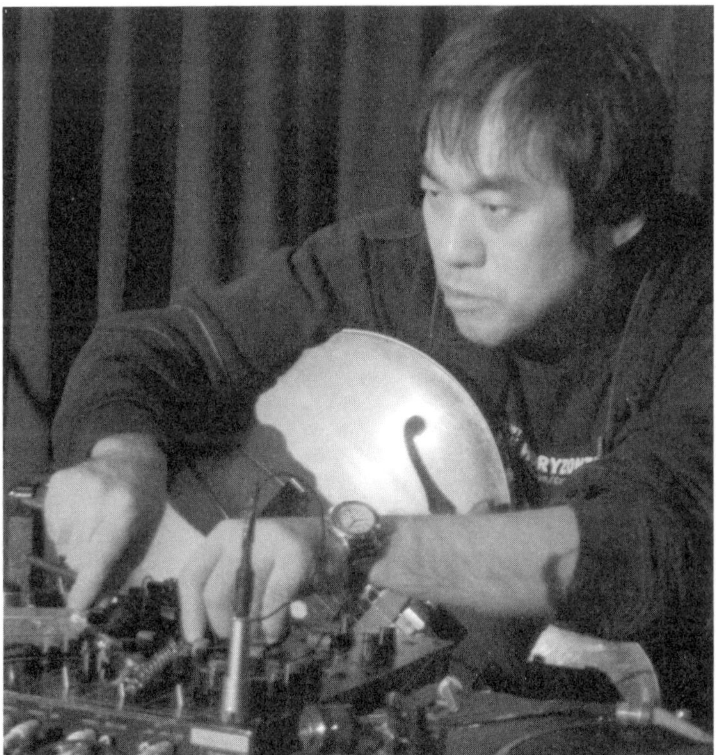

Der Club der polnischen Versager, der – selbstredend – von Polen betrieben wurde, hatte seinerzeit den schönsten Eingangsbereich aller Clubs. Man musste nämlich vom schmucklosen Ladenlokal in Berlin-Mitte durch einen Kleiderschrank klettern. Hinter dem Schrank fand sich wie in einem Märchen ein kleiner Konzertsaal. Hier fanden regelmäßig Konzerte der Freien-Improvisations-Szene statt, die in späten 1990er Jahren einer Revolution gleichkamen.

»Freie Improvisation«: Das klingt wie eine Tautologie, ist aber eine verwegene Behauptung. Denn auch in der improvisierten Musik gibt es ja Absprachen, harmonische Gerüste, Themen, Abläufe. Wer aber frei improvisiert, der entscheidet aus dem Augenblick heraus, was geschehen soll. Ende der 1990er Jahre erlebte die freie Improvisation eine besondere Blütezeit. Drei Städte standen dabei im Mittelpunkt: Berlin, Tokio und Wien. Man hat den Innovationsschub, den die Improvisationsszene in diesen Jahren in Berlin und Wien erlebte, gelegentlich auf den Mauerfall und die politische Wende in Osteuropa zurückgeführt. Grenzen und Zentren hatten sich verschoben, Offenheit und eine neue geographische Selbstverortung machten sich breit. In dieser Atmosphäre wurden auch Materialien und Formen der Musik neu sortiert.

Im Mittelpunkt stand die Fragestellung, was es bedeutet, gemeinsam Musik zu machen und dabei frei zu sein. Die Gruppenimprovisationen förderten große Achtsamkeit gegenüber den anderen. Man bemühte sich, das, was die anderen spielten, nicht zu überdecken oder gar zu sabotieren. So entwickelte sich die Musik aus einer aufmerksamen Stille heraus und entfaltete sich mit Bedacht.

Bei den Konzerten im Berlin der Jahrtausendwende wurde man Zeuge einer Musik, die sich nicht Neue Musik nannte, sich nicht zu ihr in Bezug setzte oder mit ihr konkurrierte, die aber in vielen Aspekten der Neuen Musik ähnelte, etwa in der Abwesenheit von Melodie, Takt oder Tonalität, in der Arbeit mit Geräuschklängen und einem hohen Abstraktionsgrad.

Und doch ist freie Improvisation keine Neue Musik. Sie wirkt bedingungsloser und eben auch freier als die Musik der komponierenden Kollegen. In keiner anderen Kunstform, behauptete der Gitarrist Keith Rowe einmal, werde der Raum, in dem musiziert wird, so genau wahrgenommen und erfühlt wie in der freien Improvisation. Es wäre fast so, als würde die Musik den Raum, seine Atmosphäre, aber auch die Menschen in ihm musikalisch ausleuchten. Rowe verglich die Musiker damals mit buddhistischen Mönchen, die mit verbundenen Augen Bogen schießen und nur dadurch, dass sie den Raum erspüren, ihr Ziel orten und treffen. Das mag vielleicht ein gewagter Vergleich sein, doch veranschaulicht er das Selbstverständnis der Musiker, die sich mit jedem Auftritt intensiv und bedingungslos auf die jeweilige Situation einließen.

Rowe spielte E-Gitarre, die er aber vor sich auf den Tisch legte. Auch das ist ein Reflex der freien Improvisation, sich neue, eigene, ungewohnte Strategien der Klangerzeugung zu suchen. Man konnte auf den Saiten der liegenden Gitarre spielen, konnte aber auch Objekte wie etwa Murmeln auf das Instrument fallen lassen. Die E-Gitarre verlor bei Rowe nicht nur das Subjektive und Unmittelbare, sondern auch das Phallische. Durch die Distanz zum Körper und den veränderten Blick auf das Instrument veränderte sich auch dessen Charakter. Die E-Gitarre wurde entrockt.

Rowe war ein besonderer Protagonist in der Szene, da er, Jahrgang 1940, damals mit viel jüngeren Musikern zusammenspielte, die ihrerseits seine Nähe auch deshalb suchten, weil er zu der britischen Gruppe AMM gehörte (was genau das Kürzel bedeutet, ist wie gesagt geheim, manche vermuten, es stehe für

»Another Meta Music«), die die Idee der freien Improvisation bereits in den 1960er Jahren zelebriert hatte. Die Mitglieder von AMM waren meistenteils Kunststudierende und Jazzmusiker. Sie wollten Techniken aus der bildenden Kunst wie etwa das Actionpainting von Jackson Pollock auf Musik übertragen. Ihre Improvisationen waren oftmals fülliger als die Improvisationen der Jahrtausendwende, doch ähnelte sie sich im Duktus, im Formverständnis und in der Art des Zusammenspiels.

AMM war nicht allein. In Rom entstanden zu dieser Zeit zwei weitere Gruppen, die das Prinzip der freien Improvisation umsetzten: 1964 die Gruppo di Improvvisazione Nuovo Consonanza, die vom Komponisten Franco Evangelisti initiiert wurde, zu der aber auch der Filmmusikkomponist Ennio Morricone gehörte, sowie die von in Rom lebenden US-Amerikanern gegründete Musica Elettronica Viva (MEV) mit Alvin Curran und Frederic Rzewski, die sich, wie der Name schon sagt, auf elektronische Klangerzeuger konzentrierten.

Besonders interessant waren die Sessions von Nuova Consonanza, weil dort viel über das gemeinsame Musizieren diskutiert wurde. Es wurden Regeln aufgestellt, denen die Musiker folgen sollten. Ein solche Regel konnte lauten, dass nicht mehr als drei Musiker gleichzeitig spielen dürfen oder dass immer dann, wenn jemand einen langen Ton hält, man mit einem kurzen Klangereignis antworten soll. Die Musik wirkt anders als die Musik von AMM und MEV, trockener und fast ein wenig störrisch.

Die Freie-Improvisations-Szene griff diese Haltung um die Jahrtausendwende wieder auf. Besonders beeindruckend waren die Konzerte der japanischen Musiker um Otomo Yoshihide, Sachiko M und Toshimaru Nakamura. Sachiko M konzentrierte sich bei diesen Improvisationen mit anderen Musikern auf ein bis zwei Sinustöne, legte für sich selbst durchaus rücksichtslos und skrupellos vor den Auftritten fest, wann und wie lang sie Töne spielen werden, und setzte damit der Idee des Freien etwas entgegen. Das konnte natürlich völlig deplatziert wirken, war aber, da Sinustöne nicht besonders dominant sind, sondern anderen Klängen viel Raum lassen, nie übergriffig. Toshimaru Nakamura wiederum meditierte feinsinnig vor seinem No-Input-Mixingboard, von dem bereits an anderer Stelle die Rede war.

Man muss den Schub, den die zeitgenössische Musik durch die freie Improvisation erfuhr, vielleicht in einen noch weiteren Kontext stellen. Denn um die Jahrtausendwende erlebte die Musik zahlreiche Umbrüche und Neukontextualisierungen. Zum Beispiel öffnete sich die Popkultur zur Neuen Musik hin. Plötzlich konnte DJ Spooky Iannis Xenakis zu seinem Vorbild erklären und Curd Duca Werke von Pierre Boulez bearbeiten. Die Genre-Grenzen waren durchlässig geworden. Es schien, als habe sich das Ohr von DJs und Elektronikproduzenten an der Klangphantasie der Avantgarde entzündet.

Einige dieser Musiker wiesen einen akademischen Hintergrund auf. Carl Stone hatte in Los Angeles bei James Tenney Komposition studiert, widmete sich dann dem Laptop und erzeugte aus geloopten Popsamples enorme Klangmassive, die gelegentlich ins Loungige abdriften. Marcus Schmickler hatte bei Johannes Fritsch in Köln Komposition studiert und dann in den 1990er Jahren unter dem Pseudonym Pluramon diskrete elektronische Musik meist mit Rockmusik-Samples produziert. Eine fast schon mystische Aura umwehte den Musiker Oval. Heute würde man seine Musik vielleicht dem Dreampop zuordnen, so verloren und versponnen wirken seine Stücke. Unverwechselbar macht ihn seine Art, Material zu rhythmisieren, die an den Klang eines skippenden CD-Spielers erinnert. Oval – das ist melancholischer Stillstand und sterile Artifizialität, mehr Zustand als Komposition. Zwar klingt in der Musik das Repetitive der Minimal Music oder auch von Techno an, doch scheint sich die Musik von allen Rastern befreit zu haben. Sie schwebt und ruht erhaben.

Das Fehlerhafte im Klangbild, das, was bei Oval wie eine kaputte CD klingt, bezeichnet man als »Glitch«. Der Begriff bedeutet eigentlich nur »Fehler« oder »Störung« und wurde vor allem in der digitalen Welt verwendet, um kleine Unsauberkeiten in Programmen oder Rechenprozessen zu beschreiben. In der Musik wurde er zu einem Synonym für digitale Störgeräusche, mit denen sich eben auch musizieren lässt. Eines der prägenden Alben des Genres erschien 1997 mit *Hotel Paral.lel* von Christian Fennesz aus Wien. Hier ertrinkt man förmlich in einem Rauschen der Störgeräusche, in einer kaputten, dystopischen Klangwelt, in der man sich aber eben auch lustvoll verliert. Fennesz ist eigentlich Gitarrist, und so schleichen sich in seine Stücke neben brachialen, noisigen Passagen auch immer wieder gitarristische Melodien und Hooklines ein.

In diesen Jahren widmeten sich eine Reihe von Labels dem Glitch und der experimentellen Elektronik. *Hotel Paral.lel* erschien in Wien bei Mego. In Leipzig leitete Carsten Nicolai das Label Raster-Noton. In Frankfurt an Main lud in jenen Jahren das Label Mille Plateaux die elektronische Musik mit Diskurs auf. Der Name des Labels ist einem Werk der französischen Poststrukturalisten Gilles Deleuze und Felix Guattari entlehnt. Mit ihren »tausend Plateaus« wollten die beiden Philosophen Hierarchien und Narrative überwinden. Das Frankfurter Label eiferte dem mit den Mitteln der Musik nach. Stilprägend wurde ihre CD-Reihe *Clicks'n'Cuts*, eine Musik, die die Produktionsmittel und das Sounddesign von Techno nutzt, um eine komplexe, vom Clubkontext befreite Musik zu erschaffen.

Auf Mille Plateaux erschien auch die Musik von Ekkehard Ehlers. Sein im Jahre 2000 erschienenes Album *Betrieb* ähnelt in seinem dissoziativen Umgang mit Materialien durchaus der Musik von Fennesz, auch wenn es aus einem anderen Stoff gewebt, aus einem anderen Geiste entstanden ist. *Betrieb* ist durchsetzt von Verfall und Trauer. Man kann nämlich auch die Musik von Arnold Schönberg sampeln und einem nostalgisch-melancholischen Elektronik-Track zugrunde legen. Ehlers' 2002 entstandene CD-Reihe *Plays*, die dem Komponisten Cornelius Cardew, dem Schriftsteller Hubert Fichte, dem Filmregisseur John Cassavetes, dem Jazzmusiker Albert Ayler und dem Bluesmusiker Robert Johnson jeweils ein Denkmal setzt, wurde zu einem Sinnbild für den Referenzhorizont, der sich der elektronischen Musik jetzt auftat. Hier ging es nicht mehr um Schaltkreise und Programmiersprachen, sondern um die Verschmelzung von Horizonten im Klang. *John Cassavetes 2* wurde mit seinem hymnischen Streichersample sogar ein echter Hit.

In den frühen 2000er Jahren bildete elektronische Musik eine wichtige Diskursfläche. Carsten Nicolai ist bildender Künstler und als Musiker auch unter dem Pseudonym Alva Noto aktiv. Er wurde berühmt mit Werken, die geradezu steril produziert sind. Die Musik besteht aus nur wenigen Elementen, oft in sehr hohen und sehr tiefen Frequenzen: eine Mischung aus Techno und akustischem Experiment. In einem Interview führte Nicolai die Wahl des Materials einmal auf frühe Hörerfahrungen zurück. Die hohen Töne glichen etwa dem Fiepsen alter Röhrenfernsehgeräte. Obschon die Musik also artifiziell ist, hat sie doch einen Bezug zur Lebensrealität, wirkt durch die Verwendung alter analoger Geräte sogar regelrecht nostalgisch. Auf der CD *Prototypes* von 2000 erzeugt Nicolai kurze Momente, die sich allmählich aus einem geringen Tonvorrat heraus entwickeln und zu eigenem Leben erwachen.

In seinen Ausstellungen stellt Nicolai gelegentlich alte Physikexperimente nach. Mit Bassfrequenzen versetzt er Sand in

Schwingung, der dann symmetrische Muster, sogenannte Chladni-Muster, bildet. Der Physiker Ernst Chladni hatte den Zusammenhang zwischen akustischen Schallwellen und der Vibration von kleinen Partikeln bereits im 18. Jahrhundert entdeckt. Je nachdem, welche Schwingungsform und Frequenzen man wählt, kann man diese Muster beeinflussen und regelrecht gestalten. Das ist Musik wie aus dem Physikunterricht, physikalischer Ästhetizismus.

Später wurde Nicolai durch seine Kooperationen berühmt. Er arbeitete zunächst mit Ryoyi Ikeda, einem japanischen Elektronikminimalisten, der der Ästhetik von Nicolai nahestand, und später mit dem Filmmusikkomponisten Ryuichi Sakamoto unter anderem 2015 beim Soundtrack zum Film *The Revenant*. Auf ihrer ersten gemeinsamen Veröffentlichung *Vrioon* aus dem Jahre 2002 trifft Sakamotos schlichtes und sparsam eingesetztes Klavier auf Nicolais künstliche Klangwelten, um einen ganz eigenen Klangraum zwischen wohliger Wärme und eisiger Kälte zu öffnen.

Kommen wir noch einmal auf die Verschiebung vom Analogen zum Digitalen zu sprechen. Viele Musiker und Musikerinnen trieb gegen Ende des letzten Jahrtausends eine in ihrer Bedingungslosigkeit sentimentale Liebe zum Analogen um – als gelte es, etwas in das digitale Zeitalter hinüberzuretten. Die finnische Band Pan Sonic, die nur deshalb so hieß, weil ein japanischer Megakonzern der Band ein zweites »a« verboten hatte, spielte ausschließlich auf analogen Geräten. In der Wohnung des Gründungsmitglieds Mika Vainio im Berliner Prenzlauer Berg konnte man eine Sammlung alter Synthesizer und Verstärker bewundern. Von ihrem Klangverständnis her hätten Pan Sonic sicher auch Techno produzieren können, doch wirkt ihre Musik inkohärenter und verlorener als Techno, gleichzeitig aber auch düsterer und erzählerischer.

Später prägten die Musikjournalisten Simon Reynolds und Mark Fisher den Begriff »Hauntology« für Musik, die von den Geistern der Vergangenheit besessen ist. Der Begriff Hauntology geht auf einen Text von Jacques Derrida zurück, der die Präsenz alter Ideen im neuen Denken beschreibt. Reynolds und Fisher benutzen den Begriff, um zu beschreiben, wie sich alte Technologien in der elektronischen Musik der Gegenwart manifestieren. Heute definiert der Begriff Hauntology ein eigenes Genre, bei der die Musik mit nostalgischen Sounds wie dem Schleifen der Nadel auf einer alten Schellackplatte versehen wird. Musiker wie Burial und The Caretaker haben sich dieser Kunstform verschrieben, die unglaublich verführerisch und suggestiv ist. Die Frage, woher diese Sehnsucht nach einer antiken Klangaura kommt, bleibt allerdings offen.

2011 veröffentlichte Marcus Fjellström die CD *Library Music.* Der Titel bezeichnet eine Form von Musik, die hergestellt wird, um Situationen akustisch zu untermalen. Sie spielt mit Klischees und evoziert gezielt bestimmte Gefühle. Wie könnte eine Autoverfolgungsjagd, wie ein Showdown, wie eine erschreckende Erkenntnis klingen? Der Begriff Library bedeutet hier, dass eine Sammlung zur Verfügung steht, in der man sich dieser Musik bedienen kann, ohne dafür Tantiemen oder andere Urheberabgaben zahlen zu müssen. In Fjellströms *Library Music* werden die Situationen, auf die die jeweilige Musik anzuwenden ist, nicht benannt. Die Stücke heißen »LM-101« oder »LM-102«. Fjellström spielt mit musikalischen Klischees. Man kann sich als Hörer selbst dabei beobachten, wie man auf die emotionalen Trigger der Musik reagiert, wie man die Gefühle, die sie mutwillig erzeugen möchte, zulässt. Doch kodiert Fjellström seine Musik auch mit einem Schleier des Vergangenen. Man fühlt sich an Science-Fiction-Filme der 1960er oder Horrorfilme der 1970er Jahre erinnert.

Eine weitere Gattung differenzierte sich gegen Ende des 20. Jahrhunderts aus. Der Begriff »Drone« bedeutet eigentlich »Brummbass«: ein tiefer, statischer, fülliger Klang, der ursprünglich dazu gedacht war, anderen, höheren Stimmen als Fundament zu dienen. In wenigen Fällen stand der Drone ganz für sich, etwa beim australischen Didgeridoo, mit seinem tiefen und brummigen Klang, den man mit einer bestimmten Blastechnik aus einem hohlen, kleinen Baumstamm herauslockt.

In der Drone Music finden verschiedene Entwicklungen zueinander. Da ist zum einen die Minimal Music, von der die Sparsamkeit im Material, die lang angehaltenen Töne, die Statik und das kontemplative Hören entlehnt sind. Hinzu kommt die Emanzipation des Geräuschs und des Rauschens als eine eigene musikalische Qualität, wie man sie insbesondere in der elektronischen Musik erlebt. Schließlich ist für die Drone Music auch die Ambient Music wichtig, die Idee also, dass Musik nicht als akustischer Vordergrund gedacht werden muss, sondern auch von vornherein als Hintergrund konzipiert werden kann.

Man muss für diesen Verweis auf die Ambient Music vielleicht ein wenig weiter aushohlen. Natürlich gab es schon immer Hintergrundmusik, nicht erst seit Erfindung der Fahrstühle. Doch gibt es diesen einen Augenblick, in dem Hintergrundmusik zu einer künstlerischen Form wurde. Der britische Musiker Brian Eno lag krank im Bett. Ein Besucher brachte ihm eine Schallplatte mit, auf der barocke Harfenmusik zu hören war. Zum Abschied legte der Besucher die Schallplatte auf und ging. Der Plattenspieler war aber viel zu leise eingestellt. Gleichzeitig setzte draußen Regen ein. Da Eno nicht aufstehen konnte, war er dieser akustischen Situation ausgeliefert. Die barocken Harfenklänge mischten sich unter das sanfte Plätschern des Regens. Der bettlägerig dämmernde Patient lauschte und entdeckte eine Musik, die sich ihrem Hörer entzieht, die ihn wie ein Duft oder eine heimelige Wärme umgibt. So erfand Eno die Ambient Music. Die erste Veröffentlichung, *Music for Airports*, erschienen 1978, ist stimmungsvoll, ruhig, kitschig. Manchmal hört man sie tatsächlich heute noch an Flughäfen. Ein unaufdringliches Auf- und Abschwingen, das die Atmosphäre des Orts, an dem sie erklingt, verwandelt.

Aber zurück zur Drone Music: Der Begriff »Drone« wird heute in vielen Genres verwendet. Es gibt »Drone Metal« und »Drone Ambient«. Gemeinsam ist ihnen ein flächiger, statischer und voller Klang.

In der Neuen und experimentellen Musik geht der Begriff eher selten mit plätscherndem Wohlklang einher. Schon die Sinfonien von Glen Branca für bis zu 100 E-Gitarren zelebrieren und überzeichnen das phallisch Brachiale des Instruments. Die Band Sunn O))) aus Los Angeles nennt ihre Musik Drone Doom. Ihr Instrument ist die verzerrte E-Gitarre, und ihr Sound ist das Feedback. In Mönchskutten und mit monströsen Türmen von Gitarrenverstärkern spielen sie ihr Publikum nieder. Das ist vor allem laut und düster. Einer der Gitarristen von Sunn O))) gründete später KTL (der Name leitet sich von Gustav Mahlers *Kindertotenliedern* ab) und erweitert dessen Ästhetik um elektronische Mittel: eine düstere und auf großartige Weise auch ziemlich kaputte Musik.

Ein Pionier und Meister des Drone ist der New Yorker Komponist Phill Niblock. Niblock arbeitete eigentlich als Fotograf und porträtierte New Yorker Künstler und Musikerinnen von Sun Ra bis Yoko Ono. Dann hörte er Morton Feldmans *Durations* und war von dessen Umgang mit Zeit fasziniert. Er begann, mit langen Klängen zu experimentieren. Niblock entwickelte eine Technik, bei der er den Klang durch Überlagerungen sättigte – bis zu einem Grad, bei dem man die Obertöne aus dem Klang heraustropfen zu hören meint. Er verwendete dabei häufig eine einzige Klangquelle wie Violoncello, Querflöte, Dudelsack oder Drehleier. Niblocks Konzerte sind laut, er überschreitet regelmäßig die akustische Schmerzgrenze von 120 Dezibel. Man hört sehr gut und man ist unmittelbar vom Klang affiziert, doch bereitet das Zuhören in Konzerten von nicht selten über einer Stunde Länge auch Unwohlsein und Schmerzen.

Die körperliche Wahrnehmung von Musik ist gerade im Bereich des Elektronischen von Bedeutung. Ja, sie kann sogar künstlerisch einkalkuliert worden sein. Die großen Lautstärken bei Sunn O))) und Niblock schaffen einen bestimmten Wahrnehmungsmodus, bei dem es auch um negative Lust, um Schmerz oder Angst gehen kann. Die Band Throbbing Gristle aus London behauptete, bei Livekonzerten gezielt die Eigenfrequenzen von menschlichen Organen zu benutzen, um beim Publikum Unwohlsein und Übelkeit auszulösen. Die Band existierte seit 1975 und ist Mitbegründer der damals neuen, der Drone Music durchaus verwandten Kunstform der Industrial Music. Auch sie arbeiteten vornehmlich mit Geräuschen, die dem industriellen Klangkosmos abgelauscht waren, wie etwa Hämmern, Stampfen, Schleifen, Bohren. Entsprechend geht auch von dieser Musik in ihrer Dynamik, Kraft und Gewalt etwas Bedrohliches aus. Throbbing Gristle blieb als Band immer provokativ und von konzeptuellen Überlegungen geprägt, doch der große Erfolg blieb ihr verwehrt, anders als anderen Gruppen, die ebenfalls mit Elementen des Industrial arbeiteten, wie den Einstürzenden Neubauten oder Negativland.

Dabei blieb die Idee, das Industrielle und die Musik zusammenzubringen, natürlich nicht auf die Industrial Music beschränkt. Auch in der Neuen Musik gibt es zahlreiche Beispiele einer ästhetisch-kritischen Auseinandersetzung mit der Industriewelt, sei es Luigi Nonos *La fabbrica illuminata* oder Günter Beckers *Ferrophonie.*

Seine radikalste Ausprägung fand das Industrielle jedoch in der experimentellen elektronischen Musik. Erst dann, wenn man den japanischen Noise-Musiker Merzbow live gehört hat, versteht man, bis zu welchem Grad sich die Brachialität der Maschinen entfesseln lässt. Merzbow überlagert derartig viele Schichten von Geräusch und Lärm, dass man als Hörer in der schieren Masse untergeht. Das Ergebnis dieser übersteigerten Überlagerung von Heterogenem ist eine erhabene Komplexität. Man staunt und fürchtet sich und ist dem Ganzen hilflos ausgeliefert. Doch geht es im Industrial und in der Noise Music nicht nur um Überwältigung oder gar Unterdrückung, sondern eben auch darum, diese Unterdrückung als solche bloßzustellen und sich ihrer durch Aneignung zu bemächtigen.

Der Umgang mit Geräuschen in der Musik war auch Gegenstand eines bemerkenswerten Buches, das etwa zur gleichen Zeit erschien, als die Industrial Music entstand. 1977 veröffentlichte Jacques Attali sein Buch *Bruits.* Attali ist Ökonom und hat vielfach als Berater für die französische Regierung gearbeitet. Sein Buch trägt den Untertitel *Essai sur l'économie politique de la musique.* Es geht also um die politische Ökonomie der Musik, aber auch darum, wie die Musik eine Gesellschaft prägt, sie widerspiegelt und manchmal sogar neue Formen der Gesellschaft vorwegnehmen kann. Das Buch vergleicht – vom Mittelalter bis zur Gegenwart – Musikepochen mit ihren Gesellschaftsformen. Die Gegenwart bezeichnet Attali, wegen der Bedeutung von Speichermedien und Wiedergabemöglichkeiten von Musik, als Epoche der Wiederholung. Überwunden würde diese Phase dann erst in einem letzten Schritt, in dem alle Menschen zu Komponierenden werden, in einem Zustand also, der der freien Improvisation nicht unähnlich ist, in der jeder frei ist, sich auf seine Weise zu artikulieren und zu entfalten, dabei aber rücksichtsvoll, umsichtig und fürsorglich vorgeht: eine utopische Musik. Die Avantgarde hat auch im 21. Jahrhundert nicht aufgehört, eine Projektionsfläche für Revolutionen und Utopien zu sein.

13
Klang, Kunst und Klangkunst

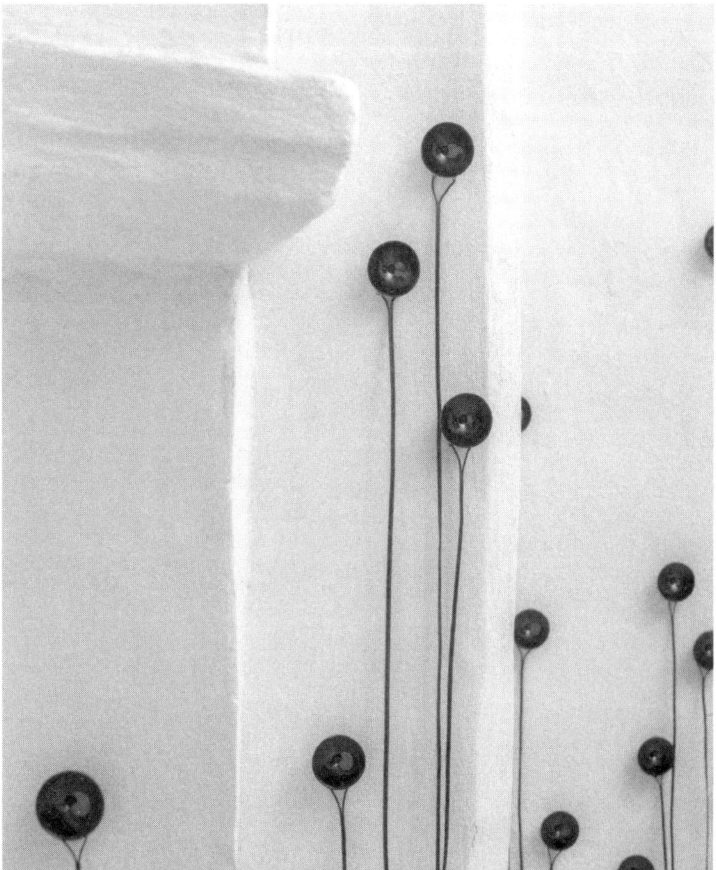

Musik ist eine Kunstform, die sich in der Zeit entfaltet. Die Malerei eine Kunst, die man räumlich wahrnimmt. Über die Richtigkeit dieser Zuordnung bestand bis weit ins 20. Jahrhundert weitgehend Einigkeit. Es existierten auch wenige Berührungspunkte zwischen der bildenden Kunst und der Musik. Zwar vertonte Franz Liszt das »Hunnenschlacht«-Gemälde von Wilhelm von Kaulbach, und Modest Mussorgsky komponierte seine *Kartinki s wystawki* (*Bilder einer Ausstellung*). Aber man blieb einander weitgehend fremd, anders als etwa Musik und Tanz, Musik und Theater, Musik und Literatur.

Es hat ziemlich lange gedauert, bis Musik und bildende Kunst ihre Berührungspunkte fanden. Eine wichtige Voraussetzung dafür war, dass die Unterscheidung zwischen Raumkünsten und Zeitkünsten in Frage gestellt wurde. Denn einerseits erkannte man, dass Zeit bei der Betrachtung eines Bildes eine wichtige Rolle spielt: wie man sich etwa einem Bild nähert, sich den Inhalt erschließt oder wie erst allmählich Details ins Blickfeld geraten. Andererseits erkannte man die Räumlichkeit von Musik, also die Bedeutung, die der Raum für die Wahrnehmung von Musik hat, wie der Klang sich im Raum ausbreitet, aber auch, wie man Musik in räumlichen Kategorien wie ›hoch‹ und ›tief‹, ›nah‹ und ›fern‹, ›groß‹ und ›klein‹ empfindet.

Ihr »Museumsstück« nannte Rebecca Saunders ihr Stück *Chroma* einmal, weil es ausnehmend häufig in Museen aufgeführt worden ist. *Chroma* besteht aus vielen kleinen Einzelstücken: eins für Klavier und zwei Schlagzeuger, eins für Klarinette, E-Gitarre und Violoncello, für zwei Kontrabässe, für eine große Zahl von Spieluhren, für Klaviersolo, für ein altes Grammophongerät usw. Keines dieser Einzelstücke hat für sich genommen Bestand; man könnte sie nicht allein in einem Konzert aufführen. Um eine *Chroma*-Aufführung vorzubereiten, müssen zwei Dinge geschehen.

Zum einen müssen die einzelnen Instrumentengruppen im Raum verteilt werden. Auch deshalb ist das Stück auch ein Museumsstück, weil man weitläufige Räumlichkeiten benötigt. Die Uraufführung fand 2004 in der riesigen Turbinenhalle der Tate Modern in London statt, doch wurde es auch schon in Museen mit kleineren, aber offenen und somit akustisch durchlässigen Räumen aufgeführt.

Zum anderen müssen die einzelnen Stücke zeitlich zueinander angeordnet werden. Denn die Stücke, die in *Chroma* zusammengeführt sind, können gleichzeitig gespielt werden oder sich zumindest so überlappen, dass ein Stück bereits beginnt, während ein anderes noch nicht an sein Ende gekommen ist. Und diese Anordnung variiert bei jeder Aufführung des Werks.

Dadurch, dass die Musiker im Raum verteilt sind und die Stücke teils gleichzeitig gespielt werden, entstehen zwangsläufig räumliche Effekte. Das Publikum kann sich frei im Raum bewegen, und je nachdem, wo man sich befindet, erlebt man das Stück anders, verändert sich z. B., was Vordergrund und was Hintergrund ist. *Chroma* ist wie ein Mobile, bei dem die einzelnen Teile jeweils in einem anderen Verhältnis zueinander stehen können.

Die Aufführungspläne zu *Chroma* zeigen, wie die räumliche und die zeitliche Disposition einer Aufführung zunächst auf dem Papier eine bildhafte Ordnung finden. Und wer einmal in Saunders' Berliner Atelier zu Besuch gewesen ist, der weiß, dass eine solche bildhafte Ordnung nicht nur für *Chroma* relevant, sondern Teil ihres kompositorischen Denkens ist. Sie notiert häufig Werkteile, manchmal nur einen einzigen Klang oder ein kurzes Motiv, und hängt das Notierte dann an die Wand. Dort entsteht unter den einzelnen Notenblättern ein Zusammenhang, dort spürt Saunders dem raumzeitlichen Zueinander ihrer Klänge nach. Ihre Musik ist sehr körperlich, mit vielen Gesten und gerichteten Bewegungen, mit dynamischen Extremen und vielen Cre- und Decrescendi, mit einer unglaublichen Tiefenstruktur in den Klängen. Man dringt entsprechend mit dem ganz Körper in diese Musik ein. Mit der Anordnung des Materials an der Wand und mit dem mobilen Charakter eines Werks wie *Chroma* greift sie dabei Strategien der Bildenden Kunst auf und übersetzt sie in Musik.

Saunders ist damit nicht allein, wie Beispiele aus der jüngeren Vergangenheit zeigen. Der österreichischen Maler Arnulf Rainer übermalte seine eigenen, aber auch fremde Bilder mit dicken schwarzen Pinselstrichen. Die Komponisten Johannes Kalitzke, Matthias Pintscher, Rolf Riehm, Wolfgang Rihm und Gerhard Stäbler haben dies Prinzip auf ihre Musik angewandt, wohl wissend, dass sie nicht über schwarze Deckfarbe verfügen, sondern die Durchlässigkeit oder Undurchlässigkeit von Klang zwangsläufig zu einem anderen Ergebnis führen wird, aber die Geste, dass etwas überdeckt, unsichtbar- bzw. unhörbar gemacht und vielleicht auch zerstört wird, ist in beiden Kunstformen gleich.

Auch die entgegengesetzte Technik fand Verwendung. Die ausradierten Bilder von Robert Rauschenberg beeinflussten Werke von Lars-Gunnar Bodin, John Cage und Gérard Pesson.

Der US-amerikanische Künstler Brice Marden hat Bilder gemalt, in denen farbige Linien zu sehen sind, die wie die unaufgeräumten Wollfäden einer missratenen Strickarbeit durcheinanderlaufen. Auch diese Bewegung der Linien im Bild hat Komponisten wie Walter Zimmermann und Roland Dahinden angeregt. Es ließe sich leicht eine lange Liste solcher Querverweise erstellen. Die monochrome Flächigkeit der abstrakten Expressionisten findet (wie bereits angedeutet) ihre Entsprechung in der Musik von Morton Feldman; Marc Chagalls grelle Religiosität in der Musik von Myriam Marbe; Jackson Pollocks zügelloser Umgang mit Farbe in der *Action Music* von Giacinto Scelsi und in einer Orchestermusik von Isang Yun; die überbordende, detailversessene Komplexität des italienischen Architekten Giovanni Battista Piranesi in der Musik von Brian Ferneyhough oder die schlanken, fragilen Skulpturen des Bildhauers Alberto Giacometti in Streichquartetten von Matthias Pintscher.

Aber wie finden die Bilder den Weg in die Musik? Die Linien des amerikanischen Malers Brice Marden in Glissandi zu übertragen, ist ein einfaches, leicht nachzuvollziehendes Übersetzungsverfahren, während die Skulpturen von Giacometti nicht so leicht ihr musikalisches Gegenstück finden. Manchmal ist es auch einfach der Duktus eines Bildes, der sich auf die Musik überträgt. Manchmal sind es die Geisteshaltung, die künstlerische Attitüde, die zu Überschneidungen zwischen Komposition und Malerei führen, wenn zum Beispiel ein Komponist wie erwähnt eng mit Malern befreundet ist, wie Feldman mit Mark Rothko und Philip Guston.

Zwei künstlerische Strömungen haben sich besonders gewinnbringend auf die Musik ausgewirkt: das Informel und die Arte povera. Das Informel, das seit den 1940er Jahren an Bedeutung gewann, entstand als Gegenbewegung zu der formalen, oft geometrisch strengen abstrakten Kunst. Seine Kunstschaffenden versuchten, sich von klaren Formen loszusagen, auch wenn ihnen bewusst war, dass es ein Paradox ist, etwas schaffen zu wollen, das keine Form hat.

Der italienische Komponist Aldo Clementi hat mehrfach versucht, das Informel auf die Musik zu übertragen. In seinen drei *Informel* betitelten Werken bemüht auch er sich, Form zerfallen zu lassen. Es ist interessant, wie amorph die Musik einerseits zerfließt, aber dennoch etwas Formhaftes an den Tönen haften bleibt. Im großen Orchesterwerk *Informel 3*, das nur selten gespielt worden ist, begegnet man einer kunstvoll erzeugten Inkohärenz. Später hat Clementi dann strenge Kanons komponiert, in denen sich die einzelnen Stimmen gegenseitig imitieren, bei Clementi jedoch mit der Besonderheit, dass die Einsatzabstände zwischen den einzelnen Stimmen des Kanons sehr kurz sind. Dadurch entsteht der Eindruck, die Musik sei unscharf oder verwischt.

Aus den Prämissen des Informel entwickelte sich in den 1960er Jahren die Arte povera. Die Künstler und Künstlerinnen dieser »armen Kunst« arbeiteten mit einfachen Materialien. Ihr Ziel bestand nicht darin, etwas materiell Hochwertiges herzustellen, sondern die Dinge schonungslos und offen zu zeigen. Zu den berühmtesten Künstlern der Arte povera gehörte Alberto Burri, der Natur- und Industriestoffe miteinander verband, die ihrerseits verbrannt, verkohlt oder geschmolzen waren. Dadurch verlieh er dem poveren Material eine eigene Aura.

In Salvatore Sciarrinos *Omaggio a burri* sind die Klänge von Geige, Flöte und Klarinette lädiert, sie artikulieren sich nicht, sondern bringen nur Ansätze eines Klangs hervor. Sciarrino ist bemüht, die Aura der Bilder Burris auf die Musik zu übertragen. Die Musik wirkt beschädigt und unperfekt. Aber Sciarrinos Musik ist eben nur eine Hommage und kein eigentlich poveres Werk. Schließlich sind Geige, Flöte und Klarinette hochwertige und teure Instrumente, die auch noch von gut ausgebildeten Musikern und Musikerinnen gespielt werden.

Was lässt sich außerdem von Malerei auf die Musik übertragen? Da ist die Bewegung, mit der der Maler die Farbe auf die Leinwand bringt. Einen technisch versierten, aber ästhetisch leider gescheiterten Versuch unternahm der Kölner Maler Günter Maas. Im Münchener Siemens-Studio für elektronische Musik hatte man einen Bildabtaster gebaut, der optische Vorlagen abtastet und rastert. Die so gewonnenen Daten konnten dann in Musik umgesetzt werden. Maas fotografierte seine Gemälde und ließ sie im Studio in Musik umwandeln. 1969 erschien seine

Schallplatte *Klangbilder* mit seltsamer elektronischer Musik, bei dem sich der malerische Duktus aber hörend kaum erschließt.

Verfeinert hat die Technik später Iannis Xenakis. Er entwickelte 1977 in Paris das UPIC-System. Hier zeichnet der Komponist seine Idee mit einem Stift auf eine digitale Tafel. Der Computer erkennt die Linien und verwandelt sie in elektronische Klänge. In den UPIC-Werken tritt die Bewegung, die Linienführung des Komponisten mit dem Stift in der Musik deutlich hervor. Man hört ihr den malerischen Duktus an. Allerdings waren die klanglichen Möglichkeiten limitiert, so dass die Werke immer etwas muffig und altbacken wirkten. Viele Komponisten und Komponistinnen haben im UPIC-Studio gearbeitet, doch hat sich das System nie als ein Standard durchsetzen können.

Neben solchen Versuchen, Techniken aus der Malerei in Musik zu übersetzen, gab es noch eine andere Möglichkeit, sich der bildenden Kunst zu nähern. Dabei geht es um die Art und Weise, wie Musik ausgestellt und gezeigt wird. In der Klangkunst verliert Musik ihren Konzertcharakter und wird stattdessen zu einem Ausstellungsobjekt.

Christina Kubisch studierte nicht nur Musik, sondern auch Kunst. In den 1970er Jahren entwickelte sie gemeinsam mit dem Künstler Fabrizio Plessi Performance-Stücke und trat mit ihm gemeinsam auf. Kubisch stellte damals die Darstellungsformen von Musik und Kunst insgesamt in Frage. »Flachware«, also Bilder, die man an einer Wand aufhängen kann, waren ihr so suspekt wie das klassische Konzert, das ihr nur noch ein erstarrtes Ritual zu sein schien. Also begann sie sich der Klangkunst, einer damals noch neuen Kunstform, zu widmen.

Diese Klangkunst verlässt das Konzertpodium und stellt ein anderes Verhältnis zwischen dem Klang, der Zeit und dem Raum her. Die gängigste Präsentationsform der Klangkunst ist die der Installation. Als Hörer betritt man einen Ort, an dem dauerhaft etwas zu hören ist. Die Installation beginnt also nicht wie ein Konzert zu einem bestimmten Zeitpunkt. Auch bleibt es meist dem Hörer überlassen, wie lange er in der Installation verweilen will. Der Raum, an oder in dem eine Installation zu erleben ist, wurde auch meist nicht eigens für Musik konzipiert. Man kann Klanginstallationen erleben im Rohbau einer Baustelle, im Freien, in einem Buchantiquariat, in einem Seminarraum eines musikwissenschaftlichen Instituts, im Internet.

Und hier setzen die künstlerischen Überlegungen an. Wie geht der Klangkünstler jeweils mit dem Raum um? Eine Möglichkeit besteht darin, sich mit dem Raum, in dem man ausstellt, künstlerisch zu befassen. Christina Kubisch hat meist in diesem Sinne ortsspezifisch gearbeitet. Wenn sie einen Brunnen in einem Park beschallte, dann spielt Wasser eine Rolle, aber auch Bezüge zur Romantik, in der der Brunnen ein besonderer Ort war, wie in Franz Schuberts »Am Brunnen vor dem Tore«. Und als sie sich im Turm einer ausgemusterten Kirche in Ostberlin einrichtete, exhumierte Kubisch alte Schichten von Klang, die dort einmal erklungen sind, zu denen natürlich auch Glocken gehören.

Kubisch gehörte in den späten 1970er Jahren noch zu den Pionieren der neuen Disziplin. Ihren Ursprung nahm die Klangkunst in den USA, wo Max Neuhaus am Times Square in New York eine öffentliche Installation einrichtete, wo David Tudor in der Reihe *Rain Forest* Räume mit allerlei Klangskulpturen ausstattete, in denen man sich dann als Zuhörer frei bewegen konnte. Auch in Deutschland fand diese neue Form von Musik schnell Anklang. In den folgenden Jahren hat sich die Klangkunst dann in viele verschiedene Richtungen weiterentwickelt.

Der Lautsprecher ist in der Klangkunst das vielleicht wichtigste Instrument. Doch gibt es auch andere Möglichkeiten; einen Ort mit Klang zu versehen. Viele Kunstschaffende bauen

Klangskulpturen, die oft mechanisch angetrieben werden und dabei auch Musik produzieren. Die berühmtesten Klangskulpturen sind wahrscheinlich die ratternden Ungetüme, die der Schweizer Künstler Jean Tinguely aus Stahl und Schrott baute. Bruce Odland und Sam Auinger haben vibrierende Betonskulpturen kreiert, auf die man sich setzen muss, um sie zu erleben. Andreas Öldorp hat Orgelpfeifen im Park aufgebaut, die vom Wind gespielt werden. Und auch die Witterungsinstrumente von Volker Staub, die wie Windspiele in Bäume gehängt werden, werden durch meteorologische Kräfte in Bewegung gesetzt.

Oft geht es in der Klangkunst auch um technische Neuerungen. Robin Minard hat Klang in seinen Installationen punktifiziert, indem er ihn aus Hunderten von winzigen, flachen Lautsprechern, wie man sie aus Geburtstagsgrußkarten kennt, entstehen lässt. Wenn die Töne dann wie Scharen von Vögeln über die Lautsprecherpalette wandern, ergibt sich die Wirkung eines riesigen Klangreliefs. Die Lautsprecher können an der Wand eines Museums oder in einem Blumenbeet angebracht werden, so dass man das Gefühl bekommt, jede Blüte habe einen eigenen Klang, eine eigene Stimme.

Erfinderisch ist auch Paul DeMarinis, dem es gelungen ist, einen Wasserstrahl so zu manipulieren, dass dann, wenn der Wasserstrahl auf einen Regenschirm prallt, das Lied »I'm Singing in the Rain« erklingt. Der Wasserstrahl ist gewissermaßen der Klangerreger, der Regenschirm die Membran.

Bill Fontana wurde mit Klangbrücken berühmt, bei denen man den Kölner Dom in Tokio und Tokio in Köln hörte. Einmal positionierte er Mikrophone in der Lagune von Venedig; man stand auf einem Balkon, schaute aufs Wasser und hörte das akustische Ambiente doppelt: wie immer über die Luft und noch einmal über die Lautsprecher. Da sich Schall über das Mikrophonkabel aber schneller überträgt als durch die Luft, erklangen Geräusche wie das Horn eines Schiffes erst aus den Lautsprechern und erst kurz danach in der wirklichen Welt. Das war ein bisschen so, als könne Klangkunst in die Zukunft schauen.

Eine echte Entdeckung gelang Kubisch mit der elektromagnetischen Induktion. Hier werden die Klänge lokal auf Kopfhörer übertragen. Als Besucher läuft man mit einem Kopfhörer einen Parcours ab und bekommt je nachdem, wo man sich gerade befindet, verschiedene Klänge zugespielt. Das hat etwas Spielerisches, wenn man sich zwischen verschiedenen Klängen hin und her bewegt und so die Klänge selbst arrangiert. Hinzu kommt, dass Kubisch den Klängen oft ein hohes erzählerisches Potential einschreibt, so dass man manchmal regelrecht eine in Klang erzählte Geschichte erleben kann.

Neben der Technik ist aber in der Klangkunst vor allem der Kontext entscheidend: Wo wird eine Arbeit gezeigt? Wo führt sie die Besucher hin? Worauf macht sie aufmerksam? Rolf Julius und Peter Ablinger haben etwa Installationen geschaffen, in denen die Stille und die Geräusche der Umwelt das eigentliche Klangerlebnis sind. Als Klangkunstbesucher kann man aber auch mit Stephan Froleyks in der Ruhr mit Lautsprechern angeln oder Kirsten Reese im Schwimmbad einer Reha-Klinik hören, in dem die Berliner Klangkünstlerin mit Unterwasserlautsprechern arbeitet, so dass sich die Klänge nur im Badeanzug erleben lassen.

Die Klangkunst bildet inzwischen ein eigenes Genre mit eigenen Protagonisten. Dass es immer noch damit zu kämpfen hat, überhaupt öffentlich wahrgenommen zu werden, hat dabei viele Gründe. Die Arbeiten sind meist singulär und temporär, d. h., sie werden nur einmal eingerichtet und dann oft, vor allem wenn sie an einen bestimmten Aufführungsort gebunden sind, nicht noch einmal aufgeführt. Sie lassen sich außerdem anders als Konzertmusik schlecht dokumentieren. Auch wurde zunächst wenig über Klangkunst geschrieben, weil angemessene Kategorien und Begrifflichkeiten fehlten. Sie findet an ungewöhnlichen Orten statt und lässt sich deswegen anders als ein Konzert in der Philharmonie nicht so leicht in den Alltagsroutinen des Publikums verankern.

Dennoch (oder vielleicht gerade deshalb) geht von der Klangkunst ein hohes Innovationspotential aus. Technische Neuheiten können im Kontext der Klangkunst leicht erprobt werden. Man erfährt immer wieder etwas Neues darüber, wie wir Klang wahrnehmen, was Klang bedeuten kann, welche Zusammenhänge unter Klängen oder mit anderen Wahrnehmungsebenen hergestellt werden können.

Klangkunst befasst sich natürlich auch immer mit dem Raum, in dem sie erklingt – kulturgeschichtlich und akustisch gesehen. Die Beschäftigung mit dem Raum und seiner Akustik hat wiederum auch in der komponierten Musik ihren Niederschlag gefunden. Ob ein Werk in einer Kirche oder in einem Konzertsaal aufgeführt wird, macht einen Unterschied, der natürlich auch beim Komponieren mitbedacht wird. Schon im 16. Jahrhundert nutzten Komponisten in Venedig die besondere Architektur des Markusdoms als Ausgangspunkt, um mehrchörige Werke zu schreiben. Vier Jahrhunderte später inspirierte die venezianische Mehrchörigkeit Luigi Nono zu seinem Opus magnum, *Prometeo*, das 1984 in Venedig uraufgeführt wurde. Nono nahm auf die Mehrchörigkeit Bezug, indem er mit einem neuartigen Gerät arbeitete, mit dem man den Klang auf verschiedene Lautsprecher im Raum verteilen konnte. Renzo Piano hatte seinerseits eine mehrstufige Bühne gebaut, auf der sich die Musiker verteilten. Die Komposition war im wahrsten Sinne des Wortes raumgreifend, und der Raum war Teil der Musik.

Später hat Benedict Mason das Prinzip der Raumklangerkundung noch weiter perfektioniert, indem er wiederholt für Konzerthäuser, aber auch für Turnhallen und Kraftwerke komponierte. Bei Mason trägt jeder Musiker einen eigenen Kopfhörer, über den ihm sein Tempo vorgegeben wird. Die Tempi sind von Musiker zu Musiker leicht verschieden. Die Musiker spielen die entsprechenden Töne deshalb in kurzen Abständen nacheinander, also zeitlich leicht versetzt. Auf diese Weise entstehen Muster. Da sich die Musiker im Raum verteilen und bewegen, sind diese Muster nicht nur akustisch, sondern auch räumlich erfahrbar, als ob die Töne wie von fremder Hand gesteuert im Raum ihre Girlanden ziehen.

Auch auf diese Weise tut sich ein neuer Konnex zwischen Klang und Raum auf, der die Vorstellung einmal mehr außer Kraft setzt, dass Musik eine Kunstform ist, die sich allein in der Zeit bewegt.

14
Modelle des Erzählens – Dialektik, Narrative und Geschichten

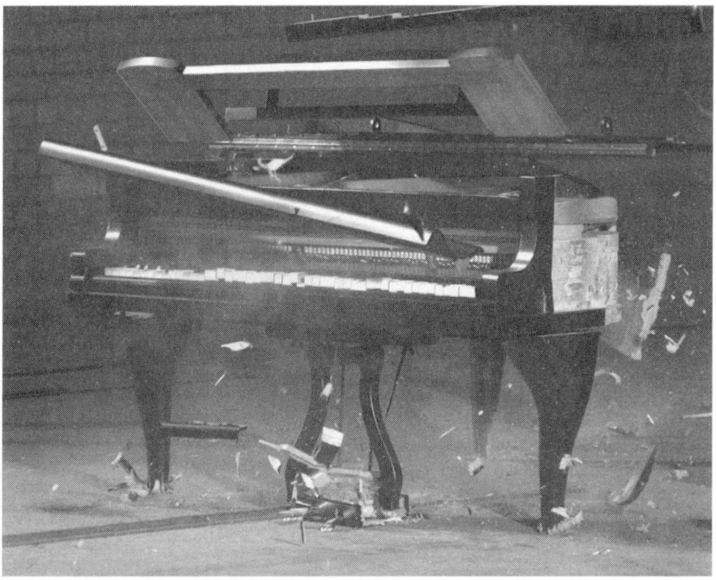

Gustav Mahler meinte einmal: »Symphonie heißt mir eben: mit allen Mitteln der vorhandenen Technik eine Welt aufbauen.« Mit dieser Idee einer Symphonie als eigene Welt hat Mahler Anfang des 20. Jahrhunderts die Gattung zu ihrem letzten Höhepunkt geführt.

Helmut Lachenmann hat sich Mahlers Satz angeeignet: »Komponieren heißt mir eben: mit allen Mitteln der vorhandenen Technik ein Instrument bauen.« Auf den ersten Blick scheint hier ein ganz anderer Anspruch an sich selbst und an die Musik formuliert worden zu sein, doch nur dem Anschein nach, denn eigentlich verschiebt Lachenmann nur die Perspektive. Wo Mahler gleich eine ganze Welt imaginierte, richtet Lachenmann die Aufmerksamkeit auf einen Ausschnitt aus dieser Welt, nämlich auf den Klangapparat. Das sieht nach einem bescheideneren Vorhaben aus, schließlich muss Lachenmann nur ein Instrument und nicht eine ganze Welt bauen. Aber das täuscht, denn Lachenmann erlegt es sich auf, mit jedem Stück aus dem vorhandenen Instrumentarium etwas wahrhaft Neues zu schaffen. Sonst hätte er ja kein Instrument gebaut, sondern nur etwas verwendet, was es schon zuvor gab. Lachenmann wendet sich zwar von dem großen erzählerischen Entwurf Mahlers ab. Er stellt ihm etwas anderes entgegen. Indem er Mahler zitiert, knüpft er aber auch an ihn an.

Diese Denkfigur, dass man an etwas anknüpft, um sich von diesem auch gleichzeitig abzugrenzen, ist eine dialektische Denkfigur. Und die Musik der Avantgarde hat von dieser Denkfigur reichlich Gebrauch gemacht. Es gehört zum Selbstverständnis der Avantgarde, dass sie sich von der Tradition lossagt, dass sie aber ohne diese Tradition gar nicht existierte.

Dieser Widerspruch findet ihren Widerhall in der Musik. Man schreibt für Violine, will aber etwas schaffen, das außerhalb dessen liegt, was zuvor für Violine geschrieben wurde. Man nimmt mit dem Instrument denselben Korpus, denselben Bogen, dieselben Saiten als Ausgangspunkt wie Schubert und Tschaikowsky. Also bemüht man sich, die Konventionen zu überwinden, auch wenn letzten Endes das Alte doch immer irgendwie präsent bleibt.

Dieses Spannungsverhältnis im Klang, die unauflösbare Abhängigkeit des Neuen vom Alten, schlug sich im dialektischen Komponieren nieder. Eines der ersten und bis heute wichtigsten Stücke ist Helmut Lachenmanns »Pression« für einen Cellisten von 1969. Der gewöhnliche Celloton, der entsteht, wenn man mit dem Bogen, so wie man es im Unterricht gelernt hat, mit leichtem Druck über die Saite streicht, wird bei Lachenmann zum Sonderfall. Alle anderen Möglichkeiten, einen Ton auf dem Cello hervorzubringen, werden diesem gewöhnlichen Ton gleichgestellt. In den neun Minuten, die das Stück dauert, klopft und reibt der Ausführende das Instrument ab, führt den Bogen mit sehr hohem oder sehr niedrigem Druck über die Saiten und den Korpus, kurz: versucht jeden Quadratzentimeter des Instruments akustisch zu erschließen. In Anlehnung an die Musique concrète nannte Lachenmann sein Verfahren »Musique concrète instrumentale«, denn ähnlich, wie in der Musique concrète die Geräusche des Alltags zu Musik werden, werden hier die Nebengeräusche des musikalischen Alltags kunstfähig.

Lachenmann hat diese Technik in den folgenden Jahren umfassend ausgebaut. Prominent wurden vor allem seine Orchesterwerke, in denen das historisch bedingte Spannungsverhältnis des Materials offen entfaltet wird. Einerseits zerstäubt Lachenmann den Orchesterklang mit experimentellen Spieltechniken. Gleichzeitig verweist er auf die sinfonischen Werke der Spätromantik. Häufig nennt und zitiert er Gustav Mahler und Richard Strauss. Explizit wird der historische Bezug dann in dem Stück *Accanto* für einen Klarinettisten mit Orchester und einem Tonband. Das Tonband enthält Ausschnitte aus dem *Klarinettenkonzert* von Wolfgang Amadeus Mozart, die zur Lachenmann'schen Musik zugespielt werden. »Das Mozart'sche Klarinettenkonzert«, so Lachenmann,

> ist mir Inbegriff von Schönheit, Humanität, Reinheit, aber auch – und zugleich – Beispiel eines zum Fetisch gewordenen Mittels zur Flucht vor sich selbst; eine ›Kunst‹, scheinbar ›mit der Menschheit auf Du und Du‹, in Wirklichkeit zur Ware geworden für eine Gesellschaft mit der Kunst auf Oh und Ah.

Schönheit, so führt Lachenmann weiter aus, ist verweigerte Gewohnheit. Er betreibe dementsprechend einen zerstörerischen Umgang mit dem, was er liebe, »um sich dessen Wahrheit zu bewahren«. Dabei ist gar nicht einmal viel Mozart in diesem Werk zu hören. Wie in vielen anderen seiner Werke zerfällt der Klang, liegt brach, entwickelt sich aus geräuschhaften Partikeln heraus. Und gerade aus diesem Grunde rührt einen diese Musik an.

Der Bezug zur Tradition wird bei Lachenmann noch auf eine andere Weise greifbar. In der Klassik gab es mit dem Sonatenhauptsatz eine dominante Form der Komposition. Zwei gegensätzliche Themen werden nacheinander vorgestellt, meist ein eher heroisches sowie ein eher liebliches Thema. In der Durchführung werden diese beiden Themen einander gegenübergestellt, sie durchdringen einander und ringen miteinander, bis am Schluss das heroische Thema als strahlender, aber durch die vorangegangene Durchführung auch veränderter Sieger hervorgeht. Diese Beschreibung ist natürlich stark vereinfachend, doch veranschaulicht sie, dass schon in der Klassik ein dialektisches Kompositionsprinzip Anwendung fand, das versucht, zwei einander widersprechende Themen zu einer Synthese zu führen. Aus diesem Spannungsverhältnis heraus erschließt sich etwa bei Beethoven, Schumann oder Brahms die Logik ihres musikalischen Erzählens.

Bei Lachenmann begegnet uns seinerseits ein dialektisches Verhältnis, das die Musik antreibt, nämlich das bereits genannte Verhältnis zwischen Tradition und Avantgarde, zwischen Vergangenheit und Zukunft. In ihren extremsten Augenblicken fällt die Musik in sich zusammen, etwa in Lachenmanns erstem Streichquartett. Lachenmann spricht an einer Stelle des Quartetts von einem »negativen Höhepunkt«. Die Musik erlischt beinahe, nur noch wenig fahle Geräuschklänge sind zu hören.

In seinem umfangreichsten und wohl auch bedeutendsten Stück, dem Musiktheater *Das Mädchen mit den Schwefelhölzern* nach dem Märchen von Hans Christian Andersen aus dem Jahr 1997 entfaltet Lachenmann dann das gesamte Potential seiner Klangsprache. Das Mädchen mit den Schwefelhölzern erfriert am Heiligabend auf der Straße, weil sich niemand seiner annimmt. Das Märchen ist wohl eines der herzzerreißendsten und traurigsten der europäischen Literatur. Lachenmann scheut nicht davor zurück, die meteorologische und die soziale Kälte der Geschichte in Musik umzusetzen. Die Klänge selbst scheinen zu erfrieren. Diese Oper ist auch deshalb so erstaunlich, weil Lachenmann sich hier über ein Verbot hinwegsetzt, das er selbst lange mitgetragen hatte, dass nämlich Musik keine Geschichten erzählen soll. Doch obschon dialektisches Komponieren narrative Formen vermeidet, geht von ihr (und das ist die eigentliche Überraschung) doch immer auch ein erzählerisches Potential aus. Dialektisches Komponieren ist dazu angetan, Konflikte zu entfalten und auszufechten.

Diese Idee des dialektischen Komponierens ist im deutschsprachigen Raum vielfach aufgegriffen worden, etwa von Nicolaus A. Huber, Rolf Riehm und Mathias Spahlinger. Huber hat mit einer sehr viel direkteren Musik und auch expliziten politischen Inhalten eine der Lachenmann'schen nicht unähnliche Strategie entwickelt. Er hatte, wie Lachenmann auch, bei Luigi Nono studiert. Nono war bekennendes Mitglied der kommunistischen Partei und suchte immer wieder den Kontakt zur Arbeiterklasse. Huber wandte sich in den 1970er Jahren einige Zeit vom Konzertsaal ab und dem Straßentheater und Revuen für Arbeiter zu.

Mathias Spahlinger wollte eigentlich Jazzsaxophonist werden, machte aber dann eine Lehre als Setzer, bevor er schließlich Komposition studierte. Seine Musik und seine Texte sind durchdrungen von einer komplexen Dialektik. In vielen Werken beschäftigt sich seine Musik mit ihren eigenen Voraussetzungen. Da ist die Dekonstruktion eines Werks des Renaissance-Komponisten Guillaume Dufay in »adieu m'amour«. In »doppelt bejaht« für Orchester ohne Dirigenten werden die Hierarchien im Sinfonieorchester außer Kraft gesetzt. Und in den *konzepten zur ver(über)flüssigung der funktion des komponisten* stellt er seine eigene Rolle als Urheber und Schöpfer in Frage.

Zu den bemerkenswertesten Werken von Spahlinger gehören die für Orchester. Die Uraufführung von *passage/paysage* 1990 in Donaueschingen wurde jedenfalls zu einer Sensation. Wie so oft bei dialektischen Kompositionen, steht am Anfang eine historische Referenz. Die Akkorde, mit denen Spahlingers Stück beginnt, gehen auf Beethoven zurück. Das ganze Stück scheint in Beethoven'schen Figuren gefangen zu sein.

Doch ist das Thema des Werkes eigentlich eine permanente und allmähliche Veränderung. Im Prinzip setzt Spahlinger an dem Punkt an, an dem bei Beethoven das heroische Thema in eine Krise gerät, an dem seine Identität in Frage gestellt wird. Es geht um die Musikalisierung der marxistischen Erkenntnis, dass eine kontinuierliche quantitative Veränderung an einem bestimmten Punkt zu einer qualitativen Veränderung führen muss. So gesehen erklärt sich auch der Titel des Werks *passage* als Übergang, Veränderung, Reise. *Paysage* ist die Landschaft, die wir durchstreifen, in diesem Fall eine stark vom Orchester Beethovens geprägte Landschaft.

Besonders bewegend ist das Finale. Zunächst zupfen alle Streicher zugleich, dann aber bröckelt dieser Einklang allmählich auseinander. Am Ende stehen unverbunden gezupfte Klänge der Streichinstrumente. Als Hörer dieses Schlusses verliert man sich zusehends in einem Meer aus Pizzicati und sucht vergeblich nach einem Orientierungspunkt. Das Ende ist melancholisch und auf tragische Weise heroisch.

Natürlich haben noch andere die Ausweitung der Klangmöglichkeiten erkundet und damit neue Formen und Modelle entwickelt. So arbeiten die radikaleren Stücke der polnischen Avantgarde mit harschen Klangflächen, mit Clustern und scharfen Akzenten. In Krzysztof Pendereckis *Threnos*, das er den Opfern von Hiroshima widmet, werden Fassungslosigkeit, Trauer und Horror explizit. Man muss nicht darüber nachdenken, wie sich das Material dialektisch zur Geschichte verhält. Diese Musik ist einfach brutal.

Man kann vielleicht festhalten, dass das 20. und das 21. Jahrhundert ihre eigenen Klangmöglichkeiten hervorgebracht haben, um ihre eigenen düsteren Geschichten zu erzählen.

Viele von Lachenmanns Schülern haben seinen Ansatz übernommen und weiterentwickelt. Eine besonders poetische, weil radikale Ausformung erfuhr diese Klangsprache bei Pierluigi Billone. 1995 schrieb der »ITI KE MI« für Bratsche. Es bleibt in diesem Stück kaum etwas vom Instrument übrig. Selten hat ein Komponist den Klang eines Instruments derart zerlegt. Einige der vier Saiten werden heruntergestimmt, so dass sie schlaff durchhängen. Der Bogendruck ist immer überhöht. Es ergibt sich nicht ein kratzender Ton, sondern bestenfalls ein tönendes

Kratzen. Gleichzeitig wird man in dem halbstündigen Werk Zeuge des Versuchs, unter diesen erschwerten Umständen doch etwas im emphatischen Sinne des Wortes Musikalisches entstehen zu lassen. Wer das Stück auf der Bratsche spielt, hält hinterher nicht mehr dasselbe Instrument in den Händen, so sehr verändert Billone mit seinem Stück unsere Vorstellung von dem, was eine Bratsche ist.

Auch hier gilt: Wenn eine Spieltechnik, ein neuer Klang, eine Art zu Musizieren einmal erfunden worden ist, dann kann man nicht mehr so tun, als würde es sie nicht geben. Die ungewohnten Spieltechniken, mit denen Lachenmann seit 1970 experimentierte, waren damals ein Schock. Heute, so der deutlich jüngere Komponist Simon Steen-Andersen, stellen diese einstmaligen Schocks einfach Möglichkeiten dar, über die man als Komponist nach Belieben verfügen kann. Wie so viele Komponierende seiner Generation beherrscht Steen-Andersen die Klangmöglichkeiten der Avantgarde virtuos. Er weiß und versteht, dass ein Kratzen des Geigenbogens hinter dem Steg nicht einfach eine ungewöhnliche Klangfarbe ist, sondern auch etwas über das Reglement des Geigenspiels aussagen will. Doch hindert ihn das nicht daran, diesen Klang jetzt neu zu kontextualisieren und in anderen Zusammenhängen zu verwenden.

Zu den berühmtesten Werken von Steen-Andersen gehört sein *Piano concerto*. Hierfür wurde zunächst ein Konzertflügel einer verheerenden Operation unterzogen: Er wurde mit einem Kran 30 Meter in die Höhe gezogen, nur um ihn dann von dort aus herunterfallen zu lassen.

Für Steen-Andersen ist der Klang des lädierten Flügels wichtiger als der Sturz selbst. Der Komponist bezog den Klang des zertrümmerten Flügels, der so viel Schaden übrigens gar nicht genommen hatte, in seine Komposition ein. Im Klavierkonzert spielt der Pianist einerseits auf einem intakten Flügel und gleichzeitig auf einem Keyboard, das die Klänge des zertrümmerten Klaviers als Sample wiedergibt. Auf einem Video wird der Flügelsturz in Zeitlupe gezeigt: die schiere Gewalt, die Brutalität, der Tabubruch. Das Stück wurde bei der Uraufführung 2014 ein Riesenerfolg.

Hier ist es vor allem deshalb von Interesse, weil man gut nachverfolgen kann, wie sich durch die Praktiken, die im dialektischen Komponieren entstanden, plötzlich neue erzählerische Formen auftun. Die Komponisten und Komponistinnen in der Folge von Lachenmann und Spahlinger haben sich die entsprechenden Techniken auf ihre jeweils eigene Art und Weise angeeignet und anverwandelt.

Die Generation um Simon Steen-Andersen hat dabei die vielleicht virtuosesten und spektakulärsten Werke der Neuen Musik hervorgebracht. Die schwedische Komponistin Malin Bång komponierte 2019 ein Orchesterstück über den MeToo-Hashtag. Sie arbeitete mit allen erdenklichen Spieltechniken, integrierte Alltagsgegenstände wie Milchaufschäumer und Schreibmaschinen auf eine so profunde wie komplexe und virtuose Weise. Aus all diesen Klängen vom Ton bis zum Geräusch baut sich im Orchester allmählich der sich aufbäumende Protest, das Entsetzen auf. Wenn dann die Musiker auch noch zu flüstern und schließlich zu singen beginnen, kann man sich der Musik in ihrem anklagenden und auch schmerzvollen Impetus kaum mehr entziehen.

Beeindruckend gelangen 2010 Ondřej Adámek die ersten Takte seines »B-low Up«. Er imitiert mit einem kleinen Ensemble aus klassischen Instrumenten das Geräusch, das entsteht, wenn man einen Staubsauger an- und ausschaltet. Er instrumentiert dabei so geschickt, dass man wirklich das Gefühl bekommt, nicht einer Violine oder eine Flöte zuzuhören, sondern einen leibhaftigen Staubsauger vor sich zu haben. Das Ausmaß der

Ähnlichkeit erinnert an den Fotorealismus in der Malerei. Dort wird so präzise gemalt, dass man das Gemälde von einem Foto kaum mehr unterscheiden kann. (Das Foto wäre in diesem Fall eine akustische Aufnahme des Staubsaugergeräuschs.) Adámek perfektioniert die Möglichkeiten der Instrumentierung, die aus den neuen Spieltechniken hervorgegangen sind. Dies wäre nur eine Randnotiz wert, hätte er, der in Prag auf die Welt kam, in Frankreich studierte und heute in Berlin lebt, sich auf derlei Zurschaustellung seiner Instrumentationskunst beschränkt. Doch hat er im Laufe der Jahre weitere Aspekte des Musizierens wie die Atmung und die körperlichen Bewegungen der Musiker in sein kompositorisches Kalkül integriert. So entstanden Werke mit theatralem Charakter. In seinen großangelegten Musiktheaterwerken kommen weitere Themen hinzu. In *Alles klappt*, das 2018 für die Münchener Biennale. Festival für neues Musiktheater entstand, vertont Adámek, der jüdischer Abstammung ist und dessen Familie im Dritten Reich ermordet wurde, Texte seiner eigenen Verwandten. Familienmitglieder, die deportiert worden waren, schickten Postkarten an die daheim Gebliebenen, um sie zu beschwichtigen und Sorgenfreiheit vorzutäuschen. Aber hinter den unverfänglichen sprachlichen Floskeln dieser Postkarten lauert das eigentliche Grauen. *Alles klappt* ist ein Stück, das Angst macht und einen doch auch zum Staunen und manchmal sogar zum Lachen bringt.

Viele Komponierende haben im Laufe der Jahre nicht nur die Möglichkeiten der Instrumente, sondern auch die der Körper der ausführenden Musiker erschlossen. Bei François Sarhan trommeln die Musiker auf ihre Oberschenkel oder ihren Brustkorb oder auf die Oberschenkel und den Brustkorb ihrer Mitmusiker, nicht auf schmerzhafte, aber doch auch auf durchaus exzessive Weise. Die Hohlräume des Körpers werden zu Klangräumen: Wange, Lunge, Darm und Oberschenkel. Auch die Sprache und das Sprechen ist wichtig; es wird viel geredet bei Sarhan. Oft spricht er als Performer selbst, philosophiert, blödelt, reflektiert die eigene Praxis, entwirft Krimi-artige Szenarien. Das ist alles höchst unterhaltsam und auf irritierende Weise seltsam. Der Komponist entwirft Bühnenbilder und Kulissen, die, wie eine üppige Bastelei, als wild zusammengeklebte Collage Schrift, Fotos, Architektur, Noten, letztlich jedes erdenkliche visuelle Element enthalten können. Er erzählt auf diese Weise Geschichten, erzeugt klaustrophobische Momente, paranoide Situationen, slapstickartige Begegnungen und ist damit vielleicht der Komponist, der auf die unerschrockenste Weise alle verfügbaren Materialien, und beileibe nicht nur Klang und Musik, zu großen Tableaus zusammensetzt.

15
Über Eindruck und Ausdruck, Subjekt und Objekt, empfundene und hergestellte Gefühle

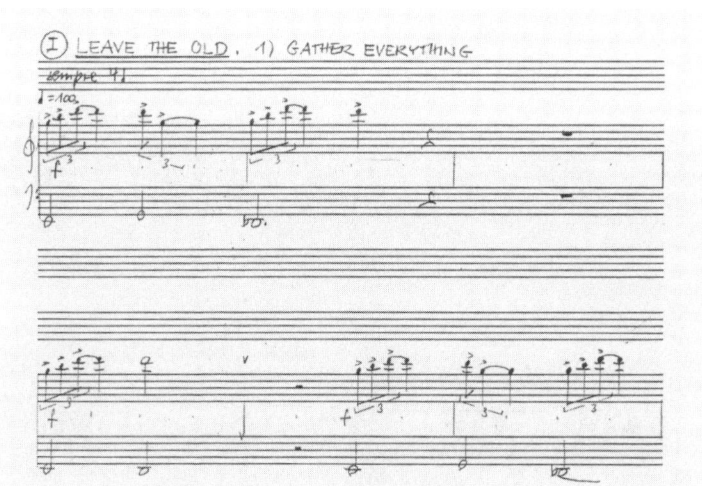

Die ersten Töne schlagen ein wie ein Blitz. Es ist nicht so, als hätten nicht andere Komponisten wie Beethoven, Smetana und Dvořák auch scharf akzentuierte Anfänge komponiert. Aber diese ersten Töne sind so scharf formuliert, dass man, könnte man sie greifen, sich die Finger an ihnen blutig schneiden würde. Wolfgang Rihms *Viertes Streichquartett* setzt einem im ersten Satz körperlich zu, als eine eruptive Musik mit vielen harten Schlägen und ekstatischen, in ihrer Erbarmungslosigkeit verzweifelt wirkenden Passagen. Man wird von dieser Musik regelrecht überfallen. Hier ist wenig zu spüren von Kompositionssystemen und formalem Kalkül, von Diskurs und negativer Dialektik. »Es ist, wie es ist, weil ich es gemacht habe«, antwortete Rihm einmal auf die Frage nach dem Wie und dem Warum seiner Musik.

Eine solche Antwort wäre eigentlich eine Selbstverständlichkeit, denn solches gilt ja nun für jede Komposition. Rihm hebt das Subjektive seiner Musik hervor. Als Künstler nimmt er für sich das Recht, ja vielleicht sogar die Pflicht in Anspruch, sich ausdrücken zu dürfen.

Erstaunlich an dieser Aussage ist, dass sie inzwischen wieder erstaunlich ist. Bis ins frühe 20. Jahrhundert hinein bestand kein Zweifel daran, dass Musik Gefühle und im besten Fall authentisch empfundene Gefühle zum Ausdruck bringt. Erst mit der Neuen Sachlichkeit und den ersten avantgardistischen Bewegungen wurde dieser Grundsatz in Frage gestellt und schließlich sogar ziemlich kategorisch außer Kraft gesetzt. Dann, Ende der 1970er Jahre, wollten sich Komponisten wie Wolfgang Rihm wieder diesem Grundsatz entsprechend verhalten.

Es ist nicht so, als wäre der Musik der Ausdruck vollkommen abhandengekommen. Doch blieben Komponierende, die das *espressivo* nicht scheuten, in den ersten Nachkriegsjahrzehnten Randfiguren oder wurden sogar stigmatisiert. Ein Komponist, der wie Hans Werner Henze das Emotionale nicht scheute, wurde angefeindet und ausgegrenzt. Man verließ, wenn seine Musik erklang, demonstrativ den Konzertsaal und verunglimpfte seine Musik, weil sie sich dem Publikum anbiedere. Ausdruck wurde zu einem Ideologem und führte zu regelrechten Grabenkämpfen. In den Festivals in Darmstadt und Donaueschingen wurde bis in die 1960er Jahren gepredigt, dass kein Ausdruck sein darf. Bis in die Gegenwart hinein werden die Internationalen Ferienkurse für Neue Musik in Darmstadt und die Donaueschinger Musiktage mit dieser restriktiven und prohibitiven Ästhetik in Verbindung gebracht, selbst wenn inzwischen die Dogmen vergangener Jahrzehnte dort längst obsolet sind.

Interessant ist doch, dass sich Ausdrucksgegner und Ausdrucksbefürworter gleichermaßen auf die Zweite Wiener Schule bzw. vor allem auf Arnold Schönberg beriefen, bei dem zunächst in der expressionistischen Phase der unmittelbare Ausdruck das Maß aller Dinge war und der dann etwa zwei Jahrzehnte später die Zwölftontechnik erfand, die der zahlenmäßigen Organisation der Töne den Weg bereitete.

Dabei muss man zwischen verschiedenen Gründen, Ausdruck zuzulassen, und verschiedenen Arten, mit Ausdruck umzugehen, unterscheiden. Wolfgang Rihm berief sich auf sich selbst. Als er 1977 in Darmstadt seine *Musik für drei Streicher* vorstellte und mit diesem hochgradig expressiven Werk einen kleinen Skandal auslöste, setzte er sich auch als junger Mann gegen die Bevormundung durch die Vorgängergeneration zur Wehr. Das war ein Befreiungsschlag: Ausdruck als Emanzipation.

Doch begegnen in der Musik der Avantgarde auch ganz andere Formen von Ausdruck. Da sind zunächst jene Komponierenden, die der vor allem in beiden Deutschlands ausgefochtene Streit zwischen objektiver und subjektiver Musik kalt ließ. Die

Komponierenden der Manchester School haben zwar auch mit Zahlen und in Reihen komponiert, doch ließen sie sich dadurch nicht davon abhalten, der Musik etwas einzuschreiben. Der berühmteste Manchester-Komponist Harrison Birtwistle erhob niemals eine Methode zum Prinzip, sondern ordnete seine Musik stattdessen dem künstlerischen Ansinnen unter. Birtwistle hat sehr wohl mit Reihen und Zahlenkonstellationen gearbeitet, aber immer nur dort, wo es dem Werk seiner Meinung nach zugutekam. Wie Rihm auch, verwies Birtwistle oftmals auf Sujets aus der Literatur und der bildenden Kunst. Seinen Durchbruch erlebte er 1972 mit dem Orchesterstück *The Triumph of Time*, das denselben Titel wie eine Radierung von Pieter Brueghel dem Älteren, also ein Bild des 16. Jahrhunderts, trägt. Man hört dieser düsteren, der Vergänglichkeit Tribut zollenden Musik die Einflüsse an, die Birtwistles Musik prägten, neben Pierre Boulez und Karlheinz Stockhausen eben auch Olivier Messiaen und Igor Strawinsky.

Ähnlich verhält es sich mit den Komponierenden osteuropäischer Herkunft. Auch in Polen, Rumänien und Russland war Musik mit einer gewissen Selbstverständlichkeit mit Gefühl und Ausdruck verbunden. Komponistinnen wie Sofia Gubaidulina und Adriana Hölszky haben nicht vor Expressivität zurückgeschreckt, sondern haben diese im Rahmen der Möglichkeiten, die die Neue Musik ihnen bot, noch forciert und hervorgehoben. *Innere Welten* nannte Hölszky ein frühes Streichtrio. Bereits der Titel legt nahe, dass es sich bei dem Stück um persönlich empfundene Musik handelt. Hölszkys *Innere Welten* sind brüchig, mit vielen Zäsuren und Pausen; sie sind aufgewühlt, unruhig und eben: voller Ausdruck. Es ist nicht so, als kenne diese Musik die Struktur, das Formale nicht, doch stehen diese Konstruktionen im Dienste einer seismographischen Selbsterkundung.

In anderen Fällen entsteht musikalischer Ausdruck aus der schieren Notwendigkeit heraus. Wenn Pēteris Vasks beschreibt, wie es sich anfühlte, in den 1980er Jahren in Lettland zu leben, wie das gesamte Land dem sowjetischen Raubbau zum Opfer fiel, wie die Bevölkerung gedemütigt wurde, wie die Menschen sich aufgaben, wie sich ein tiefer Pessimismus breit machte, dann ist der Schmerz, der in seinen Werken dieser Jahre aufscheint, nicht ein gewähltes Thema, nicht eine von vielen künstlerischen Optionen, sondern eine existenzielle Erfahrung. Folgerichtig heißt Vasks' berühmtestes Stück »Musica dolorosa« – eine »Musik des Schmerzes«. Die Streicher schwelgen nicht, sie ertrinken in der Trauer und der Hoffnungslosigkeit von fahlen Akkorden und bleischweren Melodien. Und gerade dadurch, dass man das im Konzert gemeinsam hören und fühlen konnte, entstand eben doch so etwas wie Hoffnung. Weil man sich verstanden fühlte und weil man mit seinem Schmerz nicht allein war. Vasks schreibt keine besonders avantgardistische Musik; sie ist leicht zugänglich und verständlich. Doch wäre sie ohne die Klangerweiterungen der Avantgarde in dieser Deutlichkeit sicher nicht möglich gewesen.

Immer wieder wurde Musik von solcher Intensität geschrieben. Wer erstmals die frühen Werke von Samir Odeh-Tamimi hört, erschrickt. Der Komponist, Jahrgang 1970, wuchs als Palästinenser in Israel auf und erlebte in seiner Jugend zahlreiche militärische Konflikte. Der Angst und der Wut, die er damals spürte, ließ er in seinen frühen Werken freien Lauf. Als Odeh-Tamimi in den 2000er Jahren die Konzertpodien eroberte, traf die emotionale Überformung seiner Werke das Publikum vollkommen unvorbereitet. Auch ein späteres Stück wie *Rituale* von 2008 zeugt von der Bereitschaft zum Ausdruck, indem Odeh-Tamimi mit Reminiszenzen an die Sufi-Kultur, an die Mystik im Islam, an Ekstase spielt. Die Musik leuchtet dunkel, schreit und wütet bisweilen. Sie scheint nicht nur keine Angst davor zu haben, Gefühlen freien Lauf zu lassen, hier ist es Voraussetzung dafür, überhaupt Musik machen zu können.

Ausdruck ist überdies eine historische Kategorie. Er ist uns vertraut, wir haben gelernt, ihn zu hören. Jörg Widmann, der nicht nur als Komponist, sondern auch als Klarinettist bekannt wurde, hat ein besonderes Faible für jene Zustände, in denen man sich vollkommen verliert, rauschhafte Zustände, in denen man die Kontrolle verliert. Eines seiner Vorbilder ist Robert Schumann. In seiner zweiten *Klaviersonate* notiert Schumann als Tempoangabe »so schnell wie möglich«, wenig später dann aber »schneller« und schließlich »noch schneller«. Hier wird der Kontrollverlust, die Überforderung des Pianisten bereits durch die Spielanweisungen erzwungen. (John Cage schrieb, dies nebenbei, wie eine ironische Replik hierauf das Orgelstück *As Slow As Possible.*) Widmann hat immer wieder versucht, Zustände des Kontrollverlusts in seinen Werken herzustellen. In seiner »Fieberphantasie« von 1999 komponiert Widmann sich in diese Verfassung, in eine Entgrenzung hinein. Dabei geht es nicht nur um Geschwindigkeit, sondern um ein Sich-Verlieren und Orientierungslosigkeit. Schumann ist dabei nicht nur für Widmann wiederholt ein Fluchtpunkt für die Neue Musik gewesen. Aribert Reimanns *Sieben Fragmente* sind Schumann gewidmet, wie die *Märchenbilder* von Hans Abrahamsen und Toshio Hosokawas *Die Lotosblume* auch. In diesen Stücken finden die Ideale, die Vorstellungen, aber auch die künstlerischen Strategien der Romantik in der Neuen Musik Widerhall und verhelfen auf diese Weise auch dem Ausdruck und der Expressivität zu neuen Erscheinungsformen.

Es stellt sich also immer die Frage, wie der Ausdruck seinen Weg in die Musik findet. Der italienische Begriff *Estro*, der so viel wie »Eingebung«, aber auch »Laune« bedeutet, taucht in der Musik erstmals bei Antonio Vivaldi auf. 1995 griff Marco Stroppa den Begriff in seinem Klavierzyklus *Miniature estrose* auf. Nun schreibt Stroppa eigentlich alles andere als launische Musik. Seine Werke entwickelt er mit viel Rechenarbeit am Computer. In seiner Komposition *Miniature estrose* werden zwei Aspekte wichtig: Zum einen wird der Klangraum des Klaviers erweitert. Hierfür müssen am Anfang eines jeden Satzes einige Tasten stumm niedergedrückt werden; die entsprechenden Saiten erklingen nicht, schwingen aber wie eine Aura mit, weil sie nicht mehr gedämpft werden. Auf diese Weise versieht der Komponist den Klavierklang mit einem eigenen, matten Glanz. Zum anderen richtet Stroppa seine Aufmerksamkeit auf verschiedene kulturelle Artefakte. Im ersten Satz sind das die berühmten Statuen auf der Osterinsel. Ein anderer Satz heißt »Innige Cavatina« als Anspielung auf einen langsamen Streichquartettsatz Beethovens mit besonders entrückten Harmonien. Beethoven hat seinen Streichquartettsatz »Cavatina« genannt, wie die ruhigen, lyrischen Arien in den Opern des Barock. Man hört bei Stroppa keinen Beethoven; er zitiert das Vorbild nicht direkt. Doch sowohl die Stimmung als auch der selbstverlorene Gesang der Streichinstrumente sind in Stroppas Klavierstück als Ausdrucksqualität wahrnehmbar.

Nicht nur die Musik der Avantgarde, auch Formen der angewandten Musik wie die Filmmusik haben sich mit Gefühlen und Emotionalität befasst. Man kann vielleicht sogar sagen, dass die Möglichkeiten, mit Musik Gefühle herzustellen, in den letzten Jahrzehnten systematisch und einigermaßen erschöpfend ausgereizt worden sind. Im Film ist das offensichtlich, hier werden Gefühle wie Trauer, Nachdenklichkeit, Hoffnung, Triumph wie auf Knopfdruck mit immer den gleichen oder ähnlichen Mitteln hergestellt.

Neue Musik versucht nicht so sehr, Gefühle herzustellen,

sondern eher, zu verstehen, wie Gefühle entstehen. Mit einer schon fast beängstigenden Systematik hat dies die argentinische Komponistin Ana-Maria Rodriguez 2004 in ihrem Stück *code/switching* getan. Gesichter mit verschiedenen Ausdrücken – erschrocken, ängstlich, glücklich usw. – wurden auf Video aufgenommen. Live werden dazu von einer Sängerin Stimmlaute erzeugt. Bild und Klang können in Bezug auf die durch sie ausgedrückte Gefühlslage miteinander übereinstimmen, sich aber eben auch widersprechen, so dass man als Zuschauer aus dem Widerspruch zwischen Bild und Klang heraus gewahr wird, welche Mechanismen bestimmte Gefühle in uns wecken.

In Olga Neuwirths *Nova/Minraud* geht es um den Drogenrausch, die Halluzination und den Entzug, den William S. Burroughs in seinen Texten beschreibt: Musik als Delirium, hoffnungslos im Rausch verloren.

Man kann Gefühlsausdrücke auch sammeln und sie unverschämt bloßstellen. Bei Gordon Kampe begegnet man immer wieder Versatzstücken aus dem wirklichen Leben: einem schmierigen E-Gitarrensolo, der innigen Leidenschaft des Gesanges von Maria Callas, einem überwältigten Fußballtrainer beim Gewinn der Meisterschaft von Borussia Dortmund. All das fließt bei Kampe in eine vor Ideen überlaufende Musik ein und wird schlaglichtartig bloßgestellt. Man wird Rodriguez, Neuwirth und Kampe nicht auf diese Aspekte ihrer Werke reduzieren können. Der Referenzhorizont ihrer Musik ist weitläufiger und komplexer. Aber die Beispiele zeigen, wie in der Neuen Musik emotionale Momente eingefangen, ausgestellt, verwandelt und analysiert werden können.

Kommen wir noch einmal auf den jungen Wolfgang Rihm zurück, der sich über die Expressivität einen Ausweg aus der Engstirnigkeit der Neuen Musik zu bahnen suchte. Sein Auftritt in Darmstadt 1977 wurde damals in eine größere Bewegung eingeordnet, der man etwas vorschnell den Namen »Neue Einfachheit« gab. Vorschnell, weil die Musik oft gar nicht so einfach war und weil man unter diesem Etikett einige doch ziemlich verschiedene Positionen zusammenfasste. Der Begriff war damals sicher auch als Seitenhieb auf die zunehmend als manieristisch empfundene New Complexity gedacht, die eine Reihe von Komponisten um Brian Ferneyhough propagierten. Der Neuen Einfachheit ordnete man auch die damals noch junge Minimal Music und die asketische Schreibweise eines Morton Feldman zu. Aber auch ein Werk wie die *10 fränkischen Tänze* von Walter Zimmermann, eine überhöhte, sublimierte und harmonisch durchleuchtete Fassung fränkischer Volksmusik für Streichquartett, hat mit den expressiven Werken Rihms erst einmal wenig zu tun.

Auf ein Werk Zimmermanns trifft der Begriff der Neuen Einfachheit in besonderem Maße zu. 1975 komponierte er den Klavierzyklus *Beginner's Mind.* Das Ziel des Stückes besteht darin, Musik von ihrem historisch-ideologischen Ballast zu befreien und Schritt für Schritt zu einem reinen, einfachen und ungekünstelten Ausdruck zu finden. In dem über eine Stunde dauernden Zyklus entkleidet Zimmermann die Musik in diesem Sinne. Schon die Titel der einzelnen Sätze wie »Leave the Old« oder »Clean the Mind« unterstreichen diese Ausrichtung.

Man kann es vielleicht so formulieren: Die Suche nach unmittelbarem Ausdruck, wie Rihm sie praktizierte, stellte eine Möglichkeit dar, sich vom rigiden Systemdenken der Neuen Musik loszusagen. Komponiert wurde mit einem Fokus auf die eigene Persönlichkeit. Diese Musik sagt selbstbewusst »Ich«; sie hat ein Ego. Zimmermann verfolgte mit *Beginner's Mind* eine andere Möglichkeit. Bei ihm zieht sich die Musik zurück. Sie sagt nicht »Ich«.

Ein solcher Rückzug kann auf ganz verschiedene Weise praktiziert werden. Man erzählt sich zum Beispiel, dass der ungarische Komponist György Kurtág seine noch nicht vollendeten Stücke jeden Tag wieder vollständig abschrieb und dann abschließend jeweils nur wenige neue Noten hinzufügte. Jeder Ton ist, wenn er am Schluss des täglichen Aktes des Abschreibens hinzugefügt wird, aus dem vorigen heraus empfunden. Die Musik von Kurtág ist entsprechend einfach, schlicht und schnörkellos. In ihr findet sich nichts Überflüssiges.

Ähnlich wie der erwähnte Giacinto Scelsi litt Kurtág unter psychischen Problemen. Seine Therapeutin riet ihm, sich in der Musik auf die einfachsten Elemente zu konzentrieren und seine Sprache gewissermaßen von Null an zu entwickeln. Kurtág war bereits 33 Jahre alt, als er 1957 sein *Streichquartett Opus 1* komponierte, mit dem er sich aus dieser Krise befreien sollte. Wie Scelsi auch blieb die Musik von Kurtág lange ein Geheimtipp. Erst im Laufe der 1980er Jahre erkannte man deren Größe.

Zu seinen bedeutendsten Werken gehört der Zyklus *Játékok*, an dem er seit 1973 arbeitet: Hunderte kurze und sehr kurze Stücke, Nachrichten, Notizen, Ständchen, Hommagen und Stenogramme für Klavier. Einige Stücke hat er für sich selbst und seine Frau, also für zwei Klaviere bzw. für ein Klavier zu vier Händen komponiert. Das Material ist einfach, weist nur wenige Töne auf, manchmal nur eine Tonleiter oder ein Glissando, private Musik, intim und persönlich, geistreich und humorvoll.

Der Komponist Jakob Ullmann suchte seinerseits einen eigenen Weg der Einkehr. Er wurde 1958 im ostdeutschen Freiberg geboren, verweigerte den Wehrdienst, durfte aus diesem Grund nicht studieren und wurde zu einfachen Tätigkeiten wie der des Nachtwächters verdonnert. Er nahm privat Kompositionsunterricht und studierte schließlich Kirchenmusik. Ullmanns Musik ist kein Rückzugsort im Sinne eines seligen Refugiums, doch ist sie so leise und subtil, dass man ihr schon einen Schritt entgegenkommen muss, wenn man ihrer irgendwie habhaft werden möchte. Ullmann ist ein Gelehrter alter Schule, der sich oft auf Schriften des Altertums bezieht und in seiner Musik die Kabbala und die Schriften der Mystiker bemüht. Er behandelt den Klang wie einen kostbaren und zerbrechlichen Gegenstand, etwa in seinem Zyklus *solo*, in denen einzelne Instrumente, darunter die Orgel, das Violoncello und das Fagott, sich in einem geräuschhaften Nichts zu verlieren scheinen. Ullmann betont stets, dass seine Musik auch auf CD besonders leise gehört werden soll, auch wenn man bei hohen Lautstärken der vielen Zwischentöne und Farben in dieser Musik erst so recht gewahr wird. Seine *solo*-Stücke dauern jeweils etwa eine Stunde und lassen sich beliebig miteinander kombinieren. Gelegentlich lässt Ullmann auch eine Tür des Konzertsaals offen, um Umgebungsgeräusche hereinzulassen. Auf diese Weise entsteht ein feines Relief aus Raum, Klang und Umwelt.

Eine solche Musik hat viel mit der Persönlichkeit der Komponierenden zu tun. Wenn jemand Orgel spielt, regelmäßig meditiert und mit seinen Ohren tief in den Klang hineinzuhören vermag, dann führt dies mit einer gewissen Folgerichtigkeit zu einer Musik, in der das Registerdenken der Orgel, das Zeitempfinden der Meditation und feine Veränderungen im Klang eine Rolle spielen, Musik also, in der die Harmonien mikrotonal angereichert leuchten, in der sich zirkuläre Bewegungen überlagern, die mehr einem Zustand als einer linearen Erzählung oder einer Entwicklung gleicht. Wer Musik von Klaus Lang hört, der findet ein Paralleluniversum aus Tönen vor, eine Welt, von der man sich gut vorstellen könnte, den Rest seines Lebens in ihr zu verbringen. Das gilt sowohl für seine groß angelegten Orchesterwerke als auch für seine Kammermusik oder Solowerke für Orgel. »Tönendes Licht« für Orgel und räumlich verteiltes Orchester stellt ein golden schimmerndes Massiv aus Klang dar, in das man sich Schicht um Schicht hineinhört, während sich die Harmonien des Werks wie das hohe Gewölbe einer Kathedrale vor einem auftun.

Es ist nicht leicht, Komponisten wie Zimmermann, Kurtág, Ullmann und Lang einer gemeinsamen Strömung zuzuordnen. Ihre Werke stehen im Gegensatz zu der Ästhetik von Rihm oder Hölszky, weil diese den Klang als emphatischen Ausdruck verstehen. Ihr Klang hat, so könnte man sagen, Subjektcharakter. Bei Zimmermann, Kurtág, Ullmann und Lang ist das anders. Sie lassen den Klang sich entwickeln. Er wird hergestellt und bekommt dadurch Objektcharakter.

Ähnlich sind die beiden Strömungen einander deshalb, weil sie versuchen, dem System der Systeme und Dispositive etwas entgegenzusetzen. Beiden Positionen ist es gelungen, nochmals eine andere Sprache zu finden und der Musik etwas bislang Ungehörtes hinzuzufügen. Die Positionen widersprechen einander nicht, streben aber in verschiedene Richtungen. Und es ist durchaus möglich, die beiden Positionen miteinander zu versöhnen bzw. sie miteinander in Einklang zu bringen.

Die Stücke der israelischen Komponistin Chaya Czernowin beginnen, als stehe man vor einer großen, leeren Leinwand. Czernowin nimmt sich Zeit, beginnt mit wenig. In den ersten Takten ihres Cellokonzerts »Guardian« von 2017 wird zunächst ein einzelner Klang gesetzt. Die Musik sucht sich einen Raum. Erst dann beginnt die Cellistin die Möglichkeiten, die ihr Instrument bietet, Schritt für Schritt zu entfalten. Aus Bewegungen werden Gesten. Gesten werden zu Ausdruck. Das bleibt alles verhalten, tastend, suchend. Erst zum Schluss des Werkes kulminiert das zuvor Erklungene, zieht das Orchester alles in einen unheilvollen Strudel hinab. Auch Czernowin wählt eine Strategie, die dem Klang ein Eigenleben zugesteht, die ihn sich entfalten lässt, doch leitet sie den Einzelklang hin zu einer gestischen, expressiven Musik. Czernowin scheint beide Positionen, die des Ausdrucks und die der zurückgenommenen Einfachheit, miteinander zu verbinden. Es wäre sicher nicht das erste Mal, dass unauflösbar scheinende Widersprüche in der Kunst aufgelöst, überwunden und versöhnt werden.

16
Die Postmoderne – Collagen, Zitate, Bearbeitungen, Rück- und historische Übergriffe

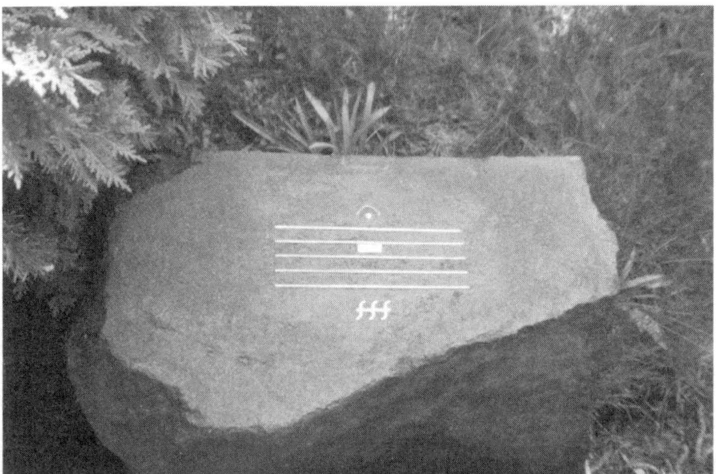

Im Jahre 1979 brachte der französische Philosoph Jean-François Lyotard einen Begriff ins Spiel, der die folgenden Jahrzehnte als Schlagwort begleiten und prägen sollte und der nicht nur auf vielfache Weise verstanden, sondern auch auf vielfache, oft aber durchaus fruchtbare Weise missverstanden worden ist, nämlich den Begriff der Postmoderne. Zunächst legt er nichts anderes nahe, als dass die Moderne vorbei sei. Die Moderne: Das war jene Epoche, in der man in der Gewissheit lebte, dass der Fortschritt die Welt immer besser machen würde, dass wir uns also dank Innovationen in allen Bereichen auf einen idealen Zustand hinbewegen. Das 20. Jahrhundert prägten aber verheerende Kriege, ideologischer Wahn und Massenvernichtung. Man erkannte, dass die Moderne ihre Versprechen nicht hält, und wandte sich von ihr ab.

Als Lyotard den Begriff Postmoderne prägte, hatte die Abkehr von der Moderne in der Kunst längst eingesetzt. 1920 hatte Arnold Schönberg noch behauptet, mit der Erfindung der Zwölftontechnik der deutschen Musik die Vorherrschaft für die nächsten hundert Jahre gesichert zu haben. Ja, man würde in allernächster Zukunft auf der Straße Zwölftonreihen pfeifen. Eine solche Illusion ist noch voll und ganz dem Denken der Moderne verpflichtet, ist Teil der großen Fortschritts- und Weltverbesserungserzählung.

Ungefähr 50 Jahre später, 1969, komponierte Luciano Berio ein Werk, das von all dem nichts mehr wissen will. Das Stück trägt den durchaus missverständlichen Titel »Sinfonia«. ›*Ex*‹ *Sinfonia* wäre vielleicht treffender gewesen. Denn Berio zitiert aus Sinfonien anderer Komponisten, etwa von Ludwig van Beethoven, Johannes Brahms und Gustav Mahler, hinzu kommen Werke von Johann Sebastian Bach, Claude Debussy, Richard Strauss und Igor Strawinsky sowie Werke seiner Zeitgenossen Pierre Boulez, Vinko Globokar und Karlheinz Stockhausen. Auch erklingen Texte des Soziologen Claude Lévi-Strauss und des Bürgerrechtlers Martin Luther King Jr. Berios »Sinfonia« gehört zu den wichtigsten Werken im 20. Jahrhundert, da die Öffnung auf andere Epochen hin, die Möglichkeit, sich frei in der Musikgeschichte zu bewegen, der Musik einen wichtigen Impuls verlieh. Die »Sinfonia« für acht Singstimmen und Orchester gehört außerdem zu den schönsten, überraschendsten und elegantesten Werken der jüngeren Musikgeschichte. Es steckt etwas Kontemplativ-Selbstverlorenes in dieser Musik, die die Vergangenheit in sich aufzusaugen scheint. Wenn die Ländler tanzenden Klarinetten von Gustav Mahler auf die sich in Ekstase steigernden Streicher aus Strawinskys »Le sacre du printemps« stoßen, öffnen sich weite musikalische Horizonte, die so gar nichts mehr zu tun haben mit dem strengen formalen Denken früherer Jahrzehnte.

Vielleicht sollte man Berio all das nicht zu hoch anrechnen. Weder hat er das Prinzip ›Zitat‹ noch das Prinzip ›Collage‹, geschweige denn den Begriff ›Postmoderne‹ erfunden. Es ist jedoch auffällig, dass sich im Anschluss an ihn viele Komponierende mit der Musik früherer Epochen beschäftigten.

So entdeckte man in den 1980er Jahren die späten Klavierstücke von Franz Liszt und feierte ihn als verkannten Propheten der Moderne. Zahlreiche in diesen Jahren entstandene Werke beziehen sich auf Liszt wie etwa York Höllers »Zweite Klaviersonate« von 1986, der sich besonders mit der harmonischen Offenheit seines Vorgängers befasst. Im selben Jahr komponiert Violeta Dinescu *Dies diem docet* (»Ein Tag lehrt den anderen«) für Klavier – und kommentiert komponierend den frommen Pilgergedanken, den Liszt seinen *Années de pèlerinage* zugrunde gelegt hatte. 1990 bezog sich Caspar Johannes Walter auf ziemlich lustige Weise auf Liszt und dessen berühmte *Études transcendentales* (»Transzendentale Etüden«). Walter hatte Noten fotokopiert, und auf der Kopie waren auch Noten von der

Rückseite des kopierten Notenblatts zu sehen, die durch das Papier hindurchschienen, also »transzendierten«. Unter Rückgriff auf diesen Kopierfehler hat Walter seinen Zyklus der *Durchscheinenden Etüden* komponiert – eine eher verwegene Hommage an Franz Liszt. Es folgten Werke von Thomas Adès, Nadir Vassena und Peter Ruzicka. Noch 2009 komponierte der serbische Komponist Marko Nikodijević eine Musik für Orchester, in deren Zentrum ein unendlich trauriger Akkord aus Liszts Klavierstück *La lugubre gondola 1* (»Die Trauergondel«) steht, als Hommage an Liszt und Erinnerung an die Verbrechen des Kosovo-Krieges.

Von Carlo Gesualdo war die Avantgarde regelrecht besessen. Mit seinem entrückten manierierten Stil setzte sich Gesualdo, der als Adeliger im 17. Jahrhundert besondere künstlerische Freiheiten genoss, großzügig über Konventionen hinweg. Seine harmonischen Rückungen und ungewöhnlichen Tonartenwechsel weisen verblüffend weit in die Zukunft, bis ins 20. Jahrhundert. Auch experimentierte Gesualdo mit Drittel- und Sechsteltönen und hatte für die Aufführung der entsprechenden Stücke ein eigenes Instrument bauen lassen. Gesualdo war überhaupt eine verwegene Gestalt. Er erwischte seine Frau in flagranti mit einem Liebhaber; beide wurden in derselben Nacht ermordet.

Klaus Huber hat sich mit Gesualdos Drittel- und Sechsteltönigkeit beschäftigt. Seine Lamenti für die Karwoche werden bei Huber als *Lamentationes sacrae et profanae ad Responsoria Iesualdi* mit Sängern und dem historischen Klang einer Theorbe in die Mikrotonalität der Gegenwart übertragen.

Salvatore Sciarrino bezog sich noch umfassender auf den Komponisten, indem er in seinen Werken vielfach Stilelemente der Renaissance aufgriff. Eines der wichtigsten Motive in Gesualdos Musik ist der Seufzer, der sich unmittelbar aus der Figurenlehre der damaligen Zeit ableiten lässt. In Sciarrinos Oper

Luci mie traditrici (»Meine verräterischen Augen«) geht es um Gesualdo selbst und den Doppelmord an seiner Frau und ihrem Liebhaber. Das Besondere bei Sciarrino liegt in der Fragilität des Klangs. Etwas vom Vergänglichkeitsgedanken der Renaissance steckt in diesem flüchtigen, immer leicht beschädigten und doch unendlich schönen Klang. Die Sehnsucht und das Seufzen, das Begehren und die Angst – all das schreibt Sciarrino seiner Musik ein.

Was geschieht, wenn ein Komponist der Avantgarde ein altes Werk transkribiert, bearbeitet oder arrangiert? Früher hatten Transkriptionen einen Gebrauchswert, wie etwa die vielen Bearbeitungen von Meisterwerken aus dem 19. Jahrhundert, die einfach deshalb angefertigt wurden, damit man eine Beethoven-Sinfonie auch am heimischen Klavier zu vier Händen kennenlernen konnte. Bei diesen Werken handelt es sich um Transkriptionen, die aus einem pragmatischen Grund angefertigt wurden, bei denen die Musik keine, zumindest keine beabsichtigte Erweiterung durch die Uminstrumentierung erfuhr.

Im 20. Jahrhundert verlor diese Praxis immer mehr an Bedeutung, schon weil man sich die Beethoven-Sinfonie ja nun auf dem heimischen Grammophon oder der heimischen Stereoanlage oder im Konzert des städtischen Sinfonieorchesters anhören konnte. Dennoch sind in den vergangenen fünf Jahrzehnten wahrscheinlich mehr Transkriptionen angefertigt worden als jemals zuvor.

Auch das hat mit der Postmoderne zu tun, damit, dass der Rückgriff auf frühere Epochen zu einer legitimen künstlerischen Strategie geworden ist. Es ist dabei auch durchaus bezeichnend, wer welche Komponierenden ausgewählt und transkribiert hat, denn durch die Wahl der Vorlage wird bereits ein Bekenntnis abgelegt. Michael Jarrell arrangiert Claude Debussy, Hans Abrahamsen Carl Nielsen, Isabel Mundry Guillaume Dufay, Manuel

Hidalgo Ludwig van Beethoven, Salvatore Sciarrino Domenico Scarlatti, Walter Zimmermann The Beatles.

Dabei werden bei einer Transkription nicht einfach nur Noten für ein Instrument auf ein anderes Instrument übertragen. Transkriptionen setzen vielmehr neue Akzente. Nebenstimmen können in den Vordergrund treten, oder eine Melodie wird zerschnitten und auf mehrere Instrumente verteilt. Die Verteilung auf mehrere Stimmen verleiht einer Melodie ein eigenes Relief, raubt ihr aber auch den Zusammenhang. Manchmal liefert eine Transkription auch so etwas wie eine musikalische Analyse, die neue, versteckte Zusammenhänge in einem Werk hörbar macht. Und schließlich wurde im 20. Jahrhundert ja auch eine unglaubliche Fülle an neuen Spieltechniken entwickelt. Ob man nun auf den Korpus des Cellos klopft, die Klarinette ohne Mundstück spielt oder mit Schmirgelpapier über eine Trommel reibt: Die Palette der Möglichkeiten, über die ein Komponist heute verfügt, ist enorm gewachsen. Mit solchen Spieltechniken kann ein Transkriptor seine Vorlage anreichern.

Ein Beispiel: Sciarrino hat Werke Gesualdos bearbeitet und dabei avantgardistisch angereichert. Auf diese Weise verleiht er der Vorlage eine eigene Patina, denn im neuen Gewand wird ihre Historizität erst eigentlich sichtbar. Außerdem holt der Komponist auf diese Weise die Vorlage in die Gegenwart bzw. macht er die Gegenwärtigkeit der Vorlage sichtbar. Und schließlich entsteht auf diese Weise ein Werk, das unverortbar zwischen dem Alten und dem Neuen oszilliert.

Heute ist die Transkription eine eigene Disziplin der Neuen Musik. Es gibt sagenhafte Meister der Bearbeitung wie Johannes Schöllhorn, der der Transkription eine eigene Rubrik in seinem Werkverzeichnis gewidmet hat. Seine Vorlagen reichen dabei von Werken von Giovanni Gabrieli über solche von Johann Sebastian Bach bis hin zu Stücken von Erik Satie und György Ligeti.

Noch interessanter sind jene seiner Werke, die nicht mehr als bloße Bearbeitung erkennbar sind, sondern bei denen Schöllhorn unter Bezug auf Werke anderer etwas Neues komponiert. Man erkennt in Schöllhorns »Clouds and Sky« im Solo-Klavier ganz entfernt noch ein *Nocturne* von Gabriel Fauré. Doch hat Schöllhorn zum einen das Tempo extrem verlangsamt. Jeder Moment wird somit ausgekostet, allerdings um den Preis einer zusammenhängenden Linienführung. Durch die Orchestrierung wird der Klang außerdem verräumlicht, aufgefächert und geweitet. Sein Stück, erklärt Schöllhorn, gleiche einer langsamen Kamerafahrt über das Stück von Fauré.

Hans Zender geht in seiner ›komponierten Interpretation‹ der *Winterreise* von Franz Schubert ähnlich vor. Die Lieder von Schubert bleiben nur im Kern erhalten. Die Art und Weise, wie Zender einzelne Aspekte von Text, Gesang und Begleitung neu ausarbeitet, bringt die im Originalwerk angelegten Aspekte wie Einsamkeit, Sehnsucht und eisige Kälte noch plastischer zur Geltung.

Das ist keine Schwärmerei, sondern hier wird die Vergangenheit in der Gegenwart aufgehoben, und zwar durchaus im doppelten Wortsinn, also im Sinne von ›umsorgt‹ und im Sinne von ›ausgelöscht‹. Die moderne Tonsprache durchdringt dialektisch die Vergangenheit.

Beeindruckend ist in dieser Hinsicht auch Gérard Pessons Klavierquartett *Mes béatitudes* (»Meine Seligpreisungen«) von 1995, als höre man dem Komponisten dabei zu, wie er sich an eine bestimmte Musik erinnert. Bruchstücke der *Siebten Sinfonie* von Anton Bruckner tauchen auf, aber eben ohne deren orchestrale Wucht. Das Erhabene der romantischen Sinfonik dient hier nur noch als Rückzugsort, schwingt mit, ohne tatsächlich zu erklingen. *Mes béatitudes* ist eine äußerst verletzliche und persönliche Musik.

Der dänische Komponist Hans Abrahamsen eignet sich Geschichte wieder auf ganz besondere Weise an. Abrahamsen hatte bis in die 1990er Jahre einige bemerkenswerte Stücke geschrieben, bei denen er neue Verfahren von Schichtungen und Überlagerungen erprobte. Dann stürzte er in eine Schreibkrise und komponierte fast zehn Jahre lang nichts. Jeden Morgen saß er an seinem Schreibtisch und wartete auf eine Idee, auf eine Eingebung, auf einen Klang, den er niederschreiben könnte – ohne Erfolg. Den Weg aus der Krise fand er, indem er damit begann, Werke von Johann Sebastian Bach zu arrangieren. Das, was als Fingerübung oder Hausaufgabe begann, öffnete ihm schließlich das Tor in eine neue schöpferische Phase. Aus diesen Arrangements (in der Folge bearbeitete er außerdem Werke von Carl Nielsen und von Arnold Schönberg) entwickelte Abrahamsen eine neue Klangsprache, in der Tonalität, Klarheit und Einfachheit dominieren. Wer seinen Zyklus *Schnee* hört, der versteht, wie aus der Beschäftigung mit den Werken Bachs etwas vollkommen Neues und Eigenständiges erwachsen kann.

Nun birgt die Beschäftigung mit Altem und Vergangenem auch zahlreiche Gefahren in sich. Man versteckt sich doch irgendwie hinter alten Meistern und schmückt sich mit ihren Federn. Auch werden die alten Meister möglicherweise nur vorgeschoben, um private sentimentale Neigungen zu rechtfertigen. Wer gerne tonal komponiert und am liebsten zu Mozarts Zeiten gelebt hätte, sich aber nicht als altmodisch und unzeitgemäß beschimpfen lassen will, der kann sich über den Umweg der Bearbeitung in die Vergangenheit begeben.

Viele Komponierende komponieren gegenwärtig mit historischen Stilmitteln und sind damit erfolgreich. Komponisten wie Arvo Pärt, Giya Kancheli oder Thomas Adès wird dabei oft vorgeworfen, ihr Werk sei eklektisch und nicht im Diskurs der

Gegenwartskunst verankert. Wer von Adès das Streichquartett *Arcadiana* mit seiner Terzenseligkeit hört, versteht leicht, was gemeint ist. Die Neoklassik eines Ludovico Einaudi ist dann nicht mehr weit.

Damit soll kein vorschnell abwertendes Urteil über diese Musik gefällt werden. Doch bei aller Offenheit, die die Neue Musik im letzten halben Jahrhundert ausgezeichnet hat, sollte ein Werk doch zum einen originär und einzigartig, also keine Kopie und kein Abklatsch sein, und zum anderen sollte es etwas zu der Zeit seiner Entstehung beitragen, soll also im besten Sinne zeitgenössisch sein. Wenn ich Fugen im Stile von Bach komponiere, so ist daraus per se kein Kunstanspruch abzuleiten. Es ist eher ein Privatvergnügen, meine Werke werden aber vermutlich nicht Gegenstand eines öffentlichen Diskurses.

Der Komponist Jean Françaix wollte sich solches nicht vorschreiben lassen und träumte gerne in vergangenen Jahrhunderten. Etwas trotzig und mit dem Stolz der Selbstironie komponierte er 1987 *La promenade d'un musicologue eclectique*, also den »Spaziergang eines eklektischen Musikwissenschaftlers«. Die einzelnen Sätze sind u. a. Georg Friedrich Händel, Frédéric Chopin, Domenico Scarlatti und Maurice Ravel gewidmet. Und es gibt sogar eine kleine »Hommage an die zeitgenössische Musik«, mit atonalen Einsprengseln und bedeutungsschweren, abgehackten Bässen. Das ist zumindest humorvoll, wenn vielleicht auch ein bisschen arg gelehrt und pennälerhaft.

Zwischen dem Schimpfwort ›eklektisch‹ und der ästhetischen Position ›Eklektizismus‹ besteht ein Unterschied. Eklektisch bedeutet »unschöpferisch nachahmend«. Eklektizismus erhebt diesen Makel zum Prinzip, indem mit Stilelementen vergangener Epochen gearbeitet und sich nach Bedarf bei diesen bedient wird. Früher nannte man ein solches Vorgehen ›postmoderne Beliebigkeit‹. Es stellt sich jeweils die Frage neu, ob in der

Zusammen- und Gegenüberstellung von Stilelementen auch tatsächlich etwas Neues entsteht.

Alfred Schnittke kann das für sich in Anspruch nehmen. Schnittke entwickelte die Idee des Polystilistischen. In seinen Werken überlappen sich Tonsprachen, springt der Komponist virtuos zwischen den Epochen hin und her. Das ist bisweilen verwirrend, oft geradezu schwindelerregend. Man sucht nach Halt in einer Musik, die keinen fixen Ort, keine zentrale Referenz zu kennen scheint, denn bei Schnittke steht die Barockmusik gleichberechtigt neben dem Tango oder einer atonalen Passage. Sein *Concerto grosso Nr. 1* von 1977 kann man als ein entsprechendes Manifest verstehen. Natürlich knüpft Schnittke wie so viele an Berio an, aber er geht eben auch weiter als dieser, indem er das Prinzip des Zitats und der Polystilistik kategorisch denkt.

Versteht man das Zitat, die Bearbeitung und die Stilkopie von der Postmoderne her, dann bezieht man sich in erster Linie auf die Entwicklung der klassischen Musik. Doch ist es natürlich auch möglich, das Verfahren auf andere Musikgenres anzuwenden, indem man z. B. Jazz oder Rock'n'Roll in seine Werke einfließen lässt. Der Jazz hat vor allem die Komponisten der frühen Moderne wie Igor Strawinsky, Bohuslav Martinů, Darius Milhaud oder Paul Hindemith beeinflusst. Der zweite Satz von Maurice Ravels Violin-Sonate heißt z. B. »Blues«. Nach 1945 fanden nicht nur der Blues, sondern die Rockmusik und mit ihr der gesamte Kosmos der Popkultur Eingang in Werke der Avantgarde.

Ein frühes Beispiel stammt von James Tenney. Der experimentierte in den frühen 1960er Jahren mit einem Tonbandgerät und dem Verfahren der Collage. Eines seiner ersten Versuchsobjekte war Elvis Presley bzw. seine Version von »Blue Suede Shoes«. Tenneys »Collage #1 (Blue Suede)« kommt ziemlich wüst daher, die technischen Möglichkeiten sind offensichtlich noch begrenzt. Das Stück dauert nur dreieinhalb Minuten, und das Interessanteste an ihm ist die Tatsache, dass Tenney sich nicht einer Fuge von Bach annahm.

Man muss vielleicht dazu anmerken, dass Grenzüberschreitungen früher oft an gegenseitiger Anbiederung scheiterten. Man kombinierte eine Bluesband mit einem Symphonieorchester und wunderte sich, dass das Orchester nicht groovte und die Band auf dem Konzertpodium seltsam unbeholfen holperte. Als heroisch gescheiterter Versuch mögen hier die *Three Pieces for Blues Band and Symphony Orchestra* (»drei Stücke für Bluesband und Orchester«) von William Russo herhalten. Doch auch der Symphonic Rock, wie er von Bands wie Deep Purple gepflegt wurde, erstickte regelmäßig an seinem Größenwahn und dem verzweifelten Bemühen, etwas wahrhaft Großes herzustellen. Ausnahmen waren selten. Die Band Cassiber, zu der auch der Komponist Heiner Goebbels gehörte, ließ sich in den frühen 1980er Jahren mit ihrer Mischung aus Jazz, Punk, Rock und Neuer Musik keiner Strömung eindeutig zuordnen. In den 1990er Jahren setzte das Trio Steamboat Switzerland die Tradition fort. Und natürlich gab es Grenzgänger wie Frank Zappa, denen es gelang, gleichermaßen glaubwürdig im Bereich der Rockmusik und der Neuen Musik zu wirken.

Gegenwärtig sind Referenzen auf die Popkultur nicht mehr ungewöhnlich. Als der Schweizer Thomas Kessler nach Nordamerika zog, befasste er sich mit dem Hip-Hop als der prägenden Musikkultur seiner neuen Heimat. In einem Musikgeschäft stieß er auf eine CD von Saul Williams, einem Rapper, dessen Texte hohe lyrische Qualität haben und gleichzeitig stark politisieren. Kessler bot Williams eine Zusammenarbeit an, und Williams sagte zu. So entstand 2004 »Said the Shotgun to the Head« für Rapper, Chor und Orchester. Kessler hatte in den 1960er Jahren in Berlin das Electronic Beat Studio gegründet. Hier hatten nicht nur Avantgardemusiker, sondern auch Bands wie die Synthi-Rocker Tangerine Dream, die Krautrockband Ash Ra Tempel oder Rio Reiser aufgenommen. Kessler war also mit der Popkultur vertraut. Und so stellt seine Zusammenarbeit mit Saul Williams auch eine wahrhaft gelungene Kollaboration zwischen Avantgarde und Rap dar. Williams trägt seinen Text selbst vor: »Said the Shotgun to the Head«. Ein kleiner Chor unterstützt ihn dabei und schlägt eine Brücke zum Orchesterklang, der nicht versucht, Hip-Hop zu imitieren, sondern mit vielen Klangideen dem Text immer wieder neue Bedeutungsebenen erschließt. Und es ließen sich andere Beispiele nennen von Komponistinnen und Komponisten, die ihre Jugend nicht im Schulorchester, sondern mit einer Band im Proberaum verbrachten und die sich, wenn sie Elemente aus Pop und Rock in ihre Werke einflechten, nicht auf eine fremde Musikkultur zubewegen, sondern von jeher beide Welten in ihrem Denken einbanden, etwa Iris ter Schiphorst, Michael Wertmüller, Wolfgang Mitterer oder Bernhard Lang.

Kommen wir noch einmal auf James Tenneys Elvis-Presley-Hommage zu sprechen, die auch aus einem anderen Grund bedeutsam ist. Tenney musikalisiert mit der Collage ein Prinzip der bildenden Kunst. Natürlich verleitet die Arbeit mit Tonbändern und anderen Speichermedien dazu, Collagen zu erstellen. Es ist einfach zu verlockend, verschiedene Aufnahmen, Klangquellen und Musiksamples früher mit dem Tonbandgerät oder heute mit dem Sequenzer zu mischen. Ja, das Prinzip der Collage wirkt in der Musik sogar noch stärker als in der bildenden Kunst, weil sich kleine Musikteile stärker als im flachen Nebeneinander des Bildes miteinander verschränken lassen.

Zum Ende seines Lebens hat Henri Pousseur, ein Pionier der elektronischen Musik, versucht, die gesamte Welt in der Musik zu versöhnen. *Paysages planétaires* heißt sein epochaler, über dreieinhalb Stunden dauernder Zyklus. Die einzelnen Sätze tragen Titel wie »Alaskamazonie«, »Andes afro-nippones« oder »Vietnamibie«. Man ahnt, wohin die Reise geht: Natur- und Umgebungsgeräusche mischen sich auf elegante und atemberaubende Weise mit musikethnologischen Aufnahmen aus den jeweiligen Regionen. Pousseurs Unterfangen, Klänge und Musiken aus der gesamten Welt zusammenzubringen, ist ganz dem modernen Denken verhaftet, ist allumfassend, zukunftsverheißend und ein bisschen größenwahnsinnig. Um diese Vision umzusetzen, verwendet er aber Mittel und Techniken der Postmoderne. Das Ergebnis ist eine riesige Collage, die Zeit und Raum hinter sich zu lassen scheint.

17
Konzeptkunst – Komponieren im Diesseits

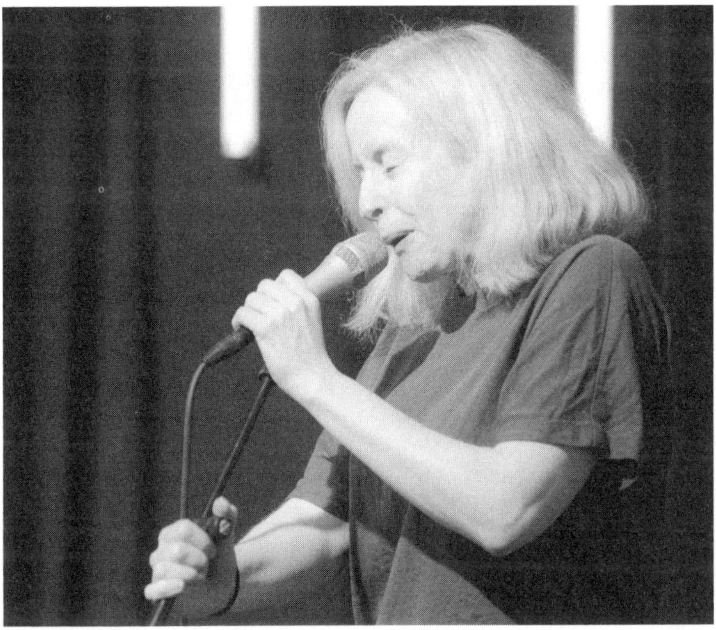

Johannes Kreidler hat drei Werke geschaffen, die nicht nur im deutschsprachigen Raum kontrovers diskutiert wurden. 2008 initiierte er die Aktion *product placement*. Die Videodokumentation über das Stück beginnt damit, wie Kreidler bei der Gesellschaft für musikalische Aufführungs- und mechanische Vervielfältigungsrechte (GEMA) anruft, die in Deutschland die musikalischen Verwertungsrechte verwaltet. Kreidler bittet die Telefonistin, ihm Formulare zukommen zu lassen, mit denen man ein Sample anmeldet und auf deren Grundlage die GEMA Tantiemen erhebt. Die Telefonistin fragt Kreidler, wie viele Formulare er benötigt. Die Pause, die entsteht, nachdem Kreidler »70 200« zur Antwort gibt, gehört wohl zu den schönsten Pausen in der an Pausen nicht eben armen Neuen Musik.

Mit seinem *product placements* führte Kreidler das Urheberrecht im 21. Jahrhundert ad absurdum. In seinem Stück, das 33 Sekunden lang ist, hat er angeblich tatsächlich die sagenhafte Zahl von 70 200 Samples verarbeitet. Er nennt *product placements* eine »Aktion«, und der Kern des Stücks ist eben nicht nur die Musik, sondern der Augenblick, als Kreidler mit einem Lkw die 70 200 Formulare bei der GEMA-Zentrale in Berlin anliefert. Medien und Berliner Kulturschaffende feierten die Aktion, Kreidler wurde von der *taz* zum »Che Guevara des Copyrights« gekürt, die GEMA sah sich gezwungen, eine Pressekonferenz einzuberufen.

Auch Kreidlers *charts music* von 2009 wurde große Aufmerksamkeit zuteil. *charts music* ist ein YouTube-Video, das entsprechend der Ästhetik der Online-Plattform eher trashig produziert wurde. Auch die Musik klingt eher fürchterlich. Kreidler arbeitet mit der Microsoft-Software Songsmith, die Amateuren und Laien helfen soll, zu Hause selbst Musik zu produzieren. Die Melodieverläufe, mit denen Kreidler Songsmith füttert, sind eigentlich Verläufe der Börsenkurse von Bankunternehmen während der Bankenkrise von 2008. Mit billigen Keyboardsounds hört und sieht man also, wie die Kurse etwa der Lehman Brothers und der Bank of America absinken und die Banken auf die Pleite zusteuern. Die Melodien fallen und fallen. Umgekehrt hört man aufsteigende Melodien zu Synthesizer-Begleitung basierend auf den ansteigenden Werten einer Statistik über tote Soldaten, den steigenden Gewinnen der Firma Heckler & Koch, der Zunahme der Anzahl der Lügen, die die US-Regierung pro Monat verlauten lässt, dem Anwachsen der Schulden der USA oder der Arbeitslosenquote sowie dem Wachstum der Pornographie-Industrie, bis das Stück in einem Ritardando der ins Bodenlose absinkenden Melodie aus NASDAQ-Daten endet. *Charts music* ist witzig und ätzend, keine schöne oder interessante, sondern eine besonders grauenvolle Musik. Man hört dem Stück den Ekel am Neoliberalismus und am Bankwesen an. Trotzdem (oder vielleicht gerade deshalb) gehört *charts music* mit über 500 000 YouTube-Aufrufen zu den erfolgreicheren Stücken der Neuen Musik.

Ebenfalls 2009 konzipierte Kreidler sein Stück *Fremdarbeit*. Er selbst steht bei der Aufführung auf der Bühne. Seine Erklärung, um was es in *Fremdarbeit* geht, ist bereits das Stück. Der Komponist berichtet, dass er einen Kompositionsauftrag erhalten, aber die eigentliche Arbeit outgesourced habe. Er habe dem chinesischen Komponisten X. Xiang, der anbietet, für jede Gelegenheit und in jedem beliebigen Stil zu komponieren, sowie dem indischen Audioprogrammierer R. Murraybay jeweils Beispiele seiner Musik geschickt, verbunden mit der Bitte, Stilkopien anzufertigen. Xiang sollte selbst komponieren, Murraybay einen »Kreidler-Algorithmus« programmieren. Das Ergebnis der beiden vergebenen Fremdaufträge wird dann zusammen mit den Werken Kreidlers, die er den beiden Zuarbeitern geschickt hatte, von einem Ensemble gewissermaßen als Erfüllung des vergebenen Kompositionsauftrags aufgeführt. Kreidler erklärte, er habe 1500 € für seinen Kompositionsauftrag erhalten, aber nur 150 € an die Fremdarbeiter zahlen müssen.

Fremdarbeit rührt an viele heilige Kühe der Kunst, wie die Werte Originalität, Authentizität und Autonomie. Dass man als Komponist eine ausbeuterische Strategie der Gewinnmaximierung, die man eher bei einem Wirtschaftsunternehmen vermuten sollte, nutzt und Musik, die von jemand anderem komponiert wurde, als seine eigene vorstellt, ist eine Ungeheuerlichkeit. Bei der Uraufführung war die Empörung im Publikum geradezu greifbar, und es gab lautstarke Proteste.

Die drei genannten Werke *product placements, charts music* und *Fremdarbeit* machten Kreidler quasi über Nacht berühmt. Seine Werke initiierten eine Debatte über die Möglichkeiten, mit Musik auf gesellschaftliche Entwicklungen zu reagieren, sowie darüber, welche Strategien in der Welt des Performativen und des Digitalen man verfolgen sollte. Kreidler und mit ihm viele anderen Komponierende vollzogen den Schritt hin zu einer konkret-fasslichen Kunst, die sich nicht zwingend über raffinierte Kompositionsverfahren definiert. Im deutschsprachigen Raum wurde diese Entwicklung unter den Schlagworten »Neuer Konzeptualismus« und »Diesseitigkeit«, im englischsprachigen Raum unter dem von Jennifer Walshe geprägten Begriff »new discipline« und der von Kim Seth-Cohen erdachten Bezeichnung einer ›nicht-cochlearen‹ Musik diskutiert. Die Komponierenden kamen zumeist aus dem deutsch- und englischsprachigen Raum und aus Norwegen und wurden zum großen Teil in den 1970er Jahren geboren.

Mehrere Faktoren trafen aufeinander, um diesen durchaus als Generationsbruch empfunden Wandel zu provozieren.

Zum einen kann man jüngeren Komponierenden eine gewisse Institutionenmüdigkeit bescheinigen. Vielen Studierenden der 1990er und 2000er Jahre erschienen die Einrichtungen der Neuen Musik wie zubetoniert: die Ensembles, die Festivals, die Art, wie Musik gemacht, gehört und über sie gesprochen wurde. Ein zentrales Anliegen dieser Generation bestand deshalb darin, sich von diesen Vorgaben zu befreien, indem man eigene Besetzungen, Gattungen oder Konzertformate entwickelte.

Zum anderen kann man bei diesen Komponierenden sicher auch eine gewisse Enttäuschung über die selbstzufriedene Isolation der Neuen Musik erkennen. Die Diskurse der Neuen Musik drehten sich anscheinend nur noch um sich selbst, es ging fast nur noch um Kompositionsverfahren und -techniken und immer weniger um Inhalte. Das galt vor allem für solche Länder, in denen die Neue Musik einen institutionellen Charakter angenommen, also seinen utopischen und revolutionären Anspruch aufgegeben hatte. »This used to be utopian music, now it's a style«, fasste der norwegische Komponist Øyvind Torvund das Dilemma zusammen.

Mit der Bezeichnung »new discipline« hatte Jennifer Walshe einen umfassenden und wenig dogmatischen Begriff gefunden, um zentrale Aspekte dieses Umbruchs zu beschreiben. Zunächst bezeichnet der Begriff nichts anderes, als dass die Kompetenz eines Komponisten über das Notenblatt hinausreicht. Walshe nennt körperliche, theatralische und visuelle Elemente, doch gehören sicher auch andere Aspekte wie der Umgang mit neuen Medien dazu. Sie betont dabei, dass »new discipline« keine eigene Ästhetik oder Schule bezeichnen würde, sondern dass der Begriff rein technisch-handwerklich zu verstehen sei. Doch natürlich hat die Öffnung des Metiers auch Konsequenzen für die Ästhetik. Walshe hat in ihren eigenen Werken häufig Videos einbezogen und mit *Found footage*, also vorgefundenen Filmversatzstücken gearbeitet. Sie hat ein Stück, bei dem auf der Bühne gekocht wird, und eine Oper für Barbie-Puppen komponiert.

Sie hat multiple Künstleridentitäten wie etwa die der verschiedenen Mitglieder der fiktiven Künstlergruppe Grúpat angenommen und eine künstliche Intelligenz so trainiert, dass die KI mit dem Klang ihrer Stimme Werke der Renaissance imitiert, wie es auf der 2020 veröffentlichten Audiokassette *A Late Anthology of Early Music* zu hören ist. Ihre Werke sind humorvoll, ironisch, tiefsinnig, persönlich und weisen immer auch auf die blinden Flecken ihres Metiers.

Als Walshe im Jahre 2000 bei den Darmstädter Ferienkursen erstmals auf sich aufmerksam machte, hatte das auch für deutsche Komponistinnen und Komponisten einen gewissen Bewusstseinsschub zur Folge. Damals gründete sich das Kollektiv Stock 11, das eine neue, offene und entinstitutionalisierte Ästhetik vertrat. Zur Gruppe gehörten u. a. die Komponisten Maximilian Marcoll, Martin Schüttler und Hannes Seidl, die Musiker Sebastian Berweck (Klavier, Synthesizer) und Mark Lorenz Kysela (Saxophon) sowie der Musikwissenschaftler Michael Rebhahn. Schüttler prägte in diesem Zusammenhang den Begriff »Diesseitigkeit«, um eine bestimmte Haltung zu markieren. Dem Kollektiv ging es nicht nur um Stoffe und Sujets, die aus der Lebenswirklichkeit der Komponierenden kamen, sondern auch um Methoden der Musikalisierung, die tradierte, als ästhetizistisch empfundene Kompositionstechniken überwanden. Die Innovationen im Material, z. B. die Arbeit mit Geräuschklängen, waren von den Lehrern dieser Generation längst vollzogen und durchgesetzt worden. Jetzt sollte es um die Art und Weise gehen, wie Material generiert, arrangiert, inszeniert und präsentiert wird, wie etwa in Martin Schüttlers Ensemblestück *Selbstversuch, die Anderen* für verstärktes Ensemble, Rückkopplungen und Live-Elektronik von 2013.

Der eigentlichen Komposition des Stückes ging eine Art Experiment voraus. Schüttler stellte sein Arbeitszimmer mit Hindernissen zu und installierte dann eine Reihe von Klangquellen, auf denen das Material für das zu komponierende Stück mit fast schmerzhafter Lautstärke abgespielt wurde, sowie Schalter, mit denen man die Klangquellen für einige Sekunden ausschalten konnte. Über die Hindernisse hinweg versuchte er nun, die Klangquellen nach und nach und wieder und wieder auszuschalten, mit dem Ziel, einen Augenblick der Stille herzustellen, was aber aufgrund der Anordnung der Schalter nicht gelingen konnte. Seine Bewegungen, Aktionen und das Klangergebnis dieses Experiments zeichnete er auf, und diese Aufzeichnungen wurden zum Ausgangspunkt für die im Anschluss entstandene Partitur.

Eine zweite Bedeutungsebene im Werk ergibt sich aus den Texten, die Schüttler aus Pressekonferenzen für die Premieren von Zombiefilmen zog. Ihm war der Gegensatz zwischen der nüchternen PR-Sprache einerseits und dem lasziven Horror der Filme andererseits aufgefallen. Im Stück sind die PR-Texte auszugsweise gesungen zu hören. Das Stück selbst ist dann ein vielschichtiges Gebilde, das sich zwischen nervtötendem Lärm und dem Bedürfnis nach Ruhe und Stille, zwischen hektischen Bewegungsabläufen und dem Zombietum, zwischen dem Selbst und den anderen auftut. *Selbstversuch, die Anderen* ist diesseitige Musik.

Das kompositorische Gefüge wurde bei Schüttler u. a. dadurch geprägt, dass er dem Kompositionsakt mit den hektischen Bewegungen im mit Möbeln zugestellten Zimmer ein Handlungsmoment vorausschickt, dass nicht primär musikalisch ist, sondern eher zur Überforderung und zum Nervenzusammenbruch neigt. Die Einrichtung solcher kompositorischen Vorstufen hat in der Kunst des 20. Jahrhunderts eine lange Tradition. Man nennt die Idee bzw. den Entwurf zu einem Stück ein Konzept. Die Konzeptkunst erhebt diese Phase der Werkgenese zum eigentlichen schöpferischen Akt. Auch in der Musik sind wiederholt Konzepte angewandt worden. Komponisten und Komponistinnen haben dann nicht musikalische Verläufe detailliert ausgearbeitet, sondern ihre schöpferische Kraft darauf verwendet, eine Situation zu erschaffen, in der eine bestimmte Musik entsteht.

Gottfried Michael Koenig, Pionier der algorithmischen und elektronischen Musik in Köln, berichtete, dass Karlheinz Stockhausen angesichts eines Konzerts von John Cage vom Glauben abfiel. Cage weist in seiner *Radio Music* von 1956 jeweils zwei Musiker dazu an, gemeinsam ein Radiogerät zu bedienen. Einer der beiden Musiker verändert nach einer bestimmten Vorschrift die Empfangsfrequenz, der andere Musiker die Lautstärke. Da nun an jedem Ort andere Sender empfangen werden, kann man unmöglich vorhersehen, ob bei einer bestimmten Aufführung überhaupt etwas bzw. was empfangen wird. Oft war bei den alten analogen Geräten nur Knistern und Rauschen zu hören. Und es konnte sogar die Situation eintreten, dass, wenn doch ein Radiosender empfangen wurde, genau in dem Moment der zweite Spieler die Lautstärke auf null drehte. Cage hatte ein für sich stimmiges Konzept entwickelt, das auch die Möglichkeit einer solch musikalisch gesehen unsinnigen Aktion einschloss. Und genau das wollte Stockhausen nicht wahrhaben.

Das Wesen der Konzeptkunst besteht darin, dass nicht das klingende Ergebnis, sondern die Art und Weise, wie die Musik hervorgebracht wird, künstlerisch ausgearbeitet wird. (Damit unterscheidet sie sich nicht allzu stark von einer algorithmischen Komposition, bei der ein bestimmter Algorithmus entwickelt oder programmiert wird, der dann die kompositorische Tätigkeit ausführt.) Man kann den Schöpfern dieser Konzepte durchaus vorwerfen, dass sie nicht mit einem Ohr für das zu Erklingende arbeiteten und somit eine gewisse Unmusikalität oder gar eine Rücksichtslosigkeit den Zuhörenden gegenüber in Kauf nehmen. Doch verkennt diese Kritik vier wichtige Aspekte der Konzeptkunst.

Komponisten wie John Cage ging es zunächst auch darum, ihren persönlichen Geschmack so weit wie möglich auszuschalten und somit all das, was sich an Hörerfahrung oder historischem Wissen in ihnen angehäuft hatte, zu überwinden und eine Musik zu erschaffen, die frei von subjektiven Befindlichkeiten ist.

Zweitens eröffnet die Konzeptkunst dem Komponisten die Möglichkeit, Neuland zu erschließen, also eine Musik zu erschaffen, die er selbst nicht hat imaginieren können, weil er die Erscheinung der Musik einer anderen Instanz, nämlich dem Konzept, überlässt. Das Konzept wird damit also zu einem Erkenntniswerkzeug eines ergebnisoffenen Experiments.

Drittens eröffnet das Konzept dem Komponisten die Möglichkeit, einen zusätzlichen Bedeutungsrahmen zu schaffen. Martin Schüttlers *Selbstversuch, die Anderen* liefert in seiner Aussichtslosigkeit und Getriebenheit einen wichtigen Schlüssel, um die Entstehung von musikalischem Zusammenhang zu erklären, und Cages *Radio Music* lässt sich auch als Medienkritik deuten.

Viertens schließlich kommen Werke, denen ein Konzept zugrunde liegt, keineswegs so beliebig daher, wie es die Konstitution des Werks vielleicht nahelegt. Schüttlers *Selbstversuch, die Anderen* mündet am Ende in einer klar ausdefinierten Partitur, Cages *Radio Music* würde man in jeder Aufführung anhand der Besetzung und des Klangbilds sofort wiedererkennen. Der Vorwurf von Beliebigkeit in Bezug auf das Klangergebnis gilt also nur bedingt.

Ein weiteres Beispiel: Auf der Bühne stehen verschiedene Schlaginstrumente, ein Verstärker und ein Stuhl. Der Performer nimmt auf dem Stuhl Platz. Ihm wird am Kopf eine EEG-Elektrode angebracht, die mit dem Verstärker direkt verbunden ist. Sie misst und überträgt Alphawellen, also Aktivitäten des Gehirns im Ruhezustand. Der Musiker sitzt auf der Bühne und denkt an möglichst wenig. Das Gehirn setzt dann Alphawellen frei. Der Verstärker verstärkt die Wellen. Das verstärkte Signal versetzt die Schlaginstrumente in Schwingung. Das Ergebnis ist eine ziemlich zusammenhanglose, gelegentlich leicht polternde Schlagzeugmusik, die in diesem Setting gespenstisch wirkt. Alvin Lucier, Jahrgang 1931, hat dieses Stück »Music for Solo Performer« 1965 komponiert; es ist das erste Stück in einer Reihe von Konzeptwerken des US-amerikanische Komponisten, mit denen er die Möglichkeiten der physikalischen Akustik erprobte und immer wieder neue Facetten des Klangs und des Hörens aufzeigte.

Zu Luciers berühmtesten Stücken gehört »I Am Sitting in a Room« von 1969. Der Performer spricht einen Text. Der Text wird auf Tonband aufgenommen und anschließend über einen Lautsprecher wieder abgespielt. Dies wird wiederum auf Tonband aufgenommen, im Anschluss wieder abgespielt und so weiter. Jedes Mal, wenn die Aufnahme erklingt, werden leichte Resonanzen des Raums mitaufgenommen. Und das bedeutet: Jedes Mal verändert sich die Aufnahme ein klein wenig. Zu Beginn nimmt man den Unterschied zwischen den verschiedenen Aufnahmen kaum wahr, doch im Verlauf der Zeit, wenn man bei der zehnten oder zwanzigsten Reiteration angekommen ist, kann man kaum fassen, wie stark die Veränderung geworden ist, mit der die Raumakustik die Aufnahme prägt. Am Schluss kann man kaum noch erkennen, dass überhaupt jemand spricht, man hört vielmehr einen glockig-verzerrten Klang in einem dichten, fast rauschigen Spektrum. Der Text, den Lucier spricht, erklärt das Prinzip des Stücks. Aus diesem Grund heißt das Stück »I Am

Sitting in a Room«, denn mit diesem Satz beginnt das Werk. Der Performer spricht den Text nur ein einziges Mal und lauscht danach, gemeinsam mit dem Publikum, den Veränderungen der Aufnahme. »I Am Sitting in a Room« ist ein Geniestreich und ein Lehrstück. Das Ergebnis lässt sich seiner Werkbeschreibung nach kaum vorhersehen. Und während man das Stück hört, wird einem plötzlich klar, was alles eine Rolle spielt, wenn Musik in einem Raum erklingt.

Auch in Europa begegneten seit dem Ende der 1960er Jahre Künstlerpersönlichkeiten, die den Musikbegriff über das Klingende hinaus ausweiteten und die vorrangig mit Konzepten und Prozessen arbeiteten, zunächst im Fahrwasser der Fluxus-Bewegung, in der sich etwa Nam June Paik, Dieter Roth und Wolf Vostell auch musikalisch auslebten. In Bezug auf Vostells Performance, bei der er Glühbirnen gegen eine ihn vom Publikum trennende Glaswand warf oder mit einem Hammer Kriegsspielzeug zertrümmerte, ist auf jeden Fall sowohl der Begriff der »new discipline« als auch der der Diesseitigkeit angemessen.

Dem Habitus nach mit der Fluxus-Bewegung zumindest verwandt sind die künstlerischen Aktivitäten einer Reihe von norwegischen Komponierenden. Berühmt wurde Trond Reinholdtsen mit seinem Projekt *The Norwegian Opra*, das viele Mythen und Eigentümlichkeiten des Opernbetriebs ironisch, bisweilen durchaus gallig durchspielt, von den Schöpfungsphantasmen einer Nationaloper Wagner'schen Ausmaßes bis hin zur Popcornmaschine. Mal versuchen als Urzeitwesen Verkleidete aus Brettern ein Opernhaus zu bauen, mal moderiert Reinholdtsen seine Happenings mit einem übertriebenen, das Genie beschwörenden Gestus.

Øyvind Torvund wiederum bemüht sich in jedem seiner Werke, Musik in einen neuen Kontext zu stellen. In frühen Werken arbeitete er u. a. mit Naturlauten. Die Musiker spielen im

Wald und ahmen dort die Klänge der Natur nach. Oder sie imitieren das Heulen von Wölfen. In einer anderen frühen Werkreihe bringen sich Musiker gegenseitig Neue Musik bei, so wie sonst Volksmusik von Generation zu Generation weitergegeben wird, nämlich ohne Noten, durch Vor- und Nachspielen. 2019 erschien *The Exotica Album*, das mit den Klischees des Exotica-Genres spielt, mit Hawaii-Klängen und eleganten Rhythmen, diese aber immer wieder mit Elementen der Neuen Musik wie etwa Geräuschklängen verbindet. Diese Musik versucht, frei zu sein und sich keine Grenzen zu setzen.

Peter Ablinger, Jahrgang 1959, hat sich in der Musik der Gegenwart in besonderem Maße als einzigartig und wegweisend behauptet. Immer wieder hat er Werke geschaffen, in denen Außermusikalisches in eine kunstvolle Hörsituation gebracht wird. In seiner radikalsten Form sind das eine Reihe von Stühlen, die in einer Landschaft aufgestellt werden und zum Naturhören einladen. In anderen Werken übersetzt er Field Recordings in musikalischen Klang. Das kann der Lärm einer Straßenkreuzung in Berlin oder aber Sprachaufnahmen berühmter Menschen wie Bertolt Brecht oder Hanna Schygulla sein, die er in seinem Zyklus *Voices and Piano* von einem Klavier imitieren lässt. In anderen Werken ist es der einer Muschel eigene Ton oder das Rauschen verschiedener Laubbäume, die ins Bewusstsein der Zuhörenden dringen.

Ablinger verfolgt dabei zwei einander ergänzende Ziele. Zum einen will er mit Hilfe von Konzepten subjektive Momente wie Geschmack und Ausdruck überwinden, und zum anderen will er Situationen schaffen, in denen Klang auf eine für uns neue und ungewohnte Weise zu seinem Recht kommt und in denen wir über unser Musikverständnis und unser Hören nachdenken müssen. In seiner Werkreihe *Quadraturen* werden Field Recordings akustisch gerastert und dann in Töne für Musikinstrumente übersetzt. Da Ablinger nur sehr grob rastert, entsteht eine eher blockhafte Musik, die auch dann, wenn man sie im Vergleich mit dem Original hört, nur sehr vage an dieses erinnert.

Ablinger erklärt den Fotorealismus aus der Malerei zur Grundlage seines Prinzips, eine Form der »Wirklichkeitsaneignung«, in der man ein Foto mit Pinsel, Farbe und Leinwand so genau wie irgend möglich wiedergibt. Die zentrale Denkfigur der Ablinger'schen *Quadraturen* gipfelt in dem Satz: »Die Musik beobachtet die Wirklichkeit.« Nicht nur erhebt Ablinger die Musik damit zu einem Erkenntnisinstrument, das uns Auskunft über die Wirklichkeit geben kann, sondern er schreibt ihr eine eigenständige, aktive Rolle zu. Als Hörer werden wir Zeuge davon, wie die Musik die Wirklichkeit beobachtet. Der Soziologe Niklas Luhmann hatte in seinem Buch *Die Kunst der Gesellschaft* dargelegt, dass der Betrachter von Kunst ›das Beobachten beobachte‹. Ablinger spitzt diesen Gedanken zu, indem wir als Zuhörende nicht den Künstler, sondern die Musik selbst beim Beobachten beobachten. Das bedeutet nicht, dass Ablinger die Urheberschaft seiner Werke leugnet, doch definiert er die Rolle des Komponisten anders, indem dieser eben nur die Voraussetzung dafür schafft, dass Musik sich entfalten kann.

Dass Konzepte in der Musik der jüngeren Generation wieder eine größere Rolle spielen, hat sicher damit zu tun, dass sie helfen, Bestehendes zu überwinden und in neue Bereiche vorzudringen. Es hat auch möglicherweise etwas damit zu tun, dass Konzepte der Musik Bedeutungsräume erschließen, die ihr sonst verwehrt bleiben. Konzepte sind ein Indiz für einen Umbruch und Veränderungen. Neue Musik ist immer in einem Wandlungs- und Erneuerungsprozess gewesen. Die Musik der vergangenen Jahrzehnte hat nochmals viele Möglichkeiten erschlossen, die davon zeugen, dass die Neue Musik eine lebendige und streitbare Kunstform bleibt.

Epilog – am Ende der Neuen Musik: Melancholie und Zuversicht

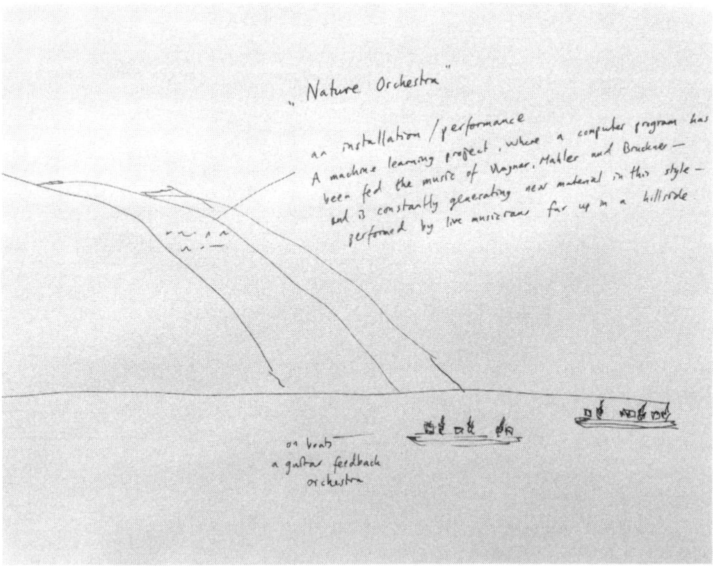

Für Joanna Bailie war 1979 ein aufregendes Jahr. Sie wurde fünf Jahre alt. Die Familie zog um. Ihr erstes Schuljahr begann. Und sie nahm erstmals bewusst Popmusik wahr. Auch wenn sie es damals nicht so deutlich hätte formulieren können, wurde ihr klar, dass Popmusik die Basis ihrer kulturellen Existenz, der kulturellen Existenz ihrer Zeit war.

44 Jahre später schrieb Bailie ein Stück über diese Primärerfahrung, über ihre kulturelle Kalibrierung. »1979« ist ein melancholisches, schwermütiges und in sich selbst verlorenes Stück Musik. Der Klang ist unscharf und trübe. Das dazugehörige Video zeigt verschwommene Bilder vorbeifahrender Autos. Verkehrsrauschen erklingt wie aus weiterer Ferne. Die Musiker spielen lang ausgehaltene, fahle Akkorde. Einzelne Instrumente verlieren sich in Melodiefetzen, die die Musik wie eine schöne Krankheit befallen.

Bailie erklärt, sie habe versucht, alles das, was sie je gehört hat, zu speichern und in diesem Stück wiederzugeben. Die Musik ist gesättigt mit Musik, mit Geräuschen, mit akustischen Erinnerungen. Auch optisch wird die Vergangenheit beschworen. Im Video sieht man verschwommen eine Frau, die man als Debbie Harry (»Blondie«) erkennen kann und die 1979 mit »Heart of Glass« ihren ersten Nummer-eins-Hit hatte. Bailies »1979« ist eine paralysierte Musik. Man ist in seiner Erinnerung gefangen, im unwiderstehlichen Sog der Melancholie.

Solch angenehme Traurigkeit und glückselige Lähmung sind in der Musik wieder und wieder umgesetzt worden. Schon in der Renaissance waren Vergänglichkeit und Melancholie gängige Themen. Schließlich vermag keine andere Kunstform das Gefühl von Einkehr, Kontemplation und Melancholie so treffend darzustellen, ja, eigentlich sogar hervorzurufen, wie Musik.

Auch in der Neuen Musik sind Melancholie und Vergänglichkeit oft Gegenstand. In den vorangegangenen Kapiteln ist man ihr in den Werken von Feldman, Sciarrino, Abrahamsen und Birtwistle begegnet. 2003 veröffentlichte der US-amerikanische Ambientmusiker William Basinski sein Album *La melancholia*. Auch Basinski lauscht der Vergangenheit nach, verliert sich in Loops, hüllt die Klänge in eine Patina des Rauschens. Die Klänge lassen sich nicht fassen, als wären sie hinter Glas.

Ein anderes Thema treibt die Musik seit den 2010er Jahren um: die Künstliche Intelligenz. 2017 dirigierte Christian von Borries die Dresdner Sinfoniker. Auf dem Programm stand *The Dresden AI Score*, eine Partitur, die von einer Künstlichen Intelligenz komponiert worden war. 2017 war das eine kleine Sensation.

Was wusste diese KI über Musik? Das, was man ihr beigebracht hatte. Sie kannte vornehmlich Orchesterwerke des 19. Jahrhunderts. Und so dümpelte die Musik ein bisschen unbeholfen im Stile der großen Sinfonik dahin.

Zwei Jahre später programmierte Nick Collins eine Software, die Musik kategorisieren und bewerten können sollte. Man hatte sie zuvor 100 Klavierstücke Neuer Musik als Referenz hören lassen. Auf dieser Basis konnte der *curAItor*, wie Collins die Software nannte, zeitgenössische Klaviermusik beurteilen. Bei den Donaueschinger Musiktagen kam es daraufhin zu einem Konzert, dessen Programm der *curAItor* ausgewählt hatte.

Dies waren Ende der 2010er Jahre die ersten Versuche, Maschinen Teile des schöpferischen Prozesses zu überantworten. Der Computer soll dabei kein bloßes Recheninstrument mehr sein, sondern eine Instanz, die in der Lage ist, eigenständig künstlerische Entscheidungen zu treffen.

Schon seit langem gibt es Computerprogramme, die Bach-Choräle und Mahler-Sinfonien komponieren können. Jetzt sollten originäre, authentische Kunstwerke folgen. Dass dies im Jahre 2024 noch nicht der Fall ist, belegt der eklektische Charakter vieler KI-Kompositionen. Doch die Aussicht, dass Komponisten und Komponistinnen einst von der KI überholt werden könnten, versieht die ganze Diskussion mit einem Fragezeichen.

Vielleicht kann man die Situation mit der Erfindung der Fotografie vergleichen, die Maler im ausgehenden 19. Jahrhundert dazu nötigte, die Eigentlichkeit ihres Metiers zu reflektieren und aus ihren Erkenntnissen neue Perspektiven abzuleiten. Damals entstanden neue, betont unrealistische Arten zu malen, Strömungen wie der Expressionismus und der Impressionismus konnten entstehen. In ähnlicher Weise sehen Komponierende sich heute dazu herausgefordert, sich zu fragen, was ihre Musik von der einer kreativen Maschine unterscheiden könnte.

Nicht dass diese Frage bereits explizit gestellt und zu beantworten versucht worden wäre. Doch lässt sich in Werken der angehenden 2020er Jahre vielleicht doch eine gewisse Introspektion beobachten. Werke, die einer Selbstbefragung gleichen. In denen Komponierende sich ihrer selbst zu vergewissern suchen.

Bei Bailie und ihrem Soundspeicher ist das der Fall. Und wenn sich die junge türkische Komponistin Didem Coşkunseven in ein Szenario hineinkatapultiert, in dem sie sich nachts alleine in einem Wald befindet und dann der Stille, der Einsamkeit, der Ruhe, der Furcht nachhorcht, dann ist auch das eine Form von Einkehr. Auch hier werden die Topoi der Melancholie aufgegriffen, ist man als Hörer in düster-schönen Motivschleifen gefangen. In ihrem Stück »Ext. The Woods. Night« spinnen Saxophon, E-Gitarre, Schlagzeug und Klavier Fäden aus Klang, die Elektronik verleiht dem Ganzen einen weiten, offenen Raum. Nicht unbedingt gruselig, aber doch einsam und furchtsam ist diese Musik.

Es ist nicht leicht, aus der Gegenwart heraus eine Prognose für die Zukunft zu treffen. Und es ist vielleicht auch nicht zulässig, induktiv aus einigen jüngsten Werken wie denen von Bailie und Coşkunseven eine Tendenz ableiten zu wollen. Dennoch ist es sinnvoll, Zeitenwenden als solche überhaupt zu erkennen und wenigstens versuchsweise zu benennen. Die aufmüpfige, institutionsmüde und politisch engagierte Phase der Diesseitigkeit, die die 2010er Jahre dominierte, ist in den 2020er Jahren offenbar vorüber. Entsprechend wird inzwischen häufig beklagt, dass die jüngste Musik sich doch vielfach dringlicher gesellschaftlicher Themen enthält. Schaut man zurück, dann ergeben sich deutliche Abschnitte und Zäsuren in den Jahrzehnten der Neuen Musik.

Die 1950er und 1960er Jahre nennt man heute mit einem Augenzwinkern die heroischen Jahre. Hier wurde für eine neue Kunstform gekämpft, die Ästhetik war radikal und wurde konsequent durchgesetzt. Tonangebend waren die serielle Musik, die elektronische Musik und die Musique concrète, die amerikanische Avantgarde Cage'scher Prägung, es gab Skandale im Konzertsaal, Manifeste, Pamphlete.

In den 1960er Jahren öffnete sich das Komponieren: freie Formen, Improvisation, Happenings und Fluxus.

Die 1970er Jahre bereiteten einer Intensivierung des ästhetisch Erlebten den Weg: die New Complexity als manierierte Steigerungsform, die Neue Einfachheit und die Minimal Music.

Die 1980er Jahre zeigen sich im Rückblick als Jahre der Institutionalisierung; Ensembles wie das Ensemble intercontemporain in Paris (1976), das Ensemble Modern in Frankfurt am Main (1980), das Klangforum Wien (1985) und das Ensemble Musikfabrik in Köln (1990) stellten die Neue Musik auf eine gefestigte Basis.

Die 1990er waren ein Jahrzehnt der Konsolidierung, in der gängige Positionen und Stile zwar weiter ausdifferenziert, aber nicht grundlegend verändert wurden. Tim Rutherford-Johnson hat die Musik dieses Jahrzehnts in seinem *Music After the Fall* auf den Mauerfall und seine politischen Folgen bezogen und einen neuen Ton in der Musik diagnostiziert.

Das neue Jahrtausend leitet wieder eine Phase der Öffnung von Möglichkeiten, Stilen und Grenzüberschreitungen ein. Die Vorstellung davon, was Neue Musik ist, wurde von ihren Rändern her in Frage gestellt, während die Definitionsmacht der Institutionen von jungen Komponisten und Komponistinnen herausgefordert wurde.

In diesem Buch sind viele verschiedene Ansätze, Ästhetiken, Stile und Genres vorgestellt worden. Sie tragen dieser Öffnung der letzten Jahrzehnte Rechnung. Es gibt heute nicht mehr DIE Neue Musik. Und die ehemaligen Zentren der Neuen Musik wie Darmstadt und Donaueschingen sind heute nur mehr zu Teilen eines weitverzweigten Netzes von Orten, Einrichtungen, Festivals, Ensembles und Gruppierungen auf der ganzen Welt geworden.

Fast schon resigniert und ein wenig defätistisch stellte der ehemalige Leiter des Klangforum Wien, Sven Hartberger, in einem Interview fest, dass die Neue Musik eigentlich an ein Ende gekommen sei und sich längst ein neues Zeitalter anbahne. Dafür aber ist noch zu viel Neue Musik auch im herkömmlichen Sinne in der Welt. Es gibt mehr Komponierende, mehr Interpretierende, mehr Veranstaltungen und auch mehr Publikum für die Neue Musik denn jemals zuvor. Es werden auch keine Türen mehr unter verständnislosem Protest zugeschlagen. Vieles von dem, was in der Avantgarde erprobt wurde, hat Eingang gefunden in den Mainstream von Popkultur und Filmindustrie.

Vielleicht kommt diese Entwicklung dereinst an ein Ende, und ein neues Kapitel der Musikgeschichte wird aufgeschlagen. Doch vieles von dem, was Neue Musik auszeichnet: die Lust am

Klang, das Experiment, die Neugier, aber auch eine eigene Notenschrift, die Partitur, ihre Interpretierenden, der Konzertsaal und sein Publikum, ist heute noch gegenwärtig. Und viele sind nach wie vor hungrig auf Neue Musik, die im besten Fall auch immer eine neue Musik ist.

Leseempfehlungen

Attali, Jacques: Bruits. Paris 1977.

Grund, Vera / Nöske, Nina (Hrsg.): Gender und Neue Musik. Von den 1950er Jahren bis in die Gegenwart. Bielefeld 2021.

Haffter, Christoph: Musikalischer Materialismus. Eine Philosophie der zeitgenössischen Musik. Weilerswist 2023.

Harper, Adam: Infinite Music. Imagining the Next Millenium of Human Music-Making. Winchester 2011.

Hiekel, Jörn Peter / Utz, Christian: Lexikon Neue Musik. 200 lexikalische Artikel und 15 Essays. Kassel 2016.

Hindrichs, Gunnar: Die Autonomie des Klangs. Eine Philosophie der Musik. Berlin [2]2015.

Kisiedu, Harald / Lewis, George (Hrsg.). Composing While Black. Afrodiasporische Neue Musik Heute. Hofheim am Taunus 2023.

Reynolds, Simon: Retromania. Warum Pop nicht von seiner Vergangenheit lassen kann. Berlin 2012.

Ross, Alex: The Rest is Noise. Das 20. Jahrhundert hören. München 2009.

Rutherford-Johnson, Tim: Music After the Fall. Modern Composition and Culture Since 1989. Berkeley 2017.

Seth-Cohen, Kim: In the Blink of an Ear. Toward a Non-Cochlear Sonic Art. London 2009.

Steinaecker, Thomas von / Bassewitz, David von: Stockhausen. Der Mann, der vom Sirius kam. Die Biografie über einen Pionier der elektronischen Musik. Köln 2022.

Abbildungsnachweis

S. 15: Conlon Nancarrow komponierte seit den 1940er Jahren für mechanische Klaviere. In seinem Studio waren Stanzmaschine und Ventilhydraulik wichtiger als Bleistift und Notenpapier.

S. 31: Der Komponist Hannes Seidl initiierte 2016 den Radiosender Good Morning Deutschland, der mehrsprachig sendet und Geflüchteten die Möglichkeit gibt, sich musikalisch auszutauschen. – © Hannes Seidl

S. 47: Die kalifornische Künstlerin Laetitia Sonami hat ihren Datenhandschuh mit Sensoren der Automobilindustrie entwickelt, um Klang durch Handbewegungen zu steuern und zu modulieren. – © Joker Nies

S. 59: Das Orquesta Experimental de Instrumentos Nativos aus Bolivien spielt Neue Musik für indigene Instrumente wie die besonderen Flöten- und Schlaginstrumente aus dem Andenraum. – © Promo

S. 71: Der US-amerikanische Komponist Harry Partch arbeitete mit einem eigenen Stimmungssystem, für das er wiederum eigene Instrumente mit teils phantasievollen, teils antiken Namen wie Cloud-Chamber Bowl oder Kithara verwendet. – Wikimedia Commons / Sea2nyc / CC BY-SA 4.0 DEED

S. 85: Die New York School revolutionierte unsere Vorstellung von Musik seit den 1940er Jahren mit einem Kreis von Komponisten, zu dem neben John Cage (Mitte) – hier auf einem Foto von 1962 – auch (von links) Christian Wolff, Earle Brown, David Tudor und Morton Feldman gehörten. – © Sammlung Earle Brown, Paul Sacher Stiftung, Basel

S. 99: Der polnisch-österreichische Komponist Roman Haubenstock-Ramati experimentierte seit den 1960er Jahren mit der Notenschrift. Die Partitur zu den »Konstellationen« stellt es Musikerinnen und Musikern weitgehend frei, wie die Zeichen zu interpretieren sind. – »Konstellationen« aus »Ludus Musicalis« / UE 20016, © 1970 by Universal Edition A. G., Wien

S. 111: In Performances der norwegischen Performerin und Komponistin Maja Solveig Kjelstrup Ratkje – hier bei einem Live-Auftritt 2018 in Aarhus – verschwimmen die Grenzen zwischen Stimme, Körper und Maschine. – Wikimedia Commons / Hreinn Gudlaugsson / CC BY-SA 4.0 DEED

S. 125: Der österreichische Klangkünstler Georg Nussbaumer überzeichnet in seinen Werken den rituellen Charakter von Musik. In »Salon Q: Übungen mit Bögen, Haaren, Wangen, Wirbeln, Schnecken« (2010) wurde mit Pfeil und Bogen auf den Korpus von Streichinstrumenten geschossen und mit Geweihen musiziert. – © Michael Latz/ddp

S. 137: Der tschechische Künstler Milan Knížák verwendete Vinylschallplatten als Material mit sowohl optischen als auch akustischen Eigenschaften. 1979 entstand »Untitled (Destroyed Music)«, bei dem das Vinyl unter anderem durch Hitze beschädigt wurde. – © William Allen Word & Image, London

S. 149: Das vom griechischen Komponisten Iannis Xenakis entwickelte UPIC-System vereinte 1977 viele Elemente der elektronischen Klangerzeugung, darunter Tonbandgeräte, Verstärker, Lautsprecher und Computer, aber auch ein eigens entwickeltes optisches Lesegerät, das Zeichnungen in Klangverläufe übersetzt.

S. 163: Der japanische Musiker Otomo Yoshihide gehört zu den prägenden Persönlichkeiten im Bereich freier Improvisation und experimenteller Electronica. – Wikimedia Commons / Schorle / CC BY-SA 3.0 DEED

S. 179: Der kanadische Klangkünstler Robin Minard arbeitet mit technisch einfachen Piezzo-Lautsprechern. 2017 realisierte er im Kunstmuseum »Silent Music«, bei dem er den Lautsprechern und ihren Kabeln eine kreatürliche Anmutung verlieh. – © Foto: Hans-Wulf Kunze, Magdeburg

S. 193: Für sein Klavierkonzert ließ Stephen Anderson 2014 einen Konzertflügel von einem Kran herabstürzen, um dann mit dem Klang des lädierten Klaviers zu komponieren. – © Edition·S, 2024, Foto: Simon Steen-Andersen.

S. 205: »Leave the Old« ist ein Satz aus dem Klavierzyklus *Beginner's Mind*, mit dem der Komponist Walter Zimmermann 1975 versuchte, die zunehmende Komplexität der Neuen Musik zu überwinden und einen Neuanfang zu finden. – © Walter Zimmermann

S. 219: Der russische Komponist Alfred Schnittke trug mit seinen polystilistischen Werken wesentlich zur musikalischen Postmoderne bei. Noch auf seinem Grabstein werden Widersprüche offenbar; notiert ist eine lange und sehr laut (»fff«) zu spielende Pause. – Wikimedia Commons / Wwwrathert / CC BY-SA 3.0 DEED

S. 233: Mit dem Begriff der New Discipline stellte die irische Komponistin Jennifer Walshe um die Jahrtausendwende das Metier des Komponierens in Frage. In ihren Werken kommen Aspekte wie Performance, Theater und Film mit großer Selbstverständlichkeit zum Tragen. – © Imago / Sven Thielmann

S. 247: Mit seinem Werkzyklus *Plans* imaginiert Øyvind Torvund musikalische Utopien. Hier stellt er sich eine künstliche Intelligenz vor, die fortwährend Musik im Stile Wagners, Mahlers und Bruckners komponiert, die von einem »Naturorchester« auf einem Hügel gespielt wird. Erwidert wird dies von einem »Gitarrenrückkoppelungsorchester« auf Booten. Bei einer Aufführung von *Plans* wird die Zeichnung von einem echten Ensemble akustisch untermalt. – © Øyvind Torvund

Register

Namenregister

Werkregister